U0361033

# MONEY
# WELL
# SPENT

# 用财有道

## A STRATEGIC PLAN FOR
## SMART PHILANTHROPY, 2ND EDITION

## 智慧慈善的投资策略
### （原书第2版）

[美] 保罗·布雷斯特（PAUL BREST） 著
何豪（HAL HARVEY）

丁莹 陈安琪 译

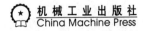

机械工业出版社
China Machine Press

## 图书在版编目（CIP）数据

用财有道：智慧慈善的投资策略（原书第2版）/（美）保罗·布雷斯特（Paul Brest），（美）何豪（Hal Harvey）著；丁莹，陈安琪译 . —北京：机械工业出版社，2020.7

书名原文：Money Well Spent: A Strategic Plan for Smart Philanthropy

ISBN 978-7-111-65889-4

Ⅰ. 用… Ⅱ.① 保… ② 何… ③ 丁… ④ 陈… Ⅲ. 慈善事业 – 投资 – 研究 Ⅳ.① C913.7 ② F830.59

中国版本图书馆 CIP 数据核字（2020）第 103749 号

本书版权登记号：图字 01-2020-2438

## 用财有道：智慧慈善的投资策略（原书第2版）

出版发行：机械工业出版社（北京市西城区百万庄大街 22 号　邮政编码：100037）

责任编辑：林晨星　　　　　　　　　　　　责任校对：殷　虹

印　　刷：中国电影出版社印刷厂　　　　　版　　次：2020 年 8 月第 1 版第 1 次印刷

开　　本：170mm×230mm　1/16　　　　　印　　张：19

书　　号：ISBN 978-7-111-65889-4　　　　定　　价：79.00 元

客服电话：（010）88361066　88379833　68326294　　　投稿热线：（010）88379007

华章网站：www.hzbook.com　　　　　　　　　　　读者信箱：hzjg@hzbook.com

版权所有·侵权必究
封底无防伪标均为盗版
本书法律顾问：北京大成律师事务所　韩光 / 邹晓东

感谢爱瑞丝（Iris），我人生的伴侣和认真负责的编辑，
致以我的爱和感激。
——保罗·布雷斯特

感谢希瑟（Heather）的耐心和爱，
感谢杰里米（Jeremy）、西娅（Thea）和玛利亚（Mariah），
他们让我每一天都感到骄傲。
——何豪

# 赞　誉

本书浓缩了战略慈善的精华，对于那些想要进一步扩大社会影响力的慈善机构而言，是十分宝贵的资源。

——比尔·盖茨（Bill Gates）

比尔及梅琳达·盖茨基金会（Bill&Melinda Gates Foundation）联合主席

做慈善就和做投资一样，你需要有效的策略，帮助你分析哪些是有用的，哪些是徒劳的，以及背后的原因。本书为慈善家提供了必要的工具，帮助他们制定有效的策略以获得成功。

——乔治·索罗斯（George Soros）

金融巨鳄

著名慈善家

慈善是复杂的，任何想要了解如何经营好这份事业的人，都不能错过布雷斯特和何豪共同撰写的这本书。它不仅全面且通俗地介绍了投身慈善每个阶段所面临的工作，还提供了丰富的实例以及这两位大师的独到见解。

——拉里·克莱默（Larry Kramer）

休利特基金会（Hewlett Foundation）主席

慈善行业在享受非凡自由的同时肩负着巨大的社会责任，布雷斯特和何豪为慈善新手和经验丰富的慈善家提供了宝贵的指导意见，帮助他们更好地思考慈善的责任，了解近十年行业里令人振奋的创新与成长。

——卡罗·拉森（Carol Larson）
大卫和露西尔·帕卡德基金会（David and Lucile Packard Foundation）主席兼 CEO

关于如何运用大规模的资金进行大规模社会改造的问题，这本书提供了关键答案。布雷斯特和何豪为基金会在成功驾驭循证慈善、影响力投资和政策变化的同时创造可观价值提供了重要的方法。

——劳拉·阿里拉加 - 安德森（Laura Arrillaga-Andreessen）
硅谷社会风险基金（SV2）、LAAF.org 和斯坦福慈善与社会创新中心（Stanford PACS）创始人
《纽约时报》畅销书《给予 2.0》（*Giving 2.0*）作者

布雷斯特和何豪通过清晰易懂和有说服力的案例，解释了为什么严谨的策略对于让世界变得更好的慈善业如此重要。这本书是当今最好的慈善指南，没有之一。

——乔尔·L. 弗雷施曼（Joel L. Fleishman）
杜克大学法学教授，《让财富发挥作用》（*Putting Wealth to Work*）作者

本书是全球迄今为止出版的最详尽、最全面、最权威有效的慈善指南，它将行业里极具说服力的成功和失败案例，与极具实用性的理论指导完美结合在一起。这本书值得每一位巨额捐赠者、基金会职员和董事会成员以及慈善顾问阅读。

——菲尔·布坎南（Phil Buchanan）
高效慈善中心（The Center for Effective Philanthropy）主席

布雷斯特和何豪用充满热情的简洁文字描述了战略慈善的力量与希望。这为从事底层工作和致力于全球捐助事业的慈善工作者提供了全面、易读的"蓝图"。这本必读指南是强有力的工具，可以帮助推动有意义的变革，使每一美元的花费都有价值。

——达伦·沃克（Darren Walker）
福特基金会（Ford Foundation）主席

慈善资金免费投到发生巨大变革之处，且不受经济回报的约束，是一种最为稀缺和重要的资金，所以必须谨慎地、战略性地使用。本书将慈善工作视为挑战，为合理使用慈善资金开出良方。我向所有投身于认真改变这个世界的人推荐此书。

——汉克·保尔森（Hank Paulson）

美国第 74 届财政部部长，保尔森基金会（Paulson Foundation）主席

本书深刻讨论了有效慈善所面临的多重挑战，作者为如何制定、阐明并执行清晰的战略来指导你的工作提供了有效指南，为从事慈善事业各个阶段的工作者提供了丰富的资源。

——劳拉与约翰·阿诺德（Laura and John Arnold）

劳拉与约翰·阿诺德基金会（Laura and John Arnold Foundation）联合主席

本书为对战略慈善感兴趣的读者提供了丰富的资源，其深思熟虑的框架、可复制的实例能够帮助捐助者不仅用脑给予而且用心给予。

——凯莉·图纳（Cari Tuna）

好项目基金会（Good Ventures）主席

"开放慈善项目"（Open Philanthropy Project）主席

慈善基金会及捐赠者将从这本优秀的作品中受益，他们将学会如何制定慈善目标，如何开发变革理论、评估战略的有效性，以及如何与有共同意愿的资金伙伴合作。

——亚当·梅尔森（Adam Meyerson）

慈善圆桌（The Philanthropy Roundtable）主席

这是有史以来最具实用性，也是最全面帮助我们理解慈善本质的作品。

——威廉·G. 鲍恩（William G. Bowen）

安德鲁·梅隆基金会（The Andrew W. Mellon Foundation）前任主席

普林斯顿大学前任校长

# 译者序

我翻译这本著作，源于一次十分偶然得到的机会。在这之前，由于工作的缘故，我知道本书的两位作者保罗·布雷斯特和何豪是全球慈善领域的泰斗，创立了著名的气候工作基金会和能源创新基金会。他们在中国资助的政策研究和倡导项目持续在慈善领域发挥着影响力，树立了多个行业标杆。

本书通过丰富的案例、深入的分析，阐述了慈善行业的使命和责任，剖析了战略慈善和影响力投资的全过程，体现了作者对慈善领域独到的见解和思考。

本书出版的过程遇上了"2019 新型冠状病毒"肆虐全球。在抗击疫情期间，除了医护人员、军人、志愿者等一线工作者做出了"最美的逆行"，各界爱心人士和慈善机构也发挥了重要的作用。在中国疫情得到初步控制之后，中国的爱心人士和慈善机构又将善意传递给了全世界。2020 年 3 月 2 日，马云公益基金会和阿里巴巴公益基金会向日本捐助了 100 万只口罩，"青山一道，同担风雨"。同年 5 月，我所在的中国志奋领校友会的 330 名留英归国学子向英国政府及红十字会捐助了两台呼吸机和 1 万英镑，"我们和你们在一起，风雨同舟"。

非常时期，面对大量的物资，慈善机构面临的压力陡增，问题接踵而至，这引发了人们对"慈善"的思考——每个人在关心疫情的同时，也在关注着慈善机构的一举一动。面对一些慈善机构的失职行为，人们开始质疑慈善机构的公信力和透明度，迫切希望找到可靠的捐助渠道，以确保自己的善款能够按照自己的意愿去帮助真正有需要的人。那么，捐助者应该如何选择慈善机构？他们是否有权力决定善款的用途？慈善机构又应该如何选择救助对象、分配善款和物资以确保物尽其用？本书提供了相应的分析方法，给出了具体答案。

作为本书的译者，在这样特殊的时期再次翻阅译稿，我不禁有了更多思考。保罗·布雷斯特和何豪都有着多年慈善基金会的工作经历，见证了慈善领域的发展和创新。阅读本书，读者可以初步了解西方（尤其是美国）慈善行业的现状。本书通过丰富的案例、各种成功的经验和失败的教训，对战略慈善管理理论与实践案例进行了解读。虽然我国与美国国情不同，书中的部分内容并不完全适用于我国，但本书依然可以为我国慈善领域的学术研究者、机构管理者以及每一位从业者提供参考，为制定行业发展规划、机构战略、项目执行策略以及做影响力评估等提供最直接的行之有效的指导。

谨以本书献给关注慈善领域的每一个人，希望慈善领域的未来更加光明，每一份善心、每一分善款都不被辜负。

本书的翻译工作由我和南京图书馆的资深编辑陈安琪女士共同完成。在翻译过程中，我们力求做到"信""达""雅"。希望我在环境能源及气候变化领域的多年工作经验与安琪优秀的文字功底，可以让各位读者获得一份愉快的阅读体验。

感谢在本书翻译过程中给予我们关爱与支持的工作伙伴和家人，你们是我们不断前行的动力。

丁莹

2020 年 7 月 7 日于北京

早在沃伦·巴菲特（Warren Buffett）向比尔及梅琳达·盖茨基金会捐赠 310 亿美元善款并引发大量媒体关注之前，21 世纪就已经在朝慈善之路前行了。在本书第 1 版发行时，其他的一些大型慈善机构开始崭露头角，如史蒂夫·乔布斯（Steve Jobs）的遗孀劳伦娜·鲍威尔·乔布斯（Laurene Powell Jobs）创办的爱默生基金会（Emerson Collective）；普莉希拉·陈（Priscilla Chan）和她的丈夫——Facebook 联合创始人马克·扎克伯格（Mark Zuckerberg）共同创办的陈 – 扎克伯格倡议（Chan-Zuckerberg Initiative）；凯莉·图纳（Cari Tuna）和她的丈夫——Facebook 联合创始人达斯汀·莫斯科维茨（Dustin Moskowitz）共同创办的好项目基金会。它们往往并不是免税基金会，而是以有限责任合伙制运营。

2010 年，比尔·盖茨和沃伦·巴菲特开始号召全世界的富人，在他们的有生之年或是身后，将大部分财产用于慈善事业。2017 年，这一计划拥有 158 名参与者（以个人或夫妻的名义）。大部分参与者是亿万富豪，涉及的金额超过 3650 亿美元。[1]

今天，有近 90 家美国基金会的资产超过 10 亿美元，200 余家基金会的资产超过 5 亿美元，资产超过 100 万美元的基金会不计其数。[2] 预计在未来几十年里，以礼物和遗产的形式捐赠的财产将大幅增加，巨额财富将涌入慈善事业。中国、印度以及一些其他国家的慈善事业也在不断发展。新型金融机制正在席卷全球，包括结果导向金融和社会动机投资（又称为影响力投资）。

本书体现了上述发展趋势。更重要的是，它体现了如何更有效率地开展慈善事业，对于此问题，整个慈善业以及我们自己的认知都在不断深入。我们写作第1版的时候，任职于威廉与弗洛拉·休利特基金会（William and Flora Hewlett Foundation，以下简称"休利特基金会"），当时保罗·布雷斯特是主席，何豪是环境项目的负责人。我们为该基金会管理层关于战略慈善方面的实践感到骄傲。但在当时，我们几乎是业内唯一开展这项实践的，因此我们也只能在实践中不断摸索。

十年之后，战略慈善依然不够普及。但除了扎根于一些大型基金会，这一观念已经在影响越来越多的高净值慈善家。相应地，业界对于个人慈善家的支持也越来越广泛了。

同时，我们的经验越来越丰富，对于慈善的认识也越来越深入。保罗·布雷斯特离开了休利特基金会，回到了斯坦福大学，加入了斯坦福慈善与社会创新中心，并在法学院和商学研究院开设慈善战略和影响力投资课程。何豪离开休利特基金会后，成为气候工作基金会（Climate Works Foundation）的创始人和主席，之后创办了能源创新基金会（Energy Innovation），为众多慈善家和慈善机构提供清洁能源方面的咨询服务。这些变化为我们提供了新的视角，帮助我们更清晰地认识战略慈善的理论和实践。

与第1版一样，本书有大量的例子源于休利特基金会，这不仅仅因为它是业界标杆，还因为我们曾经在那里工作，并且一直通过朋友和同事，包括继任主席拉里·克莱默，关注着它的一举一动。

# 导　言

人们会因为各种各样的理由而选择投身于慈善事业，比如，解决紧迫的社会问题，受宗教信仰或是哲学观的驱动，想要帮助不幸的人，向自己的孩子灌输无私的价值观，寻求认同或是为自己的人生赋予意义。[1]

无论出于什么样的动机，慈善家都希望自己的钱可以最大限度地发挥作用。然而，历史上那些试图改变人们生活的努力，如减少毒品滥用、降低高中辍学率、保护生态环境、缓解全球性的疾病和贫困等，都足以证明改变现状是非常困难的。

一个慈善家要想真正产生影响力，需要三个基本条件：动机、金钱和有效的战略规划。前两个条件需要靠你自己实现，而本书将帮你达成第三个条件，即战略规划。战略规划对慈善的意义，就像它对投资、经商和打仗一样重要。尽管好的战略规划并不能保证成功，但它会增加成功的概率，而缺乏战略规划则必然会导致失败。

有效的慈善资助需基于明确的目标、合理的证据、精心挑选的资助机构和对结果的评估而做出战略规划。无论计划一年资助 10 万美元还是 10 亿美元，你的资金都是有限的，一个好的战略规划可以让你事半功倍。

我们的目标是帮助你把世界变成你心目中更美好的样子。我们并不打算告诉你应该投入多少金钱和热情，[2] 因为这完全是个人的选择。由于每个人对于有益于社会的事物持有不同的观点，因此慈善的目标也是多元化的。也许你想推动艺术、宗教、教育或健康事业的发展，或是实现世界和平；也许你希望保护环境，或是支持对地外生命的探索；又或者你想推动社会变革或维持现状，甚至回到过去的宁静。关于你选择资助交响乐团还是帮助贫困人群，我们可以从道德的角度进行探讨，但这并不在本书讨论的范围之内。

一本慈善战略的指南，应该像一本汽车维修手册一样，保持中立的态度。无论维修的是救护车还是抢劫银行后逃窜的车，维修手册的作用都是相同的。同样地，虽然包括我们自己在内的一些人认为某些慈善目标并不可取，甚至令人反感，但这本书依然会帮助你实现各种不同的慈善目标。在我们所处的多元化社会中，人们常常对一些热点问题持有不同的观点，当慈善组织着手解决这些问题时，往往会面临众口难调的情况。事实上，尽管一些目标具有普适性，如缓解贫困和发展教育，人们还是对实现目标的方式有分歧，例如，是引入个人志愿者，还是加大政府投入，抑或通过政策进行规范。

写下这本书的契机是，我们相信慈善可以改变世界，但是它的潜力还没有被充分地挖掘出来。坦率地说，大量善款被挥霍浪费了，因为它们被捐赠给了那些一事无成的慈善机构。这本书将指导你改变这一情况。这本书对于慈善家的作用，就如同最好的商业战略书对于企业及其管理者的作用。我们希望为读者提供必要的理论指导，帮助你制定策略以实现你的慈善目标，并评估那些向你寻求帮助的机构所制定的策略。对于慈善事业，我们的基本观点是，合理计划、系统执行和长期反馈，具有和投入资金同等的重要性。

本书的第一部分仅有一个章节，通过成功和失败的慈善项目案例，阐述了什么是战略慈善。

第二部分为读者梳理了制定和评估慈善策略的步骤。本部分的第5章提供了一个可以帮助你实现结果的框架，这是本书最有技术含量、最"学术"的部分。如果你时间有限，只能阅读本书的一个章节，那么我们推荐这一章。

第三部分将第二部分中的框架应用到了资助实践中。首先你需要找到你感兴趣的项目，然后对申请人进行仔细审查，思考合适的资助形式，比如影响力投资。

第四部分的三章对实现慈善目标的主要方式进行了深度探讨，包括传播知识、提供物资和服务、影响政策的制定和一些商业行为。

第五部分包含了投身慈善事业的两个基本问题：选择什么样的资助方式，是直接捐款还是采取针对特定用途的捐款等；你使用善款的计划，是在你的有生之年捐出所有善款，还是成立一个永久基金会。

本书的最后有一篇简短的后记，谈及战略思维对慈善事业的影响。

我们从一开始就要说明的是，战略慈善需要时间、精力、专业的意见和专注。当个人慈善家开始了解做出真正的改变需要什么时，他们往往会得出结论：仅凭一己之力和业余时间，很难完成真正有影响力的慈善行为。成功的慈善事业至少需要一部分具备专业知识的员工。因此，本书的大多数例子都源于雇用了员工的基金会。

如果在阅读本书的过程中，你发现你不能或是不愿亲身投入慈善事业，又没有资源和兴趣成立一个雇用专业人员运营的基金会，那么你依然有其他的选择。例如，你可以像巴菲特一样，将你的财产投入值得信赖的私人基金会、有战略规划的社区基金会，或是不断涌现的接受组合捐赠的基金会；你可以将资金投给有影响力的基金会，也可以长期支持一个管理有序、具有自己的战略重点和原则的非营利组织。

这本书的目标读者不仅仅是那些积累了大量财富或是继承了大笔遗产、有能力开展大规模慈善事业的人，还有那些为他们提供咨询服务、帮助他们花钱的人，包括基金会的员工和管理层、无数需要慈善捐助的非营利组织，以及越来越多的为富人和慈善组织提供建议的专业人士。同时，本书可以作为教材，服务于越来越多开设了慈善相关课程的大学。

尽管我们认为知识本身是无价的，但写作本书依然带有一定的现实目的，即让你的慈善事业能够更有效率地实现让世界变得更美好的终极目标。根据我们的变革理论，本书会帮助那些已经具有战略意识的读者变得更好，也会吸引其他人的注意。毫无疑问，这是一个不确定能否达成的甚至过于乐观的预期。毕竟，每1000部著作中，仅有一两部可以成功改变人们的生活，更不用说改变整个社会了。但是，从预期回报的角度来看，尽管我们的努力可能不会产生明显的影响，但它的潜力是巨大的。无论如何，写作这本书对于我们来说，是一段爱心之路、发现之旅。

# 目　录

---

⊖　本书参考文献见机械工业出版社华章公司网站：www.hzbook.com。

# 第一部分

# 战略慈善概论

　　**"战略慈善"**的意思是"结果导向""目标导向""有效"的慈善。它指的是为了达成明确的目标，捐赠者及受赠人执行基于现有证据制定的战略，且双方都时刻关注项目的进展，以便随时纠正问题，并最终取得成功。

　　战略慈善最重要的环节就是调动资源，以最高效的方式实现目标。这需要在完成工作的过程中，对不可避免的失败风险和成功的可能性都有一个清晰的认识。有了明确的目标和合理的战略计划，你成功的概率将大大增加。目标对成功进行了定义，而战略计划则细化了成功路上的每一个步骤，包括你是正在朝着正确的方向努力，还是已经偏离了正轨。

　　本部分包含第1章，首先探讨了如何选择目标，然后列举了一些当前战略慈善的实例。

# 第 1 章

# 战略慈善的前景

## 选择慈善事业的目标

战略是实现目标的一种手段，因此你需要先确定你想要实现的是什么，才能找到合适的战略。对于个人的慈善事业，我们有一些相同的目标，如缓解全球变暖；也有一些不同的关注点，如何豪关心如何保留美国西部美丽的田园景致，而保罗则专注于弘扬古典音乐。但是正如我们在前言中所说的，本书旨在帮助你更有效地实现目标，而不是为帮助我们自己。

许多慈善家往往受到他们特定的兴趣和热情的启发，未从事慈善事业前就确定了目标。这些启发可能源于个人的经历，或是基于宗教信仰、哲学观、个人信仰。例如，有效利他主义认为，慈善经费应该完全用于灾难的救援，以及提升全世界最底层人民的生活水平，[1] 而另一些人的观点则与有效利他主义存在分歧，他们认为慈善家对于他们所处的社会具有特殊的责任。[2] 对一些人而言，帮助他人的优先级高于实现自己特定的目标，这些人在选择自己的事业时，可以用到著名的降落伞法。

我们并不建议你一定要效仿凯莉·图纳和达斯汀·莫斯科维茨的做法，但是你会发现，这些年轻的慈善家的行动十分具有感染力。当凯莉和达斯汀决定捐出自己的财产时，达斯汀写道，他的巨额财富"并不是个人的财产，而是给世界带来更多福祉的工具"。[3]

当达斯汀专注于建立一个新的公司时，凯莉对他们的慈善目标和方法进行了长达数年的研究，她想要知道"我和美国其他的捐助者因为没有亲自去了解而忽略了多少有价值的事业"。[4] 她与 GiveWell（一个对解决全球性贫困问题的慈善机构进行评估的组织）的联合创始人合作，与大量的从业人员和捐助者深度对话，并且与有经验的基金会共同开展捐助行动，学习应该如何进行捐助，并对受捐助机构的活动及其影响力产生直观的认识。

凯莉和达斯汀创办了好项目基金会，以及与之紧密合作的"开放慈善项目"。[5] 经过多年的发展，关于基金会秉持的根本价值观的准确描述已经发生了变化，以下内容摘自其现在的网站：

> 我们捐助的首要目标，是最大限度地改变尽可能多的人的生活。我们相信，每一个现在和未来的生命都是有价值的。这一指导原则对于基金会的投资方式具有深远的影响。
>
> 一些捐助者更希望把钱捐给自己身边的人。一些人认为，把捐助的范围限定在特定的国家或地区更有价值。而我们认为，不限定地区的捐助对我们而言更有意义。到目前为止，许多基金会的捐助都针对世界上最贫困的地区，金钱在那里可以拯救生命，提升生活质量。但是，我们也会资助发达地区那些有潜力在一定程度上改善人们生活的机构。[6]

网站上解释道："作为一个新的基金会，我们决定并不局限于特定的领域。相反，我们将花时间学习开展慈善的各种方式，包括直接捐助、自主研发和促进政策制定，以便找到那些我们可以长期产生巨大影响力的领域"。[7]基金会制定了以下标准，用于选择资助哪些事业。

- **重要性**：问题出在哪里？有多少人受到了影响？影响的程度如何？
- **可行性**：可能的解决方案是什么？是否有可能取得实质性进展？
- **拥挤度**：还有哪些机构在处理这个问题？这个领域是不是资金不足（而不是捐助者"人满为患"），捐赠能够让好项目基金会发挥更大的影响力？ [8]

许多慈善界的新人没有能力或是精力像凯莉那样艰苦地学习。当然，你可以有不同的价值观和目标，但是她提供了一种详细的流程供你运用自己的资源。

凯莉担忧自己忽视了她和达斯汀未想到的一些慈善领域，因为其他慈善机构往往始于捐助者的个人经验。例如，当妻子遭到医务人员冷漠对待后，X光技术的领军人物哈维·皮克（Dr. Harvey Picker）运用家族基金会的资源，与联邦基金（Commonwealth Fund）合作支持相关研究，并倡导以病人为中心的医护理念；[9]比尔和梅琳达的捐助，源于他们在1993年的旅行中，切身感受到非洲的贫困；[10]艾德·斯考特（Ed Scott）对全球发展中心（Center for Global Development）的捐助，源于受到了一份文件的触动，文件指出了世界银行和国际货币基金组织实施针对发展中国家的紧缩政策可能带来的灾难性后果。[11]

与凯莉和达斯汀怀抱着巨大的抱负开始慈善事业不同，另一些拥有巨额财产的人常常会选择一个保守的目标开始自己的慈善事业，之后他们才会考虑更远大、更复杂的目标。

## 战略的必要性

接下来我们需要考虑战略的问题。无论你参与慈善的动机和目标是什么，你的工作都离不开使命感、责任感和热情。但是，每一个成功地将使命感、责任感和热情转化为影响力的案例背后，都有数百个案例中的慈善家以为，仅仅依靠这些就可以成功。如果慈善家没有将热情转化为理智、计划和执行的能力，美好的愿望和实际影响力混为一谈的行为将充斥这个行业。

无论你考虑的问题是缓解全球变暖、消除饥饿、治愈疾病还是改革教育，你都将面临挑战，不仅仅因为社会变革需要多方的共同努力，更因为没有一个通用的标准可以衡量慈善的成功。不同于商业上的经济回报或是政治上的支持率回报，慈善行业很难获得反馈，却又充斥着杂乱的信号，这些信号常常因为各种对捐助行为的过度美化而被曲解。

因此，一旦你意识到了你的热情并找到了你的目标，你必须调动全身心的力量去制定和实施战略，去实现你的目标。战略包括现实的、详细的方法，帮助你完成你的慈善事业。战略的最终目标是发挥影响力，这与美好的愿望所产生的结果完全不同。影响力指的是引发了变化，这种变化并不是存在主义上的或通常意义上的，而是根据你的慈善目标产生的。

## 慈善的成功和失败

为了让你认识慈善行业的各种实践活动和工具，以及慈善组织面对各种情况时的做法，本书的各个章节都有真实的案例。我们分析成功的慈善活动的同时，会描述那些失败的案例。捐助通常都伴随着风险，如果你资助的是长期提供服务的机构，可能风险并不高；但在政策倡导型的案例中，你面临的风险会非常高，因为很有可能会失败。与之相关的问题是，潜在的回报是否值得你冒险，以及你的战略是否能够让你把风险控制在可以接受的范围内。

我们之所以强调失败的作用，是因为慈善家可以从失败中学到很多东西。正如苹果大学的院长乔尔·波多尔尼（Joel Podolny）所言，"成功带来了糟糕的学习环境"，[12] 而从失败中学习是战略慈善的核心原则。但是，只有当你能够清晰地认识你的失败时，你才能从中吸取经验。对领导 D-Rev 组织为发展中国家设计公益性产品的克里斯塔·唐纳森（Krista Donaldson），[13] 我们怀有崇高的敬意，但对于她提出的"提倡在失败中学习会产生不诚信的问题，会阻碍人们对于成功的追求"，[14] 我们无法赞同。

新营利组织（New Profit）是一家对公益性企业进行风险投资的机构，其创始人瓦内萨·基尔希（Vanessa Kirsch）对于失败持有不同的观点，她委婉地表示，"如果一家机构对我们说它从未失败，我们会对此抱有怀疑"。[15] 当我们任职于休利特基金会时，我们每年都会评选出"让你学到最多东西的失败投资"。因为整个基金会都从中吸取了经验，因此得到这个奖项并不是一种耻辱，反而是一种"炙手可热"的荣誉。事实上，我们基金会的捐助也因此变得更加有效，我们相信这对你一样有用。

在大多数情况下，如果实施一个战略所必需的行动没有落实，或是行动并没有产生实现你的预期目标会产生的结果，那么这个战略的失败显而易见。然而，那些看似成功的案例也会面临一个问题，即很难确认成功是因为获得捐助的机构的努力，还是其他的原因。

为什么要分析成功的原因？并不是因为这可以让你对自己的成绩感到骄傲（或是惭愧），当然我们并不会因为你的骄傲而指责你，重要的是你可以了解哪些行动是有效的，哪些是无效的，这样你才能让你自己，以及你捐助的对象表现得更为出色。

第 5 章给出了一些稳健性方法，用于测试提供食物、保健服务和教育等物资和服务的活动是否达到预期。然而，要评估影响法律政策和公司行为努力之间的因果关系则困难得多。在某种程度上，这些干预所固有的复杂的社会和政治动态是一直存在的。但这也是许多慈善活动分析不充分、透明度不高的结果，还是慈善家、他们的同行以及受助者没有阻止他们沾沾自喜的结果。

值得注意的是，"开放慈善项目"发起的对慈善案例的学习，可以帮助我们对这些问题进行严密的、客观的分析。[16] 本书也从这些有待完善的案例中，选取了几个进行分析。在这样的背景下，我们分析了几个不同类型的慈善案例，其中有成功的，有失败的，也有存在争议的。

## 通过服务改善贫困

罗宾汉基金会（Robin Hood Foundation）每年的预算约为 2 亿美元，源于对冲基金经理和其他个人慈善家。该基金会致力于解决纽约市的贫困问题，[17] 正在开展的项目有以下四个。

- 确保就业和经济稳定（例如提供小额贷款、金融知识课程，帮助人们享受社会福利）
- K-12 教育（例如开设优秀的特许学校）
- 未成年人福祉（例如反对虐待儿童，帮助无人照顾的儿童，以及提供早期教育）

- 生存与健康（例如帮助无家可归的人、提供应急的食物，以及帮助艾滋病患者）

罗宾汉基金会资助的多为提供服务的机构，资助方式包括帮助它们提升运营能力以及提供资金。罗宾汉基金会采用了一种通用的标准评价其资助的机构，以及它们自己在上述前三个项目里的表现，这个标准就是：项目受益人一生的总收入增加了多少。根据其成本 – 效益分析，罗宾汉基金会每投入 1 美元，其受益人的收入就会增加 12 美元。[18]

基金会的投资流程确保其针对每一个申请人都进行了系统的成本效益比评估，但这并不是投资的唯一标准。它的前任项目总监迈克尔·温斯坦（Michael Weinstein）写道：

> 成本效益比是一个很有用的指标，但它并不精确。它只是投资人众多决策工具中的一个。精明的投资人不再仅仅根据成本效益比的数值做决定，就像优秀大学里的招生主管不会仅仅根据 SAT 的成绩录取学生……同时使用成本效益比与其他的信息，投资人可找到最有可能实现目标的投资对象。[19]

当我们讨论一家机构的价值时，成本效益比提供了一个关键的指标，但是项目管理者需要根据自己的经验指出不合理的数据，以及不能全面体现机构价值的数据。这样做的目的是测试项目管理者对客观数据的判断力，以及能否将数据与现实相对应。[20]

罗宾汉基金会是一家重视战略的基金会，它主要致力于解决纽约市的贫困问题，毫无疑问，这是一个有意义的目标。为低收入人群提供个性化的帮助是达成目标的有效方式之一，当然并不是唯一的。[21]除了资助提供服务的项目，还有包括政策研究和改革在内的其他方式，但提供服务是一种较为可靠且风险相对较低的方式。罗宾汉基金会在高度透明的决策过程中对经验数据的运用具有示范意义。[22] 基金会不仅要对目标负责，也要对后续的影响力负责，对投入的资金负责。

罗宾汉基金会有高额的预算、缜密的投资流程，以及约 75 名专业人士组成的团队，他们负责对机构进行尽职调查，并提供帮助。那么个人慈善家也可以运用战略性的方法对提供服务的机构（无论这些机构是帮助贫困家庭、保护环境、帮助学习音乐的学生，还是帮助其他非营利组织的受益人）进行捐助吗？

我们的答案是可以的，但还有一些前提条件。尽管你不需要为你的每一个慈善项目设置一个统一的目标，但是你需要：①为你捐出的每一件礼物、每一笔钱设置一个清晰的目标；②对于机构实现目标的能力有一定的信心。第一个条件相对容易达成，而第二个就复杂得多，因为许多非营利机构并不能够按照既定的流程并以结果为导向行动，且没有第三方能够提供评估各种非营利机构影响力的服务。

缺少了这些指标，具有战略思维的个人慈善家可能会选择一家自己信赖的机构，效仿其捐助的方式，或是从越来越多的致力于解决特定问题的基金会中选择一个值得信赖的进行捐助。缺乏战略眼光的做法是因为令人动容的请求、富有个人魅力的管理者，或是因为你的朋友和生意伙伴的要求而决定捐助某家机构。

## 通过社区工作解决毒品问题

从 1988 年到 2003 年，罗伯特·伍德·约翰逊基金会（RWJF，以下简称"约翰逊基金会"）为它的"反击计划"项目投入了 8790 万美元，该项目致力于减少底层社区的毒品和酒精成瘾问题。[23] 在开始这个项目之前，该基金会进行了为期两年的调研，了解了过去社区为解决酒精和毒品问题所做的工作。这些工作主要围绕减少毒品供应以及加强执法力度而展开。然而，这些工作缺乏有效的领导，且项目、社区、地方和州政府之间缺少合作，因此遭遇了彻底的失败。

"反击计划"引用了社区变革领域最有效的思维方式，它认为结合政府部门、学校以及非营利组织开展的社区工作和针对个人的治疗项目，社区就可以解决毒品问题。它还对评估项目成果的指标进行了具体的规定，包括儿童和青少年中新增的酗酒和吸毒案件，毒品和酒精导致的死伤案件和健康问题，以及吸毒引发的犯罪问题等是否持续减少。

基金会从超过300个申请者中选择了15个社区，这些社区的申请包含预防机制、早期干预手段、治疗及防止复发的方案。基金会根据整合医疗及其他社区资源的能力，从每一个社区中选择了一个领导组织。每一个社区都采取了三种相辅相成的策略：

- 通过加强社区警力、美化街道、改善居住环境，营造不利于酒精和毒品传播的社会环境。
- 通过对酒精和毒品成瘾的个人提供亲子班、青少年项目、学术支持和个案管理，帮助他们学会拒绝和摆脱酒精及毒品。
- 通过取缔毒品交易场所、清理废弃建筑、关闭高危地区的酒类零售点，降低人们接触酒精和毒品的可能性。

正如一个综合性评估所总结的，"一个扎根于社区十年之久的合作项目，尽管拥有足够的技术支持和指导，以及顶尖的人才配置，并在预先选择的场所开展，但依然没有在减少酒精和毒品滥用上取得满意的成果"。[24] 项目失败的原因有很多，其中之一就是各参与机构和组织互不信任，以及为争取更多资助而展开的恶性竞争让它们忘记了项目的初衷。

我们认为，约翰逊基金会的"反击计划"是一项具有高度战略性的规划。它有明确的目的，基于完善的证据链，且计划得到了充分的落实。这与第 11 章中讨论的休利特基金会的社区优化项目完全不同，那个项目的失败从一开始就注定了。

值得注意的是，约翰逊基金会评估了自己的慈善项目，并将结果公之于众。作为一个典型案例，对"反击计划"的评估让人们更清晰地认识到，在社区变革领域，哪些做法是有效的，哪些是无效的。此后，有越来越多的项目期望从社区层面解决问题，比如"集体效应计划"，该计划的参与者包括个人慈善家及家族基金会。也许这么说还为时过早，但是这些计划的总体成功率并不高，这也许说明了社区问题的复杂性，以及让多个独立参与者默契合作的难度。

### 减少美国的吸烟问题及吸烟导致的死亡

在分析了约翰逊基金会的失败案例之后，我们来看一个产生了深远影响的成功案例。[25] 从 1991 年到 2009 年，在史蒂夫·施罗德（Steve Schroeder）的领导下，约翰逊基金会投入了 7 亿美元，用于减少美国的吸烟问题。安妮·E. 凯西基金会 (Annie E. Casey Foundation) 和加利福尼亚州健康基金会（California Wellness Foundation）也参与了这个项目。这些基金会投入资金，用于支持政策研究及改革、各部门和组织间的合作与沟通，以及禁烟项目。公共项目评估中心指出：

> 通过这些项目，约翰逊基金会推动了政策的制定，以及用于禁烟的公共卫生基础设施的建设，以帮助烟民戒烟，并改变了美国的吸烟文化和社会对吸烟的接受度。例如，基金会与其他一些致力于禁烟的组织一起，支持全国范围内的禁烟项目，这些项目通过大众传媒和社区机构倡导禁烟。基金会推动各州和全国增收烟草税，这对于烟民尤其是年轻的烟民打击力度很大。

基金会还推动制定禁止针对未成年人的烟草广告和宣传的条例，落实禁烟法案，帮助烟民接受戒烟治疗，推广覆盖戒烟治疗的保险，促使食品药品监督管理局（FDA）对烟草产品进行管控。[26]

约翰逊基金会支持政策研究，包括可能减少烟草使用的烟草管理和增税条例。它投入了数百万美元用于"无烟国项目"，以支持在全国范围内减少烟草吸食的计划和活动，尤其针对儿童和青少年吸食烟草的问题。同时，基金会支持治疗烟草成瘾的相关研究，并致力于将成功的研究应用于实践中，以及帮助人们接受有效的治疗。基金会还促使政府与烟草行业达成和解协议，使烟草行业接受政府对烟草广告、市场营销和推广活动的限制。[27]

公共项目评估中心的报告总结道：

> 在1990年，几乎没有人受到禁烟条例的保护，而到了2009年，国家和地方政府的禁烟条例覆盖了全美57%的工作区域，65%的餐厅和54%的酒吧……
>
> 这些变化极大地降低了吸烟导致的死亡率和患病率。从1993年到2009年年中，和解协议的签订导致税收和烟草价格上涨，室内全面禁烟和其他相关的烟草管控措施相继落实，到2010年，吸烟人数至少下降了530万，避免了超过6万例烟草导致的死亡。到2063年，也就是约翰逊基金会开始推行禁烟工作并首次公开相关数据的70年之后，如果新政策可以持续实行，预计吸烟人数将减少1200万，烟草导致的死亡将减少210万例。[28]

到2009年，吸烟以及吸烟导致的患病率和死亡率已经有了大幅的下降，且在美国的许多地方，社会对于吸烟的态度也发生了变化。然而，我们无法判断基金会的工作在其中起了多大的作用。由于美国卫生部 1964 年的报告指出了吸烟与特定疾病之间的关系，[29] 以及食品药品监督管理局管控烟草产品的努力，加之美国癌症协会、美国医药协会、美国心脏协会和其他组织的宣传，在约翰逊基金会行动之前，美国的吸烟人数已经出现了下降。历史学家本杰明·索斯金（Benjamin Soskis）指出，"很难将约翰逊基金会与其他致力于相同领域的组织区分开来"，但是他也总结道，约翰逊基金会的努力改善了整体健康水平。[30]

我们将让读者思考自己是否愿意投资一个无法确定 7 亿美元的慈善资金是否发挥了作用的项目。我们的选择毫无疑问是肯定的。在制定和执行战略之前，你能做的就是预测这个战略对于实现你的预期目标有多大的作用，以及你将要付出的成本。约翰逊基金会过去开展的禁烟活动，体现了它缜密的战略思维和良好的战略执行力。

## 择校问题的倡议

林德与哈利·布拉德利基金会（Lynde and Harry Baradley Foundation，以下简称"布拉德利基金会"）携手沃顿家族基金会（WFF），呼吁实行自由市场经济学家米尔顿·弗里德曼（Milton Friedman）提出的教育券制度。这是一个实行多方倡议战略的典型例子。[31] 在联合了另外 28 家基金会之后，它们为 100 余家关注择校问题的机构投入了近 4 亿美元。记者里克·科恩（Rick Cohen）说道："这些基金会提供资金来源的功劳不可磨灭，它们支持的项目在很大程度上改变了公众对于 K-12 教育的认知。"[32]

布拉德利基金会在 20 世纪 80 年代晚期就进行了初步的尝试，在它的支持下，支持择校的学术研究得以问世。[33] 之后，基金会为密尔沃基（Milwaukee）的实验性教育券项目提供了法律上的支持，并支持了相关的倡议。1992 年开始，一些基金会将主要资金投入了一个针对低收入家庭学生的私人非营利教育券项目，成为最终的政府项目的先驱。布拉德利基金会提供的多方面支持，对于密尔沃基择校项目的发展，以及最高法院最终做出支持这一项目的决定，起到了至关重要的作用。[34]

沃顿家族基金会的资金用于：资助那些支持择校政策的机构；管理并加强公共资金支持的奖学金项目；为家庭提供有效信息，帮助它们从传统公立学校、特许公立学校和私立学校中做出选择；评估择校项目的表现和影响。[35]

尽管布拉德利基金会和沃顿家族基金会将教育券制度从一个理论想法变成了可行的公共政策，但当时教育券项目的进展仍然不顺利。[36]布拉德利基金会一直在资助支持私立学校教育券制度的组织。[37]然而我们在第 5 章中会提到，有证据表明，择校并不会让学生获得更优质的教育。事实上，沃顿家族基金会的变革理论是逐渐演化的，最初它认为"更多的选择会带来更多的竞争，而竞争会促使整个系统优化"，[38]后来它认识到"选择是必需的，但是仅仅提供选择并不能产生系统性的变革和大范围的优化"。[39]另外，沃顿家族基金会还为服务于低收入家庭学生的特许公立学校和私立学校提供了大量的资金援助。

两家基金会的网站，以及其他的文件和活动信息显示，它们具有类似的目标。布拉德利基金会支持择校，目的是保护"合格的有自主意识的公民，拥有做出改变他们自己以及他们下一代的重大政治、经济和道德决定的能力，并为之负责"的自由。[40]沃顿家族基金会期望"通过为每一个学生提供选择高质量教育资源的机会和改变人生的机遇，提高 K-12 教育的水平，尤其是针对那些经济能力有限的学生"。[41]每一家基金会都严格执行自己的战略规划，以便实现自己的目标。沃顿家族基金会清楚地认识到之前的变革理论没有发挥作用，这为它之后重新制定基于事实证据的战略计划提供了指引。

　　判断基金会是否能够成功实现自己的目标，也许还要取决于其所处的时代背景。当我们于 2017 年秋天写作这本书的时候，特朗普总统任命贝齐·德沃斯（Betsy DeVos）为美国教育部部长这件事可能会使教育券项目取得新进展。沃顿家族基金会致力于为社会底层的儿童提供教育机会，它资助的在优质特许学校接受教育的儿童数量尽管不多，但一直在持续增长。

　　如果个人慈善家与其中一家或者这两家基金会拥有共同的目标，他们将有许多机会可以实现自己的目标。由保守的家族式基金会组成的"慈善圆桌"组织举办了 K-12 教育研讨会，提供关于教育问题的最新信息。[42] 有志于资助当地或是全国范围内优质特许学校的慈善家，可以通过该组织获取信息，它们提供的评估数据比其他的非营利组织更为有效。[43]

### 建立开放教育资源中心

　　维基百科是目前使用最广泛的"开放"信息源之一，它对开放教育资源（OER）的定义是"可以免费获取的，具有公开许可的文本、媒体和其他数字资产，这些资产对教学、学习、评估以及研究都具有重要作用"。[44] 开放教育资源中心是一个集中了相关领域的研究者、从业者和组织的中心，也是一项集中了热衷于增加和保护开放获取教育资源的参与者的活动。[45]

　　这项运动发源于 20 世纪 90 年代，当时，在戴维·威利（David Wiley）的领导下，开放和可持续学习中心在犹他州立大学成立；国家科学基金会（NSF）资助加利福尼亚州立大学建立免费的在线高等教育课程数据库；非营利性的出版机构——科学公共图书馆（PLOS）成立，提供开放获取的科学、技术和医学期刊；布达佩斯开放获取倡议提出，旨在通过各国的共同努力，促进学术研究文献在互联网上免费获取。"开放教育资源"这一概念于 2002 年在联合国教育、科学及文化组织（简称教科文组织，UNESCO）的一次会议上正式提出。

2001 年，安德鲁·梅隆基金会（以下简称"梅隆基金会"）和休利特基金会资助了麻省理工学院大笔资金，用于支持开放课程计划（OCW），这项计划使麻省理工学院几乎全部课程的教学资料都可以根据开放版权协议在网络上免费获取。

同年，在休利特基金会的资助下，拉里·莱西格（Larry Lessig）等人成立了知识共享（CC）组织，其使命是"开发、支持并提供相应的法律和技术基础设施，以便最大限度地促进数字创意、共享和创新"。[46]知识共享"提供免费、易用的版权许可证，使公众可以在规定的条件下，以一种简单、标准化的方式分享和使用作者的原创作品"。[47]使用范围最广的许可形式为知识共享署名协议，允许任何人"在给予原作者适当的报酬，并对所做的更改进行标注的基础上，出于任何目的，以任何媒介或格式复制和重新发布作品，或对原作品进行重新编排、转换和再创作"。[48]截至 2017 年，已经有超过 12 亿件文本、音乐、视频、照片和其他数字资源作品通过知识共享协议，在全世界进行了分享。

除了维基百科，可汗学院也是著名的开放在线资源之一。越来越多的学术期刊开放了获取权限，YouTube 上发布的视频和 Flickr 上的照片也是如此（尽管不是全部）。几个大规模开放在线课程（MOOC），包括 EdX1<sup>⊖</sup>和慈善大学的课程，都加入了知识共享协议。

美国在开放教育资源领域里一项重要的努力是鼓励 K-12 教育阶段和大学教育阶段开放教材的编写、出版和使用。2015 年，美国教育部

---

⊖　麻省理工学院和哈佛大学于 2012 年 4 月联手创建的大规模开放在线课堂平台。——译者注

宣布开展"GoOpen"运动，以鼓励各州、各学校以及教育工作者使用获得公开许可的教育材料。同年，美国劳工部宣布，根据重大拨款计划开发的高等教育材料必须以知识共享署名的方式提供开放获取。按照类似的思路，国家科学基金会要求由其资助的论文在初次出版后的12个月内，开放免费的下载、阅读和分析。[49] 联合国教科文组织和经济合作与发展组织（简称经合组织，OECD）在推广全球范围内开放教育资源的使用方面，发挥了重要作用。

最近一篇关于开放教育资源现状的文章，总结了该运动的成就：

> 麻省理工学院的开放课程及多种语言的翻译，在高等教育中覆盖的范围十分广泛。包括学者、教师和学生在内，超过一亿名访问者在麻省理工学院网站上浏览了开放课程的相关内容（还有数百万使用非英语语言阅读的人，通过开放教育联盟，访问了世界各地 250 所高等教育机构的网站）……
>
> 成千上万册开放获取的教科书，以及数百门开放课程涵盖了美国大学选课率最高的课程，并被翻译成多种语言，帮助更多的学生获得高等教育的学习机会……撒哈拉以南非洲教师发展（TESSA）、COL 和印度教师发展（Tess-India）3 个项目支持非洲 6 个国家和印度 7 个州的教师进行高质量的专业拓展，这些项目影响了成千上万名学生的教师。[50]

在 K-12 教育阶段，可汗学院的教材拥有数亿用户。学习平等基金会（FLE）的工作也具有重要的作用，它已经开发了一种在没有网络和电力资源的环境下，推广可汗学院教材和其他教育资源的方法。通过与难民营、美国监狱和其他资源有限的地方的大型非政府组织合作，学习平等基金会已经为超过 200 万名用户提供了教育资源。整个 K-12 开放课程体系覆盖数百万通过英语学习的学生，提供数以百计的教科书和在线课程，有几十个国家可以获取课程提供的开放式教材。

休利特基金会自资助麻省理工学院以来，在这一领域的发展中发挥了关键作用。其作用不仅体现在资金支持上，还包括发挥学术领导力、培育该领域的组织，并利用其凝聚力保持参与者之间的联系。尽管休利特基金会仍然是开放学术资源基础设施最大的投资人，但该运动也得到了阿诺德（Arnold）、盖茨、查尔斯·科赫（Charles Koch）、开放社会基金会（Open Society Foundations）、赫尔姆斯利信托基金会（Helmsley Trust）以及许多小型基金会和高净值个人慈善家的支持。例如，可汗学院曾是一家小型的初创企业，一度濒临破产，约翰和安·多尔发现了它，并给予它资金和长期的指导，让它发展成了今天的规模。更重要的是，越来越多的基金会正在出版它们自己的以及由它们资助的出版物，这些出版物都将根据知识共享协议提供开放获取。[51]

如果没有 20 世纪最后几十年里计算机的普及和互联网的出现，开放教育资源运动是不可能发生的。它的发展离不开有创造力的学者、企业家、非营利组织领导人、有远见的政府官员，以及慈善业界的坚持和毅力。

## 战略慈善的心态：最大化地预期社会收益

在了解了一些战略慈善可以采取的方式之后，你可能想知道还有哪些没有被提到。不幸的是，很多真正付诸实践的慈善事业都不在其中。如果说战略是一幅路线图，显示了实现目标的路径，那么许多慈善捐款捐物的目标还不够具体，无法对应任何一条路线。[52]

我们并不认为这些慈善事业一无是处。在日常生活中，我们经常给我们心仪的组织赠送年终礼物。这些礼物让我们感到欣慰，毫无疑问它们会帮助这些优秀的组织。但这种方法并不能改变世界，也不是一种对别人的捐款负责任的做法。

在第一部分的引言中，我们阐述了战略慈善的要素：通过循证战略实现的明确的目标；通过监测进度及评估成果，对战略进行适当的调整。在这里，我们想添加一个构成战略慈善实践的基础元素：最大化地预期你的慈善行为可能产生的社会收益（以下简称"预期收益"）。

简单来说，这个想法就是用你有限的资源，尽可能地产生最大的影响。对于大多数目标来说，无论是提高底层社会青年的毕业率、为饥饿的人提供食物或是预防艾滋病——你完成得越多，就越接近你的目标；你用同样的资源完成得越多，预期收益也就越大。

预期收益的概念体现了实现目标所涉及的风险，它是影响的程度乘以实现的概率所得的结果。项目的成本及其预期收益共同构成了它的成本效益。一些慈善活动的影响是相当确定的：如果你支持一个"赈济厨房"的项目，你和你资助的组织将在一天结束时知道你们为多少（可能会忍饥挨饿的）人提供了食物，并且你可以预测组织明天会取得什么样的成绩。然而，对于许多非营利组织来说，其影响是不确定的。一个预防青少年怀孕的项目可以预防多少次怀孕？保释改革的倡议是否能在州立法机构获得支持，如果获得了支持，检察官和法官是否会执行改革措施？

实际上，人们往往无法精确计算成功的可能性。即便如此，持有预期收益的心态可以在了解错误可能导致的巨大误差的基础上，对预期收益进行预测，它的好处有以下几点。

• 鼓励慈善家和他们资助的组织以最有效的方式配置资源，

以实现他们的共同目标。

- 使基金会及其资助的组织将管理成本控制在合理范围内。具体而言，是使开支与组织造成的实际影响力相吻合（详见第 9 章）。

- 有助于慈善家认识执行过程中的风险，让他们将注意力放在控制和降低风险上。

- 证明了高风险的慈善事业一旦成功，将获得巨大的收益。试想一个组织成功地遏制了全球变暖的趋势，或是一家医学研究机构研发出艾滋病疫苗。这些事情发生的概率很低，但是潜在的影响力是巨大的。

- 鼓励慈善家更现实、更坦然地面对失败。"失败"这个词在慈善领域具有强大的杀伤力。尽管有很大一部分的非营利活动以及基金会资助的项目都没有成功实现预期的目标，但正如我们前面所说的，一个组织如果不能坦然面对失败，它将失去一个最重要的学习方式。

- 可以帮助慈善家认识自己对风险的承受能力。一些捐赠者已经准备好承受巨大的失败风险，而另一些则较为保守。你可以在你的风险承受范围之内找到有效的方式实现目标，或者尝试几个风险系数不同的项目，这样整个"项目组"的风险就会在你的承受范围之内，当然，你也可以选择那些不用冒多大风险就可以实现的目标。

事实上，每个人在决定资助之前，都会对预期收益进行一定程度的分析。这些分析通常都是非正式的，甚至是下意识的。将这些分析公开化，可以让你在比较和评估各种方案时进行更为理性的思考。同时，它可以突出项目中需要特别注意的问题，即前景不明朗或是预期成功概率特别低的部分。在这些情况下，可能需要进一步搜集信息或制定备选策略。

## 应用于你的慈善事业

本章中的 5 个案例研究了几种截然不同的策略：提供服务、合作改善社区福祉、支持知识体系开发、倡导政策变革，以及开发新的领域和运动。这些策略成功的可能性和失败的风险，具有很大差异。在不考虑这些慈善策略所针对的特定目标的情况下，哪些策略对你有吸引力？为什么？在相同或类似的情况下，你对慈善风险的态度是什么？

# 第二部分

# 一站式慈善投资策略

**在第二部分中，**我们将引导你逐步制定慈善或非营利策略。对于大多数实际目标而言，制定一个策略指导自己对特定领域进行慈善捐赠，与非营利组织的策略制定之间没有区别。

尽管如此，你可能会问，为什么制定策略是慈善家而不是他们资助的组织需要完成的任务？在后面的章节中，我们将讨论在制定解决特定问题的策略时，你希望对你所支持的组织产生多大的影响力。即使你认为制定策略主要应该由所资助的组织负责，但是你至少需要确定，该组织的员工已经对其所提出的策略进行了充分考量且提出的策略合情合理。换言之，你们双方都应该对策略有所了解。以下是制定策略的基本步骤。

- 明确你要解决的问题是什么。
- 了解你的受益人以及他们的需求。
- 分析导致问题的原因。
- 清楚地表述你的预期目标和可能实现目标的基于证据的变革理论。

- 制订一个实施策略的计划，并预测可能出现的问题。
- 在实施计划时，做好获得反馈的准备。

我们与佩吉（Peggy）和弗雷德·戈登（Fred Gordon）夫妇一起实践了这些步骤。他们关注的是城市里无家可归的人，他们邀请各位读者和我们两位作者一起帮助他们起草一个针对这一问题的策略。

# 第 2 章

# 分析问题

提出问题就已经解决了问题的一半。

——约翰·杜威[1]

你可以把大多数慈善事业看作回应一个问题，或者抓住一个机会。其实这是一枚硬币的两面，因为对问题的关注往往会使分析更加精准。问题可以用几种不同的方式来理解。[2]从狭义的角度而言，它是指出现了某些差错——例如，河流受到污染，鱼类濒临死亡。有时并没有出现什么差错，但是人们有理由相信，如果不采取行动，将来可能会出现某些差错——例如，你所在的城市没有做好充分的准备防范地震或洪水，可能会使成千上万条生命逝去，而这原本是可以避免的。从广义的角度而言，问题是指某些事物处于不太理想的情况，即它让世界变得与我们所期望的不同。例如，某个地区饱受农业生产力水平低下的困扰，你认为这是可以改进的；或者你可能会认为，古典音乐的受众群体萎缩是一个需要解决的问题。

问题并不是一种抽象的存在，它往往源自人的认知。同样的情况，一个人认为出了问题，另一个人可能觉得这是一种令人满意的状态。一个非营利组织可能认为任何允许堕胎的法律都会侵害胎儿的生命，而另一个组织可能认为妇女有绝对的权利终止妊娠。一个组织可能认为，政府需要更严格地监管公民对枪支的所有权，而另一个组织则认为，几乎所有对枪支所有权的监管都违反了美国宪法。

即使在解决自身问题这种最简单的情况下，问题的本质，以及每个人潜在的需求和关注点，也并不总是显而易见的。制订一个强有力的解决方案需要了解问题的本质，以及每个人的需求或兴趣，即使他们并没有说明。

定义问题的过程，往往开始于对当前状况的描述，以及决策者从中发现了差错。即使一个人对差错的认识还不成熟，也会有关于困难、冲突或挫折的故事帮助其描述问题，并有数据可以反映问题的严重性。问题可能是全球范围内的，如"发展中国家每年有730万少女怀孕"，也可能是当地范围内的，如"经营公共事业的公司需要两个月的时间来回应消费者的投诉"。

解决问题的整个流程应该在一定程度上描绘问题解决之后理想的情况是什么样的，如"没有青少年会怀孕"，或是"没有青少年会怀孕，除非她已经计划好了，且她和她的伴侣有能力在不牺牲自己未来的前提下照顾好孩子"，又或者"经营公共事业的公司将在24小时内对消费者的投诉做出回应"。正如"理想"这个词所暗示的，实现"理想"可能是不切实际的，但它将提供一个评估解决方案的基准。

## 问题框架：深入问题的核心

一句禅语建议人们在寻找问题的核心时，应该问五次"为什么"（这与探究问题的原因有很大的不同）。在深入问题的核心时，最好的提问方式通常是**"为什么这个目标很重要"**。当然，还有其他类型的问题可以帮助我们理解问题的真正含义。对每一个目标的提问，都可以让你更接近问题的实质。我们将从公共政策的角度举例，比如将危险品运输到远处的垃圾场。

问：我们应怎样把危险品运输到垃圾场？

答：我们应该尽量缩短卡车运输的距离。

问：为什么这个目标很重要？

答：距离越短，事故发生的可能性就越小，运输成本也越低。

问：为什么这很重要？

答：事故会造成车祸伤亡，而且在这个案例中，还会使公众接触到危险物质。

问：你认为距离是不是决定卡车事故数量和严重性，以及在发生事故时可能接触危险物质的人数的唯一因素？

答：说得对！我们应该尽量减少危险物质的暴露，以减少有害物质对健康的影响。

问：为什么减少对健康的影响很重要？

答：这当然很重要。[3]

此时，我们已经实现了决策者的基本目标——这是解决问题的下一个流程的基础。注意，如果我们停留在第一个目标——尽量缩短卡车运输的距离，可能会大大缩小可能的解决方案的范围，甚至得出一种可能导致问题加剧而不是解决问题的"解决方案"。

让我们举一个离我们更近的例子。下面是我们第一次与弗雷德·戈登对话，试图找到他眼中流浪汉问题的核心。

问：为什么流浪汉问题需要解决？

答：无家可归的人需要一个遮风挡雨的地方。

问：这听起来更像是一个具体的策略。我们稍后再讨论策略，但是我们想先知道，为什么这个问题需要解决？

答：因为没有人应该住在大街上。

问：为什么住在大街上是一个问题？

答：因为人们需要忍受寒冷、雨雪、炎热。

问：那么为什么这是一个问题？

答：这会让人不舒服，而且影响健康。另外，他们缺少足够的卫生设施。

问：为什么这是一个问题？

答：这会给他们带来健康问题，也可能传染其他人。但是还有一个更基本的问题，无家可归使人失去尊严，没有隐私和人身安全。

问：你在这里对事实做了一些假设。我们特别想知道关于无家可归的人可能将疾病传染给其他人的说法，你确定这个说法是正确的吗？

答：嗯，我是这么听说的。

问：这个问题我们稍后再谈。我们想知道，作为一个慈善家，为什么这个问题对你来说很重要？

答：我同情那些必须忍受这些困难的人。

问：你所在的城市有许多穷人，他们不是无家可归的，但他们和他们的家庭也遭遇了困难。为什么要将你的慈善事业的范围限定在无家可归的人身上？

答：也许几年后，我们会把我们的慈善事业扩展到其他方面。但我觉得，一开始最好先集中注意力。而且，说实话，每天早上在上班的路上所看到的景象影响了我——一群

无家可归的人，包括母亲和她们的孩子，耐心地在教堂
等着吃饭。

问：好的，我们明白了。但是，为什么你只关心你所在城市
的无家可归的人，而不是更大范围内，甚至是全球范围
内的无家可归的人？这也是因为要先集中注意力吗？

答：不，这是个人的选择问题。我出生在这个城市，在这里
度过了我的人生，因此我对这里有一种使命感。另外，
我更愿意亲眼看见我的慈善事业的成果，而不是从别人
口中得知我在其他地方取得的成就。

正如与弗雷德的对话所展示的，我们每一个人对问题的看法都会
受到我们的固有观念和个人经历的影响。我们与佩吉的对话反映了她
与弗雷德截然不同的观点。

问：你觉得你所在的城市里，无家可归的人导致的问题是什么？

答：我们应该让无家可归的人搬出城。

问：这听起来更像是一个具体的解决方案。我们稍后再讨论
解决方案，但首先，为什么无家可归是个问题？

答：无家可归的人聚集在一些住宅区和商业区内。

问：为什么这是个问题？

答：你应该去看看我办公室楼下的人行道，那儿已经被无家
可归的人的临时营地挡住了！

问：为什么这是个问题？

答：他们打扰和惊吓了别人，使居民和购物者走在街上的时
候感到不舒服。他们降低了居民的生活质量，降低了附
近固定资产的价值，并减少了商人的收入。人们不会想
在这样的城市里做生意，因此这会导致城市的衰败。此

外，一些无家可归的人滥用毒品，还有一些人从事犯罪行为。而且，这些人中的许多人患有疾病，可能会传染给其他居民。

问：听起来你做了一些重大的事实假设。你有多确定他们确实造成了这些问题？

答：嗯，我是这么听说的。

问：这个问题我们之后再讨论。我们想知道，作为一个慈善家，为什么这个问题对你很重要？

答：我是这个城市的居民和纳税人，我丈夫和我经营着一些生意，我们的邻居和商业伙伴受到了不利的影响。

问：是否还有其他一些严重的问题，如缺乏资金的学校、破旧的基础设施和糟糕的公共服务，也会对居民和企业产生不利影响？为什么不试着解决这些问题？

答：正如弗雷德所说，集中注意力是件好事。此外，为了解决这些问题，我们难免要参与政策倡导和呼吁活动，即使这属于基金会的合法活动范围，我也会感到不安。

佩吉和弗雷德都根据自己的个人经历，用自己独特的框架描述了无家可归的问题。在与弗雷德的对话中，我们提出了看待这个问题的两种不同视角：一是将其看作穷人的问题，而不仅仅是无家可归的人的问题；二是将其拓展到其他地区的无家可归的人，这将大大拓展他的慈善事业的范围。在与佩吉的对话中，我们建议她拓展框架，从她认为无家可归的人给城市居民和企业带来的问题，到居民和企业面临的其他方面的问题。结果，他们拒绝了我们的建议，但我们没有和他们争论。对话的目的是帮助他们探索不同的框架，而不是将任何框架强加给他们。

戈登夫妇对无家可归问题的理解是由他们的经历和想象塑造的。

通常来说，你对一个问题的想象、比喻和标注，可以形成一种强大的框架效果。你认为谈判是一场游戏、一场战争还是一种合作？在一个有趣的试验中，参与者玩了一个类似囚徒困境的游戏，在游戏中他们可以选择合作或背叛。那些被告知这个游戏名为"华尔街游戏"的人，比那些认为自己玩的是"社区游戏"的人，更有可能选择背叛。[4] 仅仅是对一个游戏的不同看法，就改变了人们的行为。

在慈善领域，让我们思考一下基金会对受助组织的称呼，包括"客户""伙伴"和"代理"。"客户"体现了维系良好关系的重要性，但忽视了慈善事业真正的受益者是基金会及受助组织服务的机构和个人。"伙伴"体现了基金会和受助组织的理想关系状态，但是忽视了双方权力的不平等，常常会割裂它们之间的关系。"代理"体现了二者之间的权力关系，但是低估了受助组织的主观能动性的重要作用。还有一种看法是将受助组织看作向捐赠者出售服务的"销售员"，不过我们还没有在慈善领域听到这种说法。你很难避免使用这些比喻，但是你必须意识到它们背后的含义，不要让比喻限制你对问题的看法。

过于狭隘地界定问题并不仅仅是踏入慈善行业的新人会犯的错误。想想联合国，以及许多为最贫穷的发展中国家的基础教育提供资金的组织近几十年来犯下的错误。针对发展中国家有 1 亿儿童（大多数是女孩）根本没有接受过教育的统计数字，许多双边和多国捐助机构认为，只要消除接受基础教育的障碍，就可以解决这个问题。2000 年提出的《联合国千年发展目标》的目标 2（MDG2）通过入学率来衡量初等教育的普及率。[5] MDG2 忽视了学校提供的教育并不都是令人满意的，而且仅在消除入学障碍方面努力，会给已经濒临崩溃的教育系统带来更大的压力。

学费是接受教育的一个巨大障碍，这是毋庸置疑的。马拉维提供免费初等教育的第一年，入学率飙升到了 62%。但是，需求的急速增加使本来就拥挤的教室更加拥挤不堪，同时也加剧了教师、教科书和学习资料的短缺。这反过来又导致入学率的下降——不是因为入学障碍，而是因为无效的学校教育似乎不值得牺牲孩子们做家务和农活的时间。

现在我们可以理解，让学生待在教室里，并不代表他们可以接受教育。入学率低不仅仅是问题的一部分，也是问题的一个表征。学生能否接受教育取决于多个因素，例如：教室里有没有书本；教师是否训练有素以及是否按时出勤；学生是否有健康的体魄和充足的食物，使其能够专心学习；上学的途中和学校的环境是否安全。2015年通过的联合国可持续发展目标是"确保全民教育的包容性和质量，促进终身学习"。[6]

## 有效的问题描述包含的要素

我们与弗雷德和佩吉的对话旨在帮助他们有效地描述问题，就像联合国2015年修订的教育声明一样。弗雷德和佩吉可能会分别用以下方式表达他们对问题的理解。弗雷德会说，"无家可归会剥夺个人和家庭的尊严、隐私、健康和个人安全"，而佩吉会说，"无家可归者会影响城市的经济发展和其他人的生活质量"。

我们认为，有效的问题描述具有以下特点。

- 深入问题的核心，即问题的实质是什么。
- 明确你的目标受益者，即你在为谁解决问题。
- 它不是一个变相的具体解决方案，而应该足够广泛，可以包含一系列解决方案，且不排斥任何可能的解决方案。
- 避免基于隐藏和可疑的事实的假设。

我们与弗雷德和佩吉的对话旨在帮助他们按照各自看待问题的角度，找到问题的核心。让我们看看他们的问题描述是否符合以下其他几项标准。

### 明确目标受益者

你在为谁解决问题？两位慈善家设想了不同的目标受益者群体——对弗雷德来说，受益者是徘徊在街上的无家可归者；而对佩吉而言，受益者是城市里无家可归者聚集区的居民和企业。稍后我们将尝试找到一个同时适用于两位的解决方案，这将是一个有趣的过程。

即使我们只从弗雷德的角度来分析这个问题，也有许多可能的受益者，包括以下几类。

- 单身的无家可归者
- 无家可归的家庭
- 无家可归的儿童
- 无家可归的退伍军人
- 离家出走的没有安全住处的孩子
- 染上毒瘾的人，或是患有身体或精神疾病的长期无家可归者
- 暂未无家可归，但很可能被赶出家园的人

我们不太可能帮助他找到一个可以有效满足所有受益者的需求的方案。

佩吉所关注的显然是另一群受益者。一些针对无家可归者自身问题的办法，也可以解决她所关注的受益者的问题。但从佩吉关心的居民和企业的角度来看，无家可归者的问题与其他受益者的问题关系并不大。这表明，**只有明确了潜在解决方案的目标受益者，才能更准确地定义问题。**

有时，一个问题最初被描述为"单一问题"，但它可能有多个受益者，它的解决方案可能对某些人比其他人更好，甚至以牺牲其他人的利益为代价。比如，"古典音乐的听众正在减少"这一问题，受益者是①缺乏接触古典音乐机会的听众，②不太可能学习乐器的儿童，③无法谋生的专业音乐家，针对不同的受益者可能会有不同的解决办法。

美国医学研究所 2010 年的一份报告指出，到 2020 年，撒哈拉以南非洲的艾滋病毒感染者 / 艾滋病病例数量将大大超出治疗能力。该研究所敦促各国加强预防措施，而不是治疗措施，作为对付艾滋病最有效的长期战略。"因为治疗只能覆盖一小部分需要的人……预防新的感染病例应作为非洲应对艾滋病毒 / 艾滋病的长期措施中的核心原则。"[7]注意，预防艾滋病毒 / 艾滋病病例将有益于尚未感染的人群，这与治疗已经出现的病例不同，治疗的受益者是已经患病的人群。虽然预防具有更高的长期公共卫生效益，但没有明确的个人受益者，而治疗的目标群体可以明确地知道自己是受益者，并可能强烈反对失去治疗药物。

有一种众所周知的心理现象——"可识别受害者效应"，[8]是指慈善家和决策者愿意花费大量的资源来帮助处于困境中的人，却不愿将资源用于防止同样的伤害发生在更多不确定的人身上。如果你不得不把稀缺的资金用于艾滋病的预防或治疗，你会怎么选择？

## 规避不成熟的解决方案

在对话中，弗雷德和佩吉都提出了具体的解决方案。当然，他们最终需要选择并落实一个解决方案，但首先他们需要更多地了解这个问题。

倾向于过早地确定解决方案，并不只是弗雷德和佩吉的问题。这可能是积极的心态衍生出的副产品，但也可能是法国人所说的"思维定式"的结果，或是像那句老话所说的——"在拿着锤子的人眼里，所有问题都像钉子一样"。我们需要考虑对以下问题的描述排除了哪些解决方案，并更加清楚地描述问题的本质。

- 肥胖问题是由消费者缺乏有关垃圾食品营养和热量含量的信息导致的。
- 在老城区的小学上学的孩子没有足够的课后辅导。

### 经验性假设

几乎每一个问题的描述都包含了经验性假设：水中的某些东西导致鱼类死亡；危险物质的运输可能会对城市居民造成伤害；古典音乐的听众正在减少。

了解佩吉和弗雷德的目标受益者之后，让我们回到这对慈善家夫妻在描述无家可归的问题时所做的经验性假设。弗雷德专注于他眼中无家可归的个人和家庭的需求和利益，如尊严、隐私、健康和个人安全。佩吉把重点放在她认为被无家可归者影响了的居民、企业和社区的需求和利益上，如个人安全及其保障、收入以及生活质量。慈善家应该如何在假设受益者的需求和利益的基础上更进一步，去了解他们真正需要的是什么？

信息的一个重要来源是受益者本身。福特基金会主席达伦·沃克曾明智地指出："倾听和了解那些我们将要帮助的人对增强我们的影响力至关重要。倾听可以帮助我们更深入地了解机构中存在的无知和偏见，并让我们知道如何做得更好。"[9]

作为慈善家，弗雷德和佩吉希望改善他人的生活，但他们的目标受益者可能比他们更了解自己的需求。也就是说，弗雷德或者他手下的某个熟练的观察员，可以到街上观察和倾听周围的无家可归者，了解他们眼中自己的问题和需求是什么。佩吉可以观察无家可归者如何与居民和购物者互动，还可以和她的目标受益者交谈，了解他们认为自己的问题和需求是什么。

弗雷德和佩吉都关心无家可归者的健康状况，以及他们将疾病传染给其他居民的可能性。在这个方面，弗雷德和佩吉的观点与科学研究数据相去甚远。流行病学的研究表明，在无家可归者中，结核病、艾滋病毒／艾滋病和丙型肝炎的发病率远高于一般人群。[10] 因为这些疾病是通过密切接触或共用针头传播的，所以感染的主要风险集中在其他无家可归者身上，对广大的普通民众影响不大。[11]

我们可以先不讨论传播疾病的风险，因为还有很多其他问题需要解决。弗雷德关于"无家可归会剥夺个人和家庭的尊严、隐私、健康和个人安全"的观点似乎是毋庸置疑的，但对某些人来说，该问题的根源可能在于导致他们无家可归的原因。佩吉关于"无家可归者会影响城市的经济发展和其他人的生活质量"的观点可能缺少必要的依据。无论如何，我们应该帮助她了解这些问题的影响范围，如果它们的影响很小，可能不值得资助一个项目来减少或消除它们。为了了解更多信息，佩吉可以向城市里的执法人员询问相关的记录，或者聘请具备专业技能的人对居民和企业主进行调研。

## 了解问题的原因

识别出隐藏在问题陈述中的可疑的经验性假设，有助于准确找出问题的原因，并将其与可能的解决方案联系起来。我们确定问题的原因，不是为了将潜在解决方案限定为能够解决根本原因的方案，而是找出一系列可能的方案。

例如，如果你担心疟疾的破坏性影响，那么了解疟疾是如何传播的，对于确定可能的干预措施至关重要，如通过药物或基因方式减少蚊子的数量，或摧毁蚊子的栖息地；通过蚊帐保护人们不被蚊虫叮咬，或开发更好的药物和疫苗来对抗疟疾。如果你担心西北太平洋的鲑鱼不断减少，你必须知道它们减少的原因，是过度捕捞、农场污染物流入鲑鱼产卵的河流、在鲑鱼产卵的河流上修筑水坝，还是三者兼而有之？如果你担心你所在社区青少年的高怀孕率，你需要了解为什么这些年轻的女孩会怀孕：怀孕是计划内的吗？如果是，为什么？如果不是，为什么年轻人没有采取适当的避孕措施？他们知道避孕的方法吗？他们有机会了解避孕的方法吗？

如果错误地理解了问题的原因，我们就可能误解受益者的需求，我们的解决方案也可能是无效的。例如，想想 1854 年，一个英国组织或政府机构正忙于处理伦敦一个社区爆发的霍乱。根据一个流行的民间理论，霍乱是由瘴气或者污浊的空气引起的。你可能会建议居民待在室内，或在室外活动时戴上口罩（见图 2-1）。这可能是现代流行病学的第一个案例——英国医生约翰·斯诺调查发现，霍乱是由一种通过水源传播的细菌引发的。根据此发现，斯诺想出了拿掉受污染的供水系统的水泵把手的解决办法。[12]

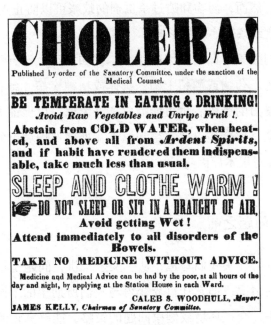

图 2-1　预防霍乱的建议

就当代的例子来说，思考一下：人类排放的温室气体是否会导致气候变化？气候变化是否会导致灾难性的后果？如果与所有气象学家的观点相反，温室气体与气候变化之间并没有因果关系，那么所有减少温室气体排放的建议（例如，用可再生能源替代化石燃料），都将和待在室内预防霍乱一样毫无价值。

人们有时会说，最好的解决办法就是针对问题的"根本原因"的办法。在气候变化的情况下，几乎可以肯定减少温室气体的产生是最好的解决办法。但排斥其他解决办法并不明智，比如隔离温室气体，或者在无法避免海平面上升的情况下，保护低洼地区使其适应气候变化。

有时，直接解决根本问题并不经济，甚至是不可能的。产生疟疾的根本原因是疟蚊携带的疟原虫，但现有的技术并不能消灭这种寄生虫及其宿主。然而，药物和喷过杀虫剂的蚊帐可以防止人们感染疟疾，医学可以治愈或减轻疟疾的影响。

导致人们无家可归的原因有很多，例如贫穷、没有负担得起的住房、自然灾害、药物或酒精上瘾、身体或精神疾病、患有创伤后应激障碍。家庭暴力的受害者也可能需要离开家庭，以保证他们自己或他们孩子的安全。你会建议弗雷德和佩吉在处理他们城市的无家可归者问题时，只针对根本原因吗？

## 在开始解决问题之前

在这一章的开头我们写道，从广义上来讲，问题是指某些事物处于不太理想的情况，即它让世界变得与我们所期望的不同。当然，很少有一个解决社会、环境或健康问题的策略，能够真正使理想中的世界成为现实。但是，牢记理想可以帮助你制定一个符合实际又富有雄心的预期目标以及实现它的战略，即使它距离你的理想还有很大的差距。在考虑解决方案时，你应该努力找到一个能最大限度地实现你最重要的目标的方案。如果可能的话，再在不产生意料之外的副作用的情况下，实现其他重要目标。虽然"拥有一切"常常是不可能的，但你至少应该知道你的理想是什么。

对弗雷德来说，理想情况是他所在的城市没有人会遭受无家可归的痛苦。对佩吉来说，理想情况是城市里没有居民或企业受到无家可归者的负面影响。

有了对问题明确的表述和对原因的分析之后，你基本上可以开始为你的受益者（无论他们是谁）解决问题了（无论它是什么）。但是，你可能不是第一个试图解决这个问题的人，所以你最好去了解一下还有谁在处理这个问题，你能从他们身上学到什么，更重要的是，你是否能与他们合作。

也许已经有组织在解决弗雷德和佩吉所在城市的问题，可能它们关注的是一部分无家可归的人群，比如离家出走的青少年，但这并不是戈登夫妇的关注点；或者，有些组织的运营混乱，效率低下，但也许有一个组织正在做着出色的工作，它服务的正是戈登夫妇关注的人群。如果是这样，戈登夫妇可能会决定资助他们的工作，而不是成立一个新的组织。即使没有当地组织能够实现戈登夫妇的目标，在做出成立自己的组织这样的重大决定之前，戈登夫妇也可以从解决其他地方无家可归问题的策略、成功和失败中学到很多东西。

## 应用于你的慈善事业

### 1. 描述一个你感兴趣的社会问题

在第二部分中，我们需要你制定一个策略来解决你选择的社会（或环境、健康）问题，例如吸毒、能源使用、动物权利，等等。选择一个你感兴趣的问题，用几句话来描述它。

## 2. 深入问题的核心

假设你是一个新组织的创始人，这个组织正在解决你刚才描述的问题。写下一段你和一个值得信任、思想坚定、要求严格的同事之间的对话，帮助你说明问题的核心（你不必真的与一个同事对话，只需要像编剧一样创作一段剧本）。对话应该包含以下元素。

- 首先，你的同事问道：为什么这个问题需要去解决？
- 你的答案**错误地**包含了一个解决方案。
- 你的同事（温和地）告诉你，你需要在制订解决方案之前，更深入地理解问题，并通过不断地询问"为什么"找到答案。

## 3. 写一份有效的问题描述

检查你刚才写的对话。现在，重新描述组织试图解决的问题，同时①尽可能不包含经验性假设；②避免在问题描述中包含解决方案。这个问题的描述是否做了任何经验性假设？如果是，你将如何测试？

## 4. 找到问题的原因

查看你写下的问题描述，找出导致问题的几个重要原因，并说说为什么你觉得这些原因是重要的，以及你对自己的看法有多大信心。

第 3 章

# 开发策略

现在，我们已经找到了一些导致问题的主要原因，可以开始寻找可能的解决策略了。首先，我们应该对各种策略进行梳理，以便更好地解决问题。

## 解决慈善问题的基本策略

绝大部分由非营利组织、政府和公共机构完成的工作可以被分为三类，我们将在后面提到。

**开发知识体系**。慈善组织支持基础型和实用型研究，以及其他形式的知识发展——涉及从医学到其他高深的学科，以及哲学和政治理论等领域。例如，劳拉与约翰·阿诺德基金会（Laura and John Arnold Foundation）资助的评估试图分辨哪些社会干预是有用的，哪些是徒劳的。慈善组织也会资助那些关注共同问题的研究者、理论家、实践者、倡导者、组织以及政策制定者相互建立联系，以支持他们创建共同的平台。例如，休利特基金会正在创建一个网络安全利益相关者平台。另外，还有一系列水资源资助倡议联盟旗下的基金会，正在努力构建一个共同应对用水安全问题的平台。

**提升个体生活质量。**当你想到慈善的时候，首先映入脑海的往往是那些为残疾儿童、流浪汉、瘾君子等提供直接服务的非营利组织。许多非营利组织免费为经济窘迫的"客户"提供服务。另一些如管弦乐队和剧院，则以慈善捐赠和门票收入作为经费来源。

**影响政策制定者和商业行为。**近几十年来，慈善组织资助了各种机构，这些机构分别致力于通过政治游说缓解全球变暖、减少对罪犯不必要的关押，以及保护家畜等；此外，它们还支持了从茶党运动到为同性恋者争取平等婚姻权的各种活动。

戈登夫妇可能认为，他们对无家可归者出现的原因和可能的解决方案已经有了足够的认识，因此他们更愿意尽快采取行动，而不是资助进一步的研究。一个可能的策略是为街上的无家可归者提供健康保健和一些其他服务。虽然此策略可提供即时的帮助，但这种干预接受了这些人生活在马路上的现状，也就是说，这很难减少无家可归者的数量——这可能解决了弗雷德的困扰，但并没有解决佩吉关心的问题。

另外一个直接服务的策略是给长期无家可归者提供永久的保障性住所——免费的住房，加上健康和公共服务。相比于提供街头帮助，这种方式的支出会高出不少，但它可能会减少无家可归者的数量，这是这种方式的一个明显优势。这种方式同时解决了两位慈善家的问题。

还有一种策略是帮助有可能无家可归的个人或者家庭保住家园，这也包括为这些家庭提供保护他们免遭驱逐的服务，也许这也可以解决所有慈善组织的困扰。但是，要求房东保留没有按时交房租的租客的居住权，可能会增加房东的经济负担，这可能会遭到他们的反对，也会遭到佩吉的反对。

一个另辟蹊径的策略，是改善导致无家可归者出现的环境，比如通过倡议的方式，要求雇主支付足够维持基本生活的工资，或者要求每个城市制定基本的最低薪资。

尽管了解这些策略是十分有价值的，但是你很难很快就找到解决某一问题的最有效策略。或许，你应该先找出一些可能解决问题的策略，然后比较它们的可行性。在从这些策略中做选择的时候，两项最根本的标准是：①哪些能够最有效地解决问题；②哪些在慈善组织的能力范围之内，可以由单个或多个慈善组织合作完成。

对影响力的评估可能会比较复杂。比如，如果一个提供服务的项目在很多地方都获得了成功，那么它在你的城市也有很大可能会成功，但是，这种项目可能每次只能帮助一个人。又如，政策改革的倡议一旦成功，可以改善很多人的生活，但这种策略存在一定的风险，因为政策倡议常常无法达成目标。总之，选择策略将涉及对风险和效益的评估。

当评估是否有足够的资金实施某一策略时，你需要考虑的因素包括策略实施的范围和时间表，以及能否与其他机构共同出资或者直接合作。这些问题我们将在下面介绍。

## 开发备选策略

> 我们无法用提出问题的思维来解决问题。
>
> ——阿尔伯特·爱因斯坦

在确定解决问题的策略之前，你需要考虑其他可能的方案，因为第一个想到的对问题的表述未必是最完善的，据此提出的解决方案和策略也是如此。前面我们建议在确定目标的时候要不断地问**"为什么"**，现在需要问的是**"怎么办"**，或者**"我们该怎么做"**（从人的角度出发），以便找到解决方案。

最根本的规则是**不要轻易否定你第一个想到的好主意**，即便还存在更好的办法。在通常情况下，所有需要放弃一些其他目标，但是能够最大限度地实现你最重要目标的方案，以及那些能够同时实现一些比较重要目标的方案，都应该被纳入考虑范围，即使这些方案并不是任何一个目标的最优解。

**寻找策略时的创造性**。寻找其他策略需要创造性，这里的**创造性**，指的并不是具有艺术感的自我表达，而是更接近于科学家或者工程师所做的创新，即以目标为导向的创新，以找到具有实用性的解决方案为目标。这需要一种能从多元化的视角看待问题的思维方式。[1]这种创造性通常源于发散性思维，即在评估、分析、评判方案和缩小备选范围之前，考虑并提出多个备选方案。

"当一种在某一领域行之有效的办法运用到另一个领域，并对其产生作用"[2]的时候，会产生一些极具创造性的突破。"社会化营销"就是一个很好的例子。国际人口服务组织是该领域的革新者，它从商业领域的产品营销中汲取了经验，以补贴价向生活在非洲和其他发展中地区最贫困的人群销售避孕用品和其他健康用品。

在美国近百年的历史进程中，在许多切实影响社会的创造性举措被提出的过程中，慈善组织都发挥了作用，比如以下的例子。

- 公共图书馆
- 芝麻街
- 用胰岛素治疗糖尿病
- 释放刑事案件中缴纳了保释金的贫困的被告者
- 创立护理事业
- 911 紧急热线
- 临终关怀
- 在高速公路的路肩上画线，以防止交通意外的发生

- 教育券制度 [3]

在未来的几十年里，你有可能资助同样重要的突破性创新项目。在说完并且做完所有的事情之后，你也许会发现解决问题的最佳方案还是之前屡试不爽的那个。往往只有在考虑过其他的可能性之后，你才能领悟这一点。在任何情景中，最终的考验都是策略是否有效，而不是它是否新颖、有创造性。事实上，我们已经见过许多慈善组织被创新影响决策，不惜放弃将当前的有效策略规模化，因此，我们已经考虑在未来的十年里，暂停使用"创新"这个词。

弗雷德和佩吉考虑了各种解决方案。在调研了各种在其他地方卓有成效的策略，并与当地主要负责无家可归者问题的机构卡萨基金会讨论之后，他们认为最有前景的策略应包括一个"居住优先"的永久性住房保障项目。

这种干预机制最大的受益者是那些长期无家可归的单身人士。戈登夫妇意识到，这一方案并不能降低那些潜在的无家可归者被驱赶的可能，或是帮助所有的无家可归者。但是，它可以有效地减少当地现有的无家可归者的数量。弗雷德赞同这一方案，因为这一方案满足了他帮助无家可归者活得更安全、更有尊严的想法。佩吉也认为这一方案是可行的，因为它可以有效地减少街上无家可归者的数量，解决了困扰她的问题。

永久性住房保障项目将为长期无家可归者提供免费的住房、**配套支持服务**，以解决他们的心理和生理健康问题，以及药物滥用问题。在条件允许的地方，项目还将为无家可归者提供就业援助。此项目无条件地提供长期住房，尽管慈善机构需要做出许多努力，才能引导无家可归者接受药物治疗和心理健康辅导，以及其他符合他们需要的帮助。[4]

在戈登夫妇开始与卡萨基金会讨论的时候，该基金会已经分别在苹果街和巴斯科姆大道两个街区准备了约 50 套公寓，为无家可归者提供不包含任何附加心理援助的住房保障。卡萨基金会迫切希望能够落实永久性住房保障项目。有了弗雷德和佩吉的支持，卡萨基金会将在巴斯科姆大道的住宅区多提供 50 套公寓，并且即将居住在那里的 100 位无家可归者都可以享受配套支持服务。

## 成功是什么样的？预期的最终目标

**预期的最终目标**。在采取进一步行动落实他们的计划之前，戈登夫妇与卡萨基金会将就"什么是成功的结果"这一问题达成共识，也就是所谓的预期的最终目标。永久性住房保障项目的目标，是让曾经的无家可归者能够长期稳定地居住在保障性住房中。例如，加利福尼亚州圣克拉拉县有一个类似的项目，该项目在其评价标准中指出：最终目标是要保持（至少）一年的连续居住（距离这些无家可归者再次流落街头、锒铛入狱或因病入院至少间隔一年）。

**注意富有雄心的目标**。在永久性住房保障项目中，卡萨基金会将对具体的最终目标负责。与此同时，其执行董事和戈登夫妇可能希望这个项目可以为受益者带来更好的长期效果，即让"住户"生活得更加充实和满足，成为对社会有贡献的人，并让这个项目能够惠及整个社会，而不是服务于特定的个人。对于这些更进一步的想法，我们称之为"富有雄心的目标"。[5]

对于组织而言，为自己的项目制定富有雄心的目标，可以让其更有动力。但是，这些雄心不应与这些项目需要实现的短期目标混为一谈。

### 变革理论

现在，我们来思考一下卡萨基金会需要采取哪些行动才能实现它的目标。我们所说的变革理论，是组织的核心策略。变革理论包含了组织将要采取的行动与最终目标之间的关联。

图 3-1 最右边是最终目标——曾经居无定所的人成为长期住户，也就是他们的状态发生了重大转变；最左边是组织所采取的主要行动——提供住房和配套支持服务。但是，其中漏掉了关键的步骤：为了实现目标，必须让无家可归者从提供的住房和服务中获益，即让他们的行为发生转变。这是我们的**中期目标**。也就是说，变革理论所包含的基本步骤应形成一条因果关系链，连接着组织的行动和最终目标。

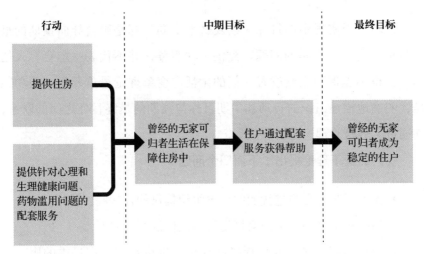

图 3-1　永久性住房保障项目的变革理论

另外需要注意的是戈登曾经考虑过，但最终又放弃了的其他一些解决无家可归者问题的策略。这些策略具有不同的最终目标，并有不同的变革理论可以实现它们（见表 3-1）。

表 3-1　解决无家可归者问题的其他策略

| 行动 | 中期目标 | 最终目标 |
| --- | --- | --- |
| 给无家可归者提供健康服务 | 无家可归者接受服务 | 无家可归者变得更健康 |
| 通过诉讼保护可能无家可归的租户，让他们免遭驱逐 | 法院禁止驱逐租户 | 租户不会变得无家可归 |

（续）

| 行动 | 中期目标 | 最终目标 |
| --- | --- | --- |
| 提议实行基本工资制度 | 1.各地区规定向劳动者支付足够基本生活的工资<br>2.面临无家可归风险的人获得工作机会 | 面临无家可归风险的人不会失去家园 |

## 变革理论有效吗

行动能否实现中期目标，以及这个中期目标是否会导向预期的最终目标，是一个现实的问题。提供一项服务，并不代表一定会有人使用它，也不能保证它会改善人们的生活。变革理论最重要的一项功能是，明确地描述组织的行动和中期目标与预期的最终目标之间的联系，并通过实践检验理论是否有效。

我们的变革理论提出了下面四个问题。

- 无家可归者会搬进我们的慈善组织提供的住房吗？
- 如果搬了进去，他们会接受我们提供的服务吗？
- 如果他们搬进了我们提供的住房，也接受了我们提供的服务，这些服务是否足够帮助他们长期稳定地居住于此？举个例子，如果一些人有严重的精神健康问题，他们可能很快又流落街头。
- 若整个项目如预期般成功，是否会带来一个意料之外的后果，即导致整个城市像磁铁一般，吸引其他城市的无家可归者来寻求庇护和帮助？

变革理论必须包括所有实现目标所需的因果关联。如果缺少了一个必要的因果关联，或是一个因果关联并没有起到它预期的效果，那么变革理论就不会发挥作用。图 3-2 的漫画很好地描绘了在一个变革理论中涵盖所有因果关联的必要性。如果真要比较的话，社会变革往往比物理学和工程学的变革更困难。

正如我们前面所说的，因果关联的强度是一个经验性的问题。当人们谈到一个"基于实证"的项目或政策时，他们所指的是有充分的经验性证据能够证实其中必要的因果关联。

一个看上去可信的变革理论，要优于那些显然不可信的理论，但是非营利组织中往往充斥着那些基于貌似可信的想法，却最终徒劳无功的项目。因此，一个变革理论越完善，就越适合作为制定策略的理论基础。

"我觉得在步骤二这里，你应该写得更明确些。"

图 3-2　因果关联的必要性

资料来源：Copyright © 1985 Sidney Harris Science Cartoons Plus。

弗雷德和佩吉要怎样才能在提供资助之前，评估基于变革理论的永久性住房保障项目呢？首先，他们对比了类似的项目，并寻找这些项目成功的证据。他们发现，永久性住房保障被认为是一种具有广阔前景的解决方案，能够有效减少部分群体中无家可归者的数量。一篇名为《永久性住房保障：实证评估》的报告总结道：

> 有合理的证据表明，永久性住房保障具有广阔的前景，但仍需要对模型进行进一步阐释，找到对各个群体影响最大的因素。政策制定者应该考虑将永久性住房保障作为一项广泛覆盖患有精神或生理疾病的个体的服务。未来需要进一步的评估，以完善证据链。[6]

对于投资数百万美元开展一个新项目而言，这样的证据似乎无关痛痒。但是正如我们将在第 5 章中对项目评估所做的更详细的分析，这样的证据表明在预测社会项目的效果方面，社会学家的能力有限。

## 解决棘手的问题

无家可归者问题，以及在第二部分中谈到的许多其他社会问题，有助于我们更清晰地定义问题和变革理论。但是，如果问题或是解决方案复杂而多变呢？

例如，休利特基金会现任主席拉里·克莱默在"麦迪逊倡议"中，"正式决定支持那些致力于解决严重的政治两极化和超党派主义问题的组织，因为近年来，这些问题让议会很难顺利履行自己作为政府最重要的分支机构的职责"。[7]

这类问题十分复杂，甚至是"棘手的"，因为它们很难被准确地描述，也很难有简单直接的解决方案。在《复杂世界中的慈善战略》中，约翰·卡尼亚（John Kania）、马克·克莱默（Mark Kramer）和帕蒂·罗素（Patty Russel）指出，在面对棘手的问题时，战略在制定的那一刻就已经过时了，因为世界变化得太快了。[8] 各种战略只能通过不断试验来检验和试错，就像将一盘意大利面扔到墙上，看哪些会粘住。很多潜在的解决方案更像探索，为改革竞选资金所做的努力就是一个例证。

近年来，复杂的问题吸引了一些慈善组织的注意，它们将问题潜在的棘手之处作为借口，以规避解决问题所需付出的努力。此外，解决这类问题需要从一开始就对问题所处的大环境进行综合性分析。相比于设计较为线性化的变革理论，这种具有更多变数的任务难度更大。[9] 最终，正如"麦迪逊倡议"所言（在基金会的网站上有公示），解决棘手问题的最佳方式是将问题细化，使每一部分都有相对应的策略，且每一个策略的进展以及与其他策略之间的关联，都能够被掌握。

## 应用于你的慈善事业

### 5. 决定解决问题的策略

根据你在"写一份有效的问题描述"（第 2 章）中对问题的描述，遵循以下步骤：①制定几个可能解决问题的策略；②找出你认为最有可能成功的那一个；③说出你选择它的原因；④说出你对这个策略还有哪些担忧。

### 6. 明确项目的最终目标

为你的组织明确一个最终目标（记住，最终目标需要由你的组织负责实现）。如果你有不止一个最终目标，找出你认为最重要的那一个。

### 7. 设计一个变革理论

运用表 3-2，设计一个能够实现你的最终目标的变革理论。

表 3-2　你的变革理论

| 行动 | 预期的中期目标 | 最终目标 |
| --- | --- | --- |
|  |  |  |

- 最右边一栏需要包含对**最终目标**的简要描述。
- 最左边一栏需要简要描述你的组织将会采取的主要**行动**。
- 中间一栏需要简要描述**预期的中期目标**，即你的受益者和其他相关人员需要做些什么，以便实现最终目标。

你对实现中期目标有多大的信心？你有哪些证据可以证明你的信心？你是否认为，你的中期目标可以让你实现最终目标？你有哪些证据可以证明？

# 第4章

# 从理论到实践

## 我们如何才能成功？实施计划

现在，我们有了实现预期最终目标的整体构想，即"变革理论"。在这一章，我们会将其转化为实施计划。实施计划描述了一个组织为了实现最终目标将要采取的每一步行动，本质上是变革理论更加细化的版本。

"实施计划"常常被我们称为"逻辑模式"，也可以称为"变革理论"。一方面，我们并不打算在已经拥有成熟行业标准的领域开发新的模式，另一方面，"逻辑模式"本身就是行业标准的一个缩影。尽管有建议指出，每一步的行动都应该根据前一步做出，但是"逻辑"并不会完全按照因果关系的经验法则来运行。

实施计划服务于以下目标。

- 明确策略的每一个基本要素
- 明确工作人员的责任范围，以便管理组织
- 与各利益相关者，包括受让人、受益人、出资人和合作人，沟通策略的内容
- 确认你是否正在完成你的预期最终目标

- 当出现问题时，提供一个参照点，以找出问题在哪里
- 将成功的策略从一个组织传递给其他组织

特别是在内部管理的过程中，实施计划会以极其详细的方式描述组织的活动。我们将采取具有普适性的方法实现我们的目标。让我们分析一下图 4-1 中卡萨基金会的实施计划，我们将从右到左，从最终目标开始。

**最终目标。** 最终目标是组织的成功，即世界经过组织的努力所发生的变化。我们将其定义为曾经的无家可归者成为稳定的住户。

**中期目标。** 中期目标是指组织以外的世界正在发生的变化，尤其是在人的行为方面，这种变化是实现最终目标的必要条件。在我们的案例中，主要的中期目标是曾经的无家可归者搬进保障性住房，并使用配套的支持服务。

**行动和产出。** 如果将实施计划与第 3 章中的变革理论进行比较，你会发现我们在"行动"的右侧添加了一列"产出"。实际上，产出是行动产生的可交付的结果。组织**提供住房**的行为是一项行动，而让无家可归者**获得住房**是这个行动的产出，即组织交付给受益人的结果。

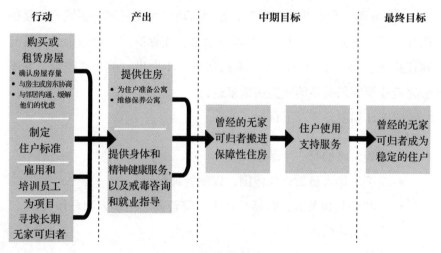

图 4-1   永久性住房保障的实施计划

　　区分行动和产出之间的区别并不重要，但许多人使用这两个词，所以我们认为你应该有所了解。重要的是行动和产出，以及行动与目标之间的区别。行动和产出是组织所做的事情，而目标是发生在组织之外的，因组织的行为而产生的结果（见图 4-2）。

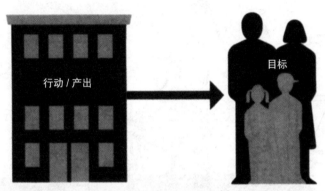

图 4-2　行动/产出与目标

　　有句老话可以帮助你记住其中的区别："你可以把马牵到水边，但你不能让它喝水。"把马牵到水边是一种行动或产出，而让马喝水是你想要实现的目标。另一个例子是，击倒第一个多米诺骨牌是一种行动或产出，而使多米诺骨牌接二连三倒下就是目标。

　　我们现在已经为变革理论增加了更多的细节。也可以说，实施计划只是一个更为详细的变革理论，它对组织所做的事情有更为详细的描述，即行动和产出。它还可以包括更多关于中期目标的细节，这是行动和产出的结果。这些内容可以在后面帮助我们制定绩效考核指标。

　　既然你已经掌握了变革理论和实施计划的概念，下面我们来看一个例子，这个例子中的鲁布·戈德堡（Rube Goldberg）肯定从来没有使用过这些术语，但他肯定理解这些概念（见图 4-3）。

　　鲁布·戈德堡的实施计划描述了一组详细的因果关系，从活动 A（打开窗户）开始，到最终目标 R（一支削好的铅笔）。鲁布·戈德堡的实施计划对世界的实际运行进行了经验性假设，从重力、电和其他物理定律，到啄木鸟和负鼠的行为。他的干预只有基于经验性假设，才能发挥效果。社会干预同样如此。

教授开始了头脑风暴，想出了一种简易削笔刀的模型。打开窗户（A）放飞风筝（B），使绳子（C）打开小门（D），让蛾子（E）飞出来咬红色的法兰绒衬衫（F）。当衬衫的重量减轻，鞋子（G）踩在开关（H）上，打开了电熨斗（I），把裤子（J）烫出一个洞，裤子冒烟。烟雾（K）进入树洞（L）把负鼠（M）熏出树洞，使其跳进篮子（N），绳子（O）拉动打开笼子（P），啄木鸟（Q）会啃掉铅笔上的木头（R），露出铅笔芯。应急用的小刀（S）时刻做好准备，以防负鼠或者啄木鸟生病，无法工作。

图4-3　鲁布·戈德堡的简易削笔刀模型

在鲁布·戈德堡的事件链中，任何一个环节中断，都将导致整个项目失败。许多慈善项目也是如此。然而，请注意，戈德堡做了一定程度的应急预案：一把应急刀，以防负鼠或啄木鸟生病，无法工作。慈善家也可以这样做，但是，如果没有对因果链的透彻理解，就无法知道要准备什么样的应急预案。

在鲁布·戈德堡的例子中，有两种干预是必要的：打开窗户和放风筝。在那之后，一切都会按照自然的法则运转，在很大程度上不受他的控制。这听起来很简单，但想象一下，将身体探出窗外放风筝并不是一件容易的事。因此，该策略中的这一部分计划需要一些超出基本因果链的分支，它应描述你需要什么因素在窗外帮助你，以及怎么去放风筝。

爱因斯坦描述了理想的行动计划，（据称）他说，"每件事都应该尽可能简单，但不能过分简单"。鲁布·戈德堡的装置已经相当复杂了，然而，一些实际的慈善组织的实施计划，在复杂性上可以与鲁布·戈德堡的计划相提并论。许多社会问题已经十分复杂了，步骤过于繁杂的解决方案，不太可能有效地应对其复杂性。

## 理解和改变受益人的行为

几乎每个社会项目的最终目标都需要使受益人的行为做出有效的改变。例如，永久性住房保障项目的最终目标就是改变曾经的无家可归者的行为——从住在街上，或在监狱或医院里虚度光阴，变成有长期稳定住房的居民。实现这一目标所必需的中期目标是受益人搬进住房，并接受支持服务。

也许在理想的情况下，你只需要告诉受益人为什么他们的行为需要改变，但这通常是不够的。在我们的案例中，无家可归者可能对试图帮助他们的专业人士持怀疑态度，而且一些受益人可能患有疾病，或受毒瘾问题的困扰，这阻碍了他们搬进永久性保障住房的脚步。因此，许多行动计划的关键部分将涉及：①确定哪些人的行为需要做出什么样的改变，以实现你的目标；②确定如何帮助受益人改变其行为；③帮助受益人做出真正的改变。

有两种截然不同的途径可以获取有关这些问题的信息：学术研究和地方民俗学。学术研究可以将民俗学上的分析、调查和实验结合起来，以提供对人们行为的循证理解。

这里我们关注的地方民俗学，通常是对更广泛的研究发现的有价值的补充，有时也将是你得到的唯一信息源。例如，经杀虫剂处理的蚊帐如果正确安装并持续使用，它们将有效防止受益人感染疟疾。但以下几个可能的原因，会导致受益人无法有效地使用蚊帐达到预期目标。

- 关于如何使用蚊帐的说明不够清楚。
- 说明书用外文书写，或者受益人是文盲。
- 蚊帐设计得不足以遮住整张床，不能很好地把蚊子挡在蚊帐外面。
- 杀虫剂失去效力。

要了解哪些障碍阻碍了蚊帐发挥预期功能，你必须深入了解民俗学，或是以人为本的设计领域中的"移情"概念。一家领先的设计机构 IDEO 解释说：

> 与你所服务的人建立同理心，意味着理解他们的行为以及动机。对行为的理解使我们能够识别哪些是我们可以通过产品、服务和体验来满足的生理、认知、社会和 / 或文化需求……移情意味着你对你的设计所服务的人群面临的问题和现实，有着深刻的理解。对各种不同的人群进行研究，用他们的视角来看问题，具有重要意义。[1]

要做到这一点，你要观察受益人，通过访谈深入了解他们，并且在必要的时候切身体会他们的经历。

如果受益人当前的行为不利于实现项目的最终目标，那么在制定改变其行为的策略之前，你必须理解行为背后的原因。例如，如果村民不了解如何使用蚊帐，最简单的解决办法就是提供指导，但也可能存在其他行为障碍。

- 人们可能忘记使用蚊帐，或在杀虫剂失效后重新处理蚊帐。
- 当准备睡觉时，人们可能已经筋疲力尽，以至于没有使用蚊帐。
- 村民们可能不相信蚊帐的效果。
- 使用蚊帐可能会与文化或社会习俗相冲突。
- 村民们可能更愿意用蚊帐捕鱼。

这些行为障碍中的每一个可能都需要以不同的方式解决。需要再一次强调的是，了解这些行为障碍的最主要方式是民俗学。为了应对实际实施过程中的挑战，你需要在你的实施计划中增加一项新的行动：影响受益人的行为，以诱导他们使用蚊帐。表 4-1 显示了解决使用蚊帐行为障碍的一些可能的对策。

表 4-1　行为障碍及其对策

| 行为障碍 | 建议的对策 |
| --- | --- |
| 人们可能忘记使用蚊帐，或在杀虫剂失效后重新处理蚊帐 | 如果他们或者他们的家人有手机（很多人都有），可以给他们发送短信提醒 |
| 当准备睡觉时，人们可能已经筋疲力尽，以至于没有使用蚊帐 | 养成每天提早准备蚊帐的习惯 |
| 村民们可能不相信蚊帐的效果 | 用生动的故事讲述使用蚊帐的好处，但是不要强调不用蚊帐的风险，因为研究表明当人们关注可能的损失时，倾向于冒一定的风险（例如涉及健康的时候） |
| 使用蚊帐可能会与文化或社会习俗相冲突 | 邀请社区中受尊敬的人，告诉大家他或他周围的村民在使用蚊帐（人们倾向于与周围人的行为保持一致） |
| 村民们可能更愿意用蚊帐捕鱼 | 设计不适合用来捕鱼的蚊帐 |

## 进行事前分析

很多因素都会导致策略无法按你的计划实施。

- 变革理论或实施计划中的错误假设
- 利益相关者的利益不一致
- 组织文化的功能失调
- 管理不善
- 受益人"不战而败"的行为
- 基础设施不足
- 政治和媒体
- 内战、环境灾难和其他天灾
- 意外后果

如果一个策略不能真正改变受益人的行为，并实现预期的目标，你可以通过事后分析来了解发生了什么。但是，没必要坐以待毙，在遇到挑战之前就做好计划将更有帮助。与等待相比，你更应该进行一次"事前分析"：在开始实施一项策略之前，你和你资助的机构可以展望未来——假设它已经失败，然后推测是什么导致了失败。这将使每个人都有权思考和说出那些看似"唱反调"的事情，并有助于遏制人们过分轻信计划会成功的想法。

你可以通过对导致项目失败的原因进行非结构化的头脑风暴来激发创造力。你还可以通过一步一步地分析实施计划，并反思"有什么障碍可能阻挠这一阶段的计划成功"以及"这里可能会出什么问题"来做补充。

回到我们的永久性住房保障项目，事前分析可能会暴露变革理论的缺陷，例如缺失因果关系，或因果关系未经证实。它还可能暴露项目实施过程中的问题，例如，它可能暴露卡萨基金会无法提供必要的支持服务——也许它的员工接受的培训都是其他方面的，而这个项目需要新的专业知识。事前分析也可能暴露你缺乏足够的资金来维持项目的预期规模。其中一些问题可以通过对计划进行相对简单的修改来解决，另一些可能需要推迟实施或彻底改变计划，甚至放弃整个项目。

在进行事前分析时有必要考虑各利益相关者的角色，包括任何你试图解决的问题或你的解决方案所影响的人。受益人本身就是关键的利益相关者。我们已经分析了我们帮助无家可归者的项目可能失败的两个主要因素——受益人没有被吸引入住，或是不愿意参与配套的支持项目。

其他利益相关者，包括卡萨基金会的董事会、员工和其他出资人，以及该项目的潜在支持者和反对者。支持实施永久性住房保障项目的利益相关者可能包括执法人员和公共卫生官员。反对者呢？你可能会想："我们正在努力做一些真正能够改善人们的生活的大事，为什么会有人想阻止我们？"但是，请考虑一下住宅区的居民，他们可能会担心自己的固定资产贬值，以及该项目吸引的居住者可能具有破坏性。在任何情况下，确定项目的潜在支持者和反对者，都是争取盟友和说服"敌人"，甚至让反对者加入你的事业的第一步。

## 预见意料之外的结果

我们的变革理论和实施计划考虑了项目或政策的受益人，以及受直接影响的利益相关者。但是，大多数策略所辐射的范围都远远超出了这些利益相关者。善意的行为常常会有一些意料之外的负面结果。

例如，某地的市政府决定为当地无家可归的人群提供全额补贴的永久性住房保障。在前一章中，我们推测这可能会吸引更多的无家可归者来到这个城市。如果是这样的话，该项目可能会实现其核心目标，即帮助该市目前无家可归的人群，但可能不会减少街上无家可归者的总体数量。又如，一个非营利组织通过积极保护租户不会因为拖欠租金而被驱逐，来防止人们无家可归，这是否会产生让房东筛选掉那些可能无力支付租金、处在无家可归的边缘的租户，或提高租金的意外后果？

### 准备实施计划，跟踪进度，评估成果

你现在已经制定了一个政策或计划，并且（几乎）已经准备好去实现它了。但还有一项重要的任务没有完成——做好系统地收集反馈的准备。如果你驾驶过一艘船或一架飞机，或者驾驶过一辆汽车或自行车，你就会知道你需要不断地调整方向，以保持方向。在实施社会策略时，获得反馈并做出回应是必要的，但也是困难的。在通常情况下，你可以得到的反馈包括以下四种形式。

- 关于是否以及在多大程度上实现了**最终目标**的信息。
- 关于实现最终目标的**进展**的信息，包括在行动、产出和中期目标方面取得的进展。
- 关于你的项目是否对目标**有贡献**的信息（不同于第 5 章讨论的是否实现了目标的问题）。
- **受益人和其他利益相关者**，包括你的受助人和你自己的员工，对项目实施的任何方面的意见。

一个组织必须关注最终目标的两个方面：①成功的**指标或标准**，以及②成功的**目标或目的**。当然，组织在设定目标之前，必须明确指标。一个筹款活动成功的指标或标准可以是"筹集了善款"或"吸引了新捐助者"，活动的目标可能是筹款 25 000 美元，或是增加 10% 的新捐助者。

在制定评价标准的时候，经常用到的是 SMART 原则。

S＝**具体：** 清晰、聚焦，避免产生误解

M＝**可量化：** 可以被测量，并与其他数据进行比较

A＝**可实现：** 在预期条件下可实现，具有合理性和可信度

R＝**现实：** 符合组织的客观条件，且性价比高

T＝**及时：** 在给定的时间范围内具有可行性

**具体**和**可量化**针对指标本身，**可实现**、**现实**和**及时**针对组织希望达到的目标。你应该从引申义的角度，而不是仅从字面上理解这些词。

在无家可归者的项目中，以下是具体和可量化的标准。

- **最终目标：** 有多少人在稳定的居住状态中度过了多长时间。
- **产出：** 提供了多少住房供使用。
- **中期目标：** 有多少人居住在保障住房中，并接受社会服务。

为了确定哪些目标是可实现的、现实的和及时的，我们可以参考其他城市该类型项目的成功经验，并结合我们对本地无家可归人群以及我们拥有的资源的了解。根据这些信息，我们可以得出以下结论。

- 卡萨基金会在巴斯科姆大道提供了 50 套新的保障住房，并为居住在那里的 100 名居民提供配套支持服务。
- 项目能够找到 100 位无家可归者居住在提供的住房里。
- 有 80 名居民将接受支持服务。
- 在我们的项目启动运行后的两年内，卡萨基金会的成功率可能达到 60%，也就是说，60 名曾经的无家可归者，稳定地在该项目提供的住房里至少居住了一年。

为什么要掌握进度并制定目标？很简单，因为如果不掌握进展情况，你和你的受助人将无法了解组织的工作情况，如果事情没有按计

划进行，也无法做出必要的调整。

通过 SMART 原则的指标掌握进度是必不可少的，组织应该对各种反馈（无论是定量的还是定性的）持开放态度。受益人和其他利益相关者的负面反馈往往是项目进展受阻的主要标志。

在卡萨基金会的永久性住房保障项目中，我们特别希望了解我们真正的受益人（居住在我们提供的住房里的曾经的无家可归者），以及为他们服务的工作人员的意见。我们还应该了解那些曾经住在我们提供的住房里，但之后离开并重新在街上流浪的人的反馈意见，他们为什么要离开？此外，我们还要了解街头无家可归者的观点，他们是卡萨基金会吸引未果的人，这可以帮助我们了解为什么没有吸引到他们。

如果一个组织达到了它的目标，它可能会想自己是否能达到更高的目标。如果没有达到目标，无论是最终目标还是中期目标，以及行动或产出，这便是检查组织表现不佳的原因的一个机会。实施计划将作为指导检查的蓝图。或许某些行动开展得不成功；或许组织对于实现目标需要哪些行动还不够明确；又或许该组织做的一切都合情合理，但无法预见的外部环境，如 2008 年的经济大衰退，给组织的工作带来了麻烦。

## 应用于你的慈善事业

### 8. 制订一个实施计划

为你的组织制订一个包含下列元素的实施计划。

- **最终目标：** 填入你在"明确项目的最终目标"（第 3 章"应用于你的慈善组织"的第 6 步）中确认的最终目标。
- **中期目标：** 这至少应包括"设计一个变革理论"（第 3 章"应

用于你的慈善组织"的第 7 步）中确定的预期的中期目标，
但它也可以包括其他能够导向最终目标的内容。

- **行动、产出所呈现的内容：** 包括可以导向中期目标的内容。

## 9. 确定利益相关者

回顾在"制订一个实施计划"（第 8 步）中制订的实施计划，确定
至少 3 个可能支持组织行动的利益相关者和 3 个可能反对组织行动的
利益相关者。受益人的哪些行为阻碍了你实现最终目标？你要如何让
他们改变自己的行为？

## 10. 进行事前分析

假设未来你的策略失败了，找出实施计划（或变革理论）中的薄弱
环节。这些环节是怎样影响组织的计划的，你应该如何处理它们？

## 11. 在实施项目时准备接受反馈

参考你在"制订一个实施计划"中的计划，制订一个计划来收集
关于计划实施情况的系统性反馈。

以组织的实施计划为指导，创建以下几项基于 SMART 原则的指
标和目标：

- 至少两个关于产出的指标和目标
- 至少两个关于中期成果的指标和目标
- 一个关于最终成果的指标和目标

哪些指标能够最明确地显示你的计划是否达到了最终目标？如果
你只能从一个利益相关者那里获得反馈，你将选择谁？为什么？

# 第 5 章

# 评估慈善事业的影响

在永久性住房保障项目启动两年后，最初入住的无家可归者中有超过 80% 的人成了长期住户。弗雷德和佩吉，以及卡萨基金会的主管们当然非常高兴，因为这一数据已经超过了他们的目标——60%。他们认为配套支持服务让许多居民享受到了便利，这是产生这一结果的根本原因。

当他们在庆祝成功时，一些令人讨厌的扫兴者（本书作者）提醒他们，一个项目的预期结果客观地发生了，并不意味着该项目导致了此结果，或该项目产生了**影响**。也许没有配套服务，居民的长期居住率也能达到同样的水平。用术语来说，这就是"反事实"——即使没有实施项目，某种事实也可能发生。

也许你听说过一个故事，说的是一个纽约人每天早上在第五大道乘公共汽车上班，当公共汽车停在第四十二街时，他就会打开窗户，把报纸的体育版面扔进垃圾筐里。很多年后，公共汽车司机问他为什么这样做，他回答道："我这样做是为了让大象远离第五大道。""但是第五大道上根本没有大象。"公共汽车司机说。那人答道："看，我的办法起作用了！"

这个故事包含的基本原理是，**关联并不一定包含因果关系**。假设今天海滩的天气不错，海滩上的人晒伤了，他们吃了冰激凌。也许晒伤会让人们吃冰激凌降温，或者吃冰激凌会让人觉得太凉了，使得他们在阳光下待得太久导致晒伤。当然，你明白是其他原因导致了这两种现象，即炎热、晴朗的天气。这似乎是显而易见的，但在更复杂的情况下，人们很容易混淆相关性和因果关系。

人们可以在媒体和科学领域找到许多更难发现的错误。例如，在对绝经妇女采用激素替代疗法（HRT）的几年后，医学家发现这种疗法与心脏病发作风险的下降之间存在着某种联系，这就是所谓的负相关或反作用。但后来的一项随机对照试验发现，激素替代疗法实际上增加了心脏病发作的风险。结果发现，最初的研究没有考虑到接受激素替代疗法的女性"比不服用激素的女性更愿意就医（这也是为什么最初她们会接受激素治疗法），也更愿意锻炼身体和健康饮食。"[1]因此，真正的关系不是服用激素使妇女健康，而是健康的妇女更愿意接受激素治疗。

"好吧，我们理解这个理论的观点了，"戈登夫妇说，"但基于我们对这座城市的了解，我们十分确定，如果没有住房保障项目，这些住户中的许多人仍会流落街头。"但是戈登夫妇也承认，他们并不太确定配套支持服务的作用，且这些服务的成本几乎相当于住房本身。必须承认，几乎所有的住户都从这些服务中获得了便利，如解决毒瘾和健康问题，但这些服务对住户的稳定性有多大的贡献呢？这是戈登夫妇想评估的。

幸运的是，该项目具有一些特性，可以让我们找到几种评估方法。回想一下，当戈登夫妇开始与卡萨基金会讨论的时候，该组织已经为无家可归者提供了两个单元的住房，分别位于苹果街和巴斯科姆大道，每个单元有大约 50 套住房，不包含任何配套服务。之后，在戈登夫妇的支持下，卡萨基金会在巴斯科姆大道的住宅区增加了 50 套住房，并为所有居民提供了配套支持服务。值得一提的是（这种情况并不典型），卡萨基金会从一开始就保留了详细的居住情况数据。

## 评估方法

在这样的背景下，我们将讨论三种方法，以便确定配套支持服务是否有助于提升居住的稳定性。

### 前后对照法

前后对照法需要在项目实施之前和之后分别测量数据，然后对比结果是否有增减，或保持不变。实际上，实施之前的数据代表的就是在项目没有实施的情况下会发生的事实。这种方法的优点是相对容易实现，因为它只需要在多个时间点进行数据测量。它的缺点是可能反映了项目干预以外的因素，并且在很大程度上受到你所选的时间窗口的影响。

2013 年和 2014 年，卡萨基金会在巴斯科姆大道提供了不包含任何配套支持服务的住房。如前所述，2015 年，在戈登夫妇的支持下，卡萨基金会增加了 50 套住房，并开始提供配套支持服务，如健康服务、精神病和药物咨询。2013～2014 年和 2015～2016 年期间住户的稳定性比较表明，在该组织提供这些服务后，有更多曾经的无家可归者成为长期住户。[2]

我们可以把这些进步归功于配套支持服务吗？又或者是外部环境的变化导致了这种结果？也许在第二个时间段，警方对毒贩进行了一次大规模的清扫，大大减少了无家可归者可以接触到的毒品数量，从而缓解了毒品成瘾问题。

前后对照法是因果关系有用的参考指标，但评估者必须考虑外部环境的变化，这些变化可能导致采样期前后的结果不同。要确定这些外部情况包括什么，就需要了解相关社会环境的动态变化——在这个案例中，是那些可能导致个人无家可归的因素，以及可能改善这种状况的因素。但是，评估者总是有可能忽略某种可能改变结果的外部因素。

## 匹配对照法

匹配对照法是指将参与永久性住房保障项目的一组人，与未参与该项目，但在许多可能影响项目成败的重要属性（例如年龄、性别、种族、健康水平、药物滥用史和犯罪记录）上和参与组"相似"的一组人进行比较。与前后对照法相对照或相结合，匹配对照法可以对项目可能产生的影响进行补充解释。

匹配对照法为什么可以帮助我们确定永久性住房保障项目的配套支持服务是否有助于受益人的长期稳定居住呢？在回答这个问题之前，需要注意两种截然不同的情况。首先，对比巴斯科姆大道永久性住房保障项目的居民与街上无家可归者的居住稳定性，如果结果是没有区别，那就意味着项目彻底失败了。其次，如果巴斯科姆大道参与项目的居民比街上无家可归者的稳定性高，我们无从得知这仅仅是提供住房，还是提供附带配套支持服务的住房所带来的结果。

戈登夫妇非常肯定，仅仅提供住房就可以产生积极的影响，不过他们也有兴趣了解配套支持服务的附加值（如果他们没有兴趣，那事情就截然不同了）。幸运的是，他们可以在苹果街的居民中找到一个对照组，那里仍然提供没有配套支持服务的基本住房保障。当某人有资格获得住房时，卡萨基金会的项目管理员根据多种因素将此人分配到其中一个公寓中，这些因素包括：①公寓邻近此人曾经流浪过的街道以及过去的社会关系网；②此人自己的偏好；以及③此人是否认为自己可能从配套支持服务中获益。

为了确定配套支持服务是否有助于更稳定的居住（定义为连续居住至少一年），让我们比较一下巴斯科姆大道获得配套支持服务的居民和苹果街没有获得配套支持服务的居民。使用专业术语，可以将巴斯科姆大道的居民称为"治疗组"，苹果街的居民称为"对照组"。

假设长期稳定的住户中获得配套支持服务的人数更多，那么我们能得出是配套支持服务导致了该结果的结论吗？不幸的是，并不能。

匹配对照法背后的逻辑是，如果两组人在所有相关特征上都是平均的、相同的，但一组人参与了项目，另一组人没有，那么该项目本身就是唯一可能导致结果不同的因素。要确定哪些因素可能相关，需要确定问题的原因以及解决方案所基于的变革理论。然而，挑战在于，通常不可能将除了项目之外所有相关的特征全部找出来，也就是说两组人最终可能具有某些不同的特征。

每个管理员的分配标准不同，会产生这样或那样的问题：①来自苹果街和巴斯科姆大道附近社区的无家可归者可能存在系统性差异；②某人选择接受配套支持服务，可能反映出此人的心理健康水平比其他人高，这有助于项目在巴斯科姆大道获得成功，这种关系被称为**选择偏差**；③同样地，由于存在不同形式的选择偏差，管理员根据其判断，将他认为可能从配套支持服务中获益的人分配到巴斯科姆大道，但是很难确定这些服务是否也会使没有被分配到这里的人获益。

评价者可以通过双重差分（difference in differences，DiD）技术改进匹配对照法，这种技术将匹配对照法与前后对照法相结合，评价者在项目实施前后分别对治疗组和对照组进行测量，然后比较两组数据的变化。只要有了数据，这项技术的实施就相对简单，并且有助于排除一些其他的影响，即便两组人员的匹配度不够，仍然会对结果产生影响。

我们应该注意的是，所有评估（包括随机对照试验）的结果，都必须进行**统计显著性检验**，以确定在对照组和治疗组之间观察到的差异是有意义的，还是仅仅出于偶然性。统计显著性是两组数据之间平均差异的大小、组内个体结果的方差和样本大小的函数。如果样本数量很大但是两组数据之间的差异很小，那么评估结果可能具有统计显著性；如果样本数量较小但两组数据之间的差异很大，其评估结果也可能具有统计显著性。具有统计显著性意味着你可以非常确信结果是由项目的实施导致的，但无法证明这种显著性是否具有现实意义，是否足以证明实现项目所需的成本是合理的。

### 随机对照法

总之，前后对照法的局限性在于它没有考虑外部环境会随时间而变化，而匹配对照法的局限性在于，它可能无法解释群体内某些没有在对照中匹配但具有显著影响的特征，并且在参与人选择或被分配到治疗组或对照组的时候，可能会受到选择偏差的影响。随机对照试验（RCT）可以避免这些问题。

假设卡萨基金会的项目管理员并不是靠他的主观判断为参与人分配公寓，而是为每个参与人投掷硬币，如果正面朝上，就将其分配到提供基本住房服务的苹果街；如果背面朝上，就将其分配到提供含配套支持服务住房的巴斯科姆大道。随机分配为什么可以解决匹配对照法固有的问题？首先，它消除了我们对"选择偏见"的担忧，即人们可能从自己选择的或管理员分配的项目中获益。

其次，更重要的一个原因是，在样本量足够大的情况下，随机分配可以消除两组人员之间除了是否参与项目之外的任何潜在差异，也就是说，项目本身将为所有观测到的不同结果提供最合理的解释。这种方法的优点是它能建立最可靠的因果联系。尽管有时向一个群体提供服务而拒绝向另一个群体提供服务，可能会引发道德伦理问题，但在我们的案例中，随机分配可能是一种分配稀缺资源的公平方式。

社会科学家把随机对照试验称为"试验"，而称基于匹配的评估为"准试验"。随机对照试验被称为建立因果联系的"金标准"，一些谨慎的社会科学家认为，随机对照试验以外的其他评估方法都不够完善，几乎没有使用价值。我们认为这有些过于极端了，其他评估方法的价值，以及是否和何时评估一个项目，取决于你所处的环境，包括你拥有的资源和对数据的掌握情况。我们推荐你阅读《金发女郎挑战》（*The Goldilocks Challenge*），书中玛丽·凯·古格蒂（Mary Kay Gugerty）和迪恩·卡尔兰（Dean Karlan）提出了四条可以影响和完善你的决定的标准。

- **可信度：** 收集高质量的数据并准确分析数据。
- **可行性：** 依照收集到的数据行动。
- **责任：** 确保收集数据产生的收益大于成本。
- **可迁移性：** 收集可以为其他项目所用的数据。[3]

有时候，你并不需要复杂的方法就可以评估你的慈善事业的成效，尤其是在变革理论简单明了的情况下。向一个"赈济厨房"组织捐助将为可能挨饿的人提供食物。如果你通过捐助交响乐团让年轻人免费观看演出，采取简单的前后对照法，你就可以获得所有你需要的信息。

但是，正式的评估往往是确定社会变革正在发挥作用的唯一途径。如果你缺少对自己的项目进行评估的资源，你可以查找类似项目过去的评估结果。关于社会干预的现场试验越来越多，你可能会找到一些有用的东西。好消息是，如果一个变革理论经评估证明是有效的和可靠的，即它可以推广到其他人群和地点，适用于特定的环境之外，那么你就可以确信基于这个变革理论的干预可以实现预期效果。这就引出了普遍性的问题。

## 普遍性和复制成功项目的挑战

如果卡萨基金会在巴斯科姆大道的永久性住房保障项目非常成功，另一些慈善家可能会希望在其他地方实施同样的项目，例如在城市边缘一个名为绿草地的城郊接合区域。他们需要知道卡萨基金会的成功是否具有普遍性，也就是说，他们需要对项目是否会在另一个时间、另一个地方起作用进行合理的预测。这就是"普遍性"或"外部有效性"的问题。

在一篇关于这个话题的优秀文章中，来自阿卜杜勒·拉蒂夫·贾米勒扶贫行动实验室（J-PAL）的玛丽·安·贝茨（Mary Ann Bates）和雷切尔·格兰纳斯特（Rachel Glennerster）提出了解决这个问题的四步框架。

- 第一步：项目背后的理论是什么，也就是说，它的工作机制是什么？
- 第二步：这些机制是否会因地制宜？
- 第三步：是否有充分的证据支持必要的行为变化？
- 第四步：有什么证据可以证明实施过程能够顺利进行？ [4]

两位研究员提供了一个印度农村的儿童疫苗接种案例。全面接种疫苗至少需要 5 次就诊，但是，在一两次就诊之后，很多家长都没有再带孩子来。一项研究发现，给父母提供一些小小的奖励，加上设置便利的流动诊所提供可靠的服务，可以使全面接种率从 6% 增加到 39%，是原来的 6 倍多。这个方案能否应用于其他疫苗接种率很低的发展中国家？

- 第一步：**变革理论**。父母坚持完成整个接种过程的意愿容易被成本的细微变化所影响，比如送孩子去诊所的时间成本和交通费用。方案基于的变革理论是，每次就诊的物质奖励将大大提高就诊率。

- 第二步：**实际情况**。了解当地机构的信息，有助于掌握诊所是否定期开放、疫苗供应是否可靠等基本情况。公开的数据也很有用，特别是如果大多数儿童至少接受了一次疫苗接种，但倾向于不完成剩下的接种，这表明问题与之前的研究所观察到的类似。

- 第三步：**行为状况**。印度父母愿意给孩子接种疫苗，或者至少没有强烈的反对意见。该方案能否在其他地方成功实施，可能取决于家长是否持有相似的态度。在涉及各种预防性保健措施的研究中，有相当多的证据表明，预防性保健服务价格的小幅下降，可以大大提高服务的普及率。

- 第四步：**落地执行**。变革理论的一个重要组成部分是，诊所要为父母提供一个小小的但有价值的奖励，以便鼓励他们带孩子来接种疫苗。提供什么样的奖励，以及如何落实，必须根据当地的情况决定。在印度，这种奖励是一袋扁豆。在移动支付技术普及的地方，可以通过电子支付进行现金奖励。

请注意，确定在一个新地区实施疫苗接种项目是否与印度农村地区足够相似，需要进行匹配，即了解新地区的利益相关者的主要特征是否与曾经成功实施该项目的地区相似。项目的变革理论为确定哪些是主要特征提供了一个框架。

回到我们自己的问题，正考虑在绿草地效仿卡萨基金会项目的慈善家们，对两个项目可能的相似之处和不同之处进行了研究。

1.**变革理论**相似。

2.绿草地的**实际情况**有几个方面的不同。戈登夫妇提供的住房位于贫困地区，那里的无家可归率最高。相比之下，绿草地地区的居民相对远离街上的无家可归者。也许这种隔离可以保护居民免受不良影响，包括吸毒和酗酒，但也许社会孤立会给项目的成功实施带来困难。

此外，虽然这两个地区的无家可归者都有很高的吸毒率，但他们吸食的毒品是不同的，毒品的可得性也不同。在戈登夫妇所在的城市，主要的毒品是海洛因，它相对昂贵，这可能使长期吸食变得较为困难；而在绿草地，冰毒是吸食最广泛的毒品，它数量多且价格低廉。

3. 在**行为状况**方面，这两种毒品需要不同的戒毒方法，戒毒的成功率也不一样。此外，绿草地大多数的无家可归者是拉丁裔，但戈登夫妇所在城市的无家可归者主要是白人和非裔美国人。我们不确定文化差异将对项目的结果产生什么样的影响。

4. 在**落地执行**方面，戈登夫妇的项目聘请了拥有执照的内科医生、精神科医生和心理学家以及注册护士，而绿草地的项目不得不在很大程度上依靠心理辅导和戒毒咨询方面的半专业人士。

因此，虽然变革理论是相同的，但戈登夫妇的成功项目与将在绿草地实行的项目之间依然存在一些潜在的显著差异。综上所述，支持绿草地项目的慈善家都持谨慎乐观的态度。但如果类似的永久性住房保障项目在多种不同的情况下进行过评估，那么他们会更有信心。

我们一直在猜测，巴斯科姆大道的永久性住房保障项目是否可以成功地复制到其他地方。不过，请注意，在最初决定是否由卡萨基金会实施该项目时，戈登夫妇和卡萨基金会的决策者们面临着同样的问题——他们知道其他的项目曾经获得了成功，但地点并不在他们的城市，因此，他们也需要考虑当地情况的差异是否会影响项目的结果。

## 项目评估的经验教训

评估可能由于许多原因而失败。虽然评估随机对照试验的结果在很大程度上是一项数学和统计学的工作，但进行随机对照试验需要一定的技巧。由迪恩·卡尔兰撰写的《失败的价值》（*Failing in the Field*）一书列举了五类评估失败。

- 不恰当的研究环境
- 评估设计上的技术缺陷
- 合作机构的问题
- 调查和测量过程中的问题
- 参与率低[5]

但是，如果顺利完成了项目评估，特别是随机对照试验，且当结果具有普遍性时，项目将拥有巨大的潜力，能够对改善人们生活的干预措施产生影响。在解决全球性贫困问题项目中应用评估技术的先驱者，通过两本书，展示了评估技术能为世界上最贫穷的人带来多大的影响。这两本书是麻省理工学院扶贫行动实验室创始人阿比吉特·V. 班纳吉（Abhijit V. Banerjee）和埃斯特尔·杜弗洛（Esther Duflo）所著的《贫穷的本质》（*Poor Economics*），[6] 以及创新扶贫计划的创始人迪恩·卡尔兰和雅各布·阿佩尔（Jacob Appel）所著的《不流于美好愿望》（*More Than Good Intentions*）。[7]

本章的剩余部分将分析美国等多个国家具有重要的普遍性意义的项目评估实例。我们将先分析一个有效项目中的一些发现，然后是一些证明项目无效的评估案例。

"护士家庭一对一"（NFP）是一个注册护士探访在孕期及孩子处于婴儿期的初为人母且收入低的女性的项目，以便帮助她们度过健康的孕期，并成为负责任的母亲。这一项目旨在提升儿童和母亲的生活质量。多年来，该组织的干预措施一直得到慈善家的支持，并在美国不同地区顺利进行了至少三次随机对照试验。[8] 2016 年，南卡罗来纳州按照第 6 章中描述的方法，推行了付费版本的"护士家庭一对一"项目，该项目也包含随机对照试验。[9]

"护士家庭一对一"项目在多个地区取得了成功，因此我们对它的可推广性持乐观态度，但我们注意到，项目的评估人员正是该项目的设计人员，且他们明显更倾向于认为项目是成功的；相比之下，南卡罗来纳州的项目评估是由独立组织扶贫行动实验室完成的。在变革理论的可迁移性方面，人们可能会认为，项目的关键部分是来访的护士向母亲传递的信息。然而，起用半专业人员（不是护士）完成这一项目的效果却很差，[10]这表明信息的传递者可能会影响项目的结果。

发现失败的社会干预项目，与发现成功的项目同样重要，因为这样捐赠者就可以寻求更好的选择，而不是拿钱打水漂。事实证明，人们直觉上认为肯定会成功的方案有时会失败，甚至可能对预期受益者造成伤害。

项目评估公司"科学计算"（Mathematica）受到委托，对联邦禁欲教育计划进行随机对照评估。该公司与四个州合作，随机分配接受或不接受禁欲教育的学校，然后分析学生自行上报的性行为发生率。2007 年公布的研究结果显示，参加禁欲计划的学生的性行为活跃率，与不参加禁欲计划的学生并没有什么区别。[11]青年倡导协会主席詹姆斯·瓦格纳（James Wagoner）在谈到这一结果时说："耗时 10 年，投入 15 亿美元的公共资金，这个失败的婚前禁欲计划导致了史上最大的意识形态混乱。"[12]

防止药物滥用教育计划是一个著名的无效干预案例。该计划试图通过课堂教学，来防止青少年滥用药物。对该计划的随机对照研究表明，治疗组和对照组的学生的短期和长期药物滥用率都相同。[13]琼·麦考德（Joan McCord）是一个评估针对问题青少年的项目的犯罪学家，[14]她按照类似的思路进行了一项纵向研究。她将参与向问题青少年提供督导、医疗服务和夏令营活动项目的青少年作为治疗组，与由类似的年轻人组成的对照组进行比较，发现参与项目的男孩更容易成为罪犯，面临就业和婚姻问题，或沉迷于酒精。这些发现不仅与预期结果相矛盾，也与参与者认为自己会从项目中受益的想法相矛盾。（麦考德推测，治疗组的人可能觉得因为自己是问题青少年，所以受到了关注，这成了一个自我实现的预言。）她还在一个名为"坚决说不"的药物滥用教育项目和一个名为"直面恐惧"的阻止年轻人走上犯罪道路的项目中，发现了类似的自相矛盾的结果。

1997年，纽约市的教育券实验将几千个低收入家庭中从幼儿园到四年级的学生随机分为治疗组和对照组。治疗组的家庭可以获得私立学校学费的代金券，每个孩子每年1400美元，共计4年，[15]而对照组的家庭没有代金券。3年后，研究人员分别对两组学生进行了数学和阅读能力测试，并对结果进行了分析。[16]研究发现，是否获得代金券对学生考试的总成绩没有显著影响。[17]

但是，这项研究由于样本量减少，进行得并不顺利，因为随着对照组家庭的搬迁，实验者失去了他们的消息。[18]最近对华盛顿机会奖学金项目（OSP）的一项研究避免了这个问题：

> 一年后，机会奖学金项目对获得或使用奖学金的学生的数学成绩产生了显著的负面影响。这些学生的数学分数较低……（获得奖学金的学生分数低了5.4%，使用奖学金的学生分数低了7.3%）与申请奖学金但未被选中的学生相比，这些学生的阅读得分较低（分别低了3.6%和4.9%），但（阅读的）差异不具有统计显著性。[19]

私立学校的代金券不应与特许学校的自愿入学相混淆。尽管学校之间存在巨大的差异性，特许学校的办学质量往往不如公立学校，[20]但一些特许学校的管理组织，如"知识就是力量项目"（KIPP）和"向往项目"（Aspire）创办的学校，已经明显提升了城市贫困家庭儿童的数学和阅读能力。[21]（从可推广性的角度看，需要注意的是学生必须**自愿**就读于特许学校，这样才能充分发挥其积极取得学术成就的能动性。如果就读特许学校成为一个学区的标准入学方式，学生被**分配**就读于特许学校，就不会有这样明显的教育结果。[22]）

　　总之，如果你是一个长期致力于某一领域的慈善家，那么将资金投入项目评估将是物有所值的。如果你支持一个新的想法，你需要首先对其进行评估；如果你期望你的计划能进一步扩张，那么你肩负的证明这个想法的责任也会成比例地增长。做好面对一些挫折和新发现的心理准备，另外，你的一些直觉可能被证明是错误的。最重要的是，准备好从中吸取经验。

## 应用于你的慈善事业

### 12. 制订一个评估影响力的计划

　　使用匹配对照法或随机对照法，制订一个计划来评估你在前面的章节中确定的项目。你选择的评估方法有哪些优点？它的局限性是什么？

### 13. 展望项目推广和扩张的前景

　　假设你的项目已经成功，并且你希望在其他地区推广它，那么你可能会遇到什么问题？哪些信息可以帮助你确定项目复制成功的可能性？

# 第 6 章

# 通过对结果的数据分析增加你的影响力

我们将思考如何通过对结果的数据分析增加你的慈善事业的影响力，以此作为对第二部分的总结。

- 首先，我们将分析两种慈善评估服务，它们可以帮助那些只有少数工作人员，甚至根本没有工作人员的个人慈善家或基金会评估非营利组织的绩效和成本效益。
- 其次，我们将思考基金会在进行内部决策时，如何考量致力于相同结果的不同拨款方式的影响力。我们将以罗宾汉基金会为例，它为纽约的扶贫活动提供资金。
- 再次，我们将研究最近出现的为成功付费（PFS）现象（也称基于结果的融资），即为一个组织提供资金，以便其实现双方商定的目标。
- 最后，我们将考虑慈善战略中或多或少存在的风险的作用。

所有的这些都将用到成本 – 效益分析法（CBA）或成本 – 效果分析法（CEA）。成本 – 效益分析法是将一个项目的总成本与其产生的效益进行比较：

净值＝总效益－总成本

根据成本－效益分析法，只有当一项活动的收益大于成本时，它才是合理的，而且其净值越大越好。净值有时被称为"预期价值"，也可以被称为（类似于金融学中的术语）"预期收益"。

与之非常相似的是成本－效果分析法，它有助于我们决定从几个具有相同预期结果的项目中选择执行哪一个。成本－效果比是将每个项目的成本除以其结果产生的影响得到的一个比率，它可以作为衡量慈善杠杆的方法：

成本－效果比＝总成本／影响

成本－效益分析法需要计算出结果的现金价值，而成本－效果分析法可以在无须货币化的情况下，比较类似项目的结果。**影响**是对项目的最终预期结果或者一个可测量的中间结果的量化，它可以作为一种合理的参照值。例如，一个预防高中生辍学的项目，可能将被阻止辍学的人数作为最重要的结果。

比较具有相同预期结果的不同项目的影响，是成本－效果分析法最简单的应用方法。例如，如果一家食品银行为无家可归者提供一顿饭总共花费 10 美元（包括间接费用），而另一家食品银行为同一城市类似社区的类似人群提供服务需要花费 15 美元，那么第一个项目比第二个项目更具成本效能。

成本－效果分析法也可以用来比较结果不同的项目，但是这些结果需要能够用一个单一的指标来衡量。在下面的两个例子中，GiveWell 利用质量调整寿命年（QALY）指标来比较发展中国家的卫生项目，罗宾汉基金会利用个人一生总收入的增加额来比较纽约的扶贫项目。

在实际操作中，甚至是在理论上，结果截然不同的项目之间是无法进行比较的。例如，一个基金会的项目涉及基础教育、环境和艺术，即使某一个项目的受助组织的结果可以比较，但并没有一个通用的标准可以比较增加贫困儿童受教育机会的组织和保护濒危生态系统或增加古典音乐受众的组织。

## 以改善结果为目标的慈善机构评级

GiveWell 和"影响评估"是两个慈善评级服务机构，它们主要基于非营利组织的影响力信息对其进行评级。

GiveWell 根据四个标准对解决全球贫困问题的非营利组织进行评级：证据、成本－效能、额外的资金使用和透明度。

> **证据：** 我们所要寻找的慈善项目是经过了严格论证和反复研究的，并且可以合理地预期其成果可以被推广到更大的范围，尽管任何研究结果的可推广性都是有局限性的。[1]

GiveWell 基本按照第 5 章所描述的方式运用证据，特别强调随机对照试验，并注重有效的干预措施是否具有普遍性。

> **成本－效能：** 我们试图估算我们关注的每一个慈善机构的"每挽救一条生命所需的成本""每减少一年伤残调整寿命年的成本""帮助他人获得相当于基本收入的经济来源的总成本"。我们寻找的是在这些指标上有良好表现的慈善机构。

其中，最容易理解的是 GiveWell 评价健康干预时使用的成本－效果分析法，即根据对伤残调整寿命年（DALY）的影响来评估项目。伤残调整寿命年是一种广泛使用的全球性标准，用来衡量疾病造成的影响，它将死亡率和发病率结合在一个单一的指标中，即因疾病、残疾或早逝而损失的寿命年数。[2]一个伤残调整寿命年等于损失了一年的健康寿命，世界卫生组织对不同的伤残情况赋予了不同的权重，例如，阿兹海默综合征的权重为每年 0.666，重度焦虑症的权重为每年 0.523，失明的权重为每年 0.195，腰痛的权重为每年 0.061。GiveWell 对比了慈善机构减少伤残调整寿命年的成本。

**额外的资金使用：**顶级慈善机构由于我们的推荐，收到了大量的捐款。我们在思考，"慈善机构在我们的推荐下筹集到的额外资金可以起到什么作用？我们的推荐活动的意义是什么？"

成本 – 效能指标反映了组织目前的工作情况，而根据**额外的资金使用**情况可以估算出额外的资金可能产生的效益。GiveWell 指出，"过去，我们暂停了对一些实力雄厚的慈善机构的推荐，因为我们觉得它们不能快速有效地使用额外的捐款"。

**透明度：**我们抱着怀疑的态度，对潜在的顶级慈善机构进行了彻底的审查，并公布了详细的结果，包括这些慈善机构的实力、它们的工作情况和额外的资金使用情况。我们也会持续关注顶级慈善机构的发展并公开报告，包括任何负面的消息。慈善机构为了获得"顶级慈善机构"的评级，必须接受我们深入的调查，以及对它们的业绩和发展状况的公开讨论，无论是好的还是坏的。我们相信任何一个好的捐赠决定都离不开直觉和判断，我们的目标是把我们所有的思考公布出来，供他人评价和批判。

透明度本身并不是一种有效的指标，但它可以帮助捐助者以及 GiveWell 评估一个组织的运行情况和成果。

前三项标准的应用要求组织本身以及公共卫生和其他政府机构提供大量数据，并对组织的成果进行高质量的评价。在任何时候，

GiveWell 都有信心从顶级慈善机构中评选出少数的优秀组织。

GiveWell 的工作是以第 1 章中提到的有效利他主义哲学为基础的。它对发展中国家的特别关注是基于这样的理念：这些国家的贫困问题比发达国家严重得多，改善"南半球"地区居民的生活往往更具成本效益。

GiveWell 只对提供直接服务的组织进行评价，例如分发预防疟疾的蚊帐或提供治疗肠道寄生虫药物的组织。它在网站解释道：

> 我们相信，慈善机构在寻找和解决贫困的根本原因方面已经做出了许多努力，但这些努力并没有得出具有说服力的结论或成功的解决方案。我们认为，基于根本原因的解决办法具有一定的风险，且需要长期的努力，适合高度热衷于此的捐助者……我们也相信直接援助…能够使个人慈善家在自己生活的地区有所作为。这些人所处的环境，使他们可能比我们更好地理解和解决许多问题。[3]

尽管我们欣赏 GiveWell 严谨的评估方法，但解决"根本原因"与提供服务或直接援助之间的碰撞，让我们感到如履薄冰。理论家和实践者之间展开了一场激烈的争论，即个人干预能否比改变政策和整个体系更好地解决全球性的贫困，以及其他的社会和环境问题——个人干预能否从根本上解决问题。[4] GiveWell 的观点无疑是正确的，它认为评估改变政策和制度的战略要困难得多，因此它的评价方法主要针对因为没有足够的时间或工作人员而无法对战略细节进行深入研究的个人捐助者。

"影响评估"是一个相对较新的非营利组织，它通过对影响力的审计，严格估算提供服务的组织产生的慈善影响力。[5] 影响评估并不亲自搜集数据，而是利用非营利组织自己提供的证据进行估算，并对证据的质量进行评级。影响评估还向被审计的非营利组织提供反馈意见，帮助它们改进。

　　例如，影响评估审计的 D-Rev 通过设计和销售价格相对低廉的医疗设备，改善无法获得足够医疗设备的贫困患者的健康状况。衡量 D-Rev 成功的标准为避免了死亡和残疾。D-Rev 没有进行严格的随机试验来评估其影响（尽管它正在进行一项准实验研究），而是由影响评估利用其内部评估数据和一些（通用性）医学文献的估算数据，测算出 2013～2015 年 D-Rev 销售的设备减少了 3.8 万个伤残调整寿命年。在这段时间里，D-Rev 花费了 100 万美元，医院和病人支付了 2100 万美元，所以该计划每花费 600 美元就缩短了一个伤残调整寿命年（相当于多了一年的健康生活）。

　　影响评估试点审计的一些非营利组织，正在推行增加发展中国家贫困人群收入的项目，这些项目允许捐助者对成本－效益进行评价。这些评价能否顺利进行，最终取决于评价流程的可行性。如果评价的是未来的成本－效益，则取决于评价在（不可避免的）不同情况下的总体可行性。甚至医疗干预也受到这一限制：预测认为驱虫药和杀虫剂处理过的蚊帐一旦使用，将获得很好的效果，但它们的使用需要受益人和其他利益相关者改变自己的行为，这种行为的改变在每一个具体的地方都是不一样的。

## 运用通用度量法比较对受助组织的影响

　　正如第 1 章所提到的，罗宾汉基金会致力于消除贫困。与 GiveWell 一样，它也采用成本－效果分析法来比较对各受助组织的影响，尽管到目前为止它的评估仅用于自身的资助行为，并未向公众公开。由于罗宾汉基金会的大多数项目是为了提高受益人的预期收入，所以罗宾汉基金会衡量的是"相比于没有参与该项目的情况下本应获得的收入，参与者通过项目可以增加多少收入"。这个衡量标准的前提是"贫困广义上是指收入减少，因此一个增加收入的项目可以直接减少穷人的数量，或减轻他们的贫困程度"。[6]

以下是罗宾汉基金会计算"鲍勃的工作"的净收益的例子，该组织主要致力于提高女性的工作能力。

- 有 150 名女性参与了"鲍勃的工作"。
- 在这些女性中，有 72 人完成了培训；41 人仅坚持工作了 3 个月；31 人在一年后仍继续工作。
- 41 名短期就业的女性收入平均增长约为 2900 美元，即共约 12 万美元。
- 至少工作了一年的 31 名女性的年薪平均增长约为 12 000 美元。[7]

罗宾汉基金会对有毅力坚持工作的 31 名女性做了如下假设。

- 她们将继续工作 30 年。
- 在排除通货膨胀因素的情况下，她们的年薪增长率为 1.5%。
- 她们平均每人有 1.8 个孩子，根据对父母就业影响的研究，每个家庭将实现 6000 美元的代际收入增长。
- 贴现率是 3.5%，该数值代表未来的一笔钱折算为现值的利率。

因此，31 名长期员工的效益净现值约为 910 万美元，加上 41 名短期员工的一次性收入增加，该项目的总效益约为 920 万美元。

在这一年里，罗宾汉基金会为"鲍勃的工作"提供了 20 万美元的拨款。因此，效益 / 成本（B/C）比率为：

$$920 万美元 /20 万美元＝46 美元 /1 美元$$

在这个案例中，罗宾汉基金会考虑到其他私人和机构捐赠者对"鲍勃的工作"的支持，将自己的捐减少了 50%，因此其 B/C 比率为 23 ∶ 1。[8] B/C 比率提供了一个基准，方便将"鲍勃的工作"与其他劳动力发展项目，以及所有其他以提高受益人收入为成功标准的项目进行比较。[9]

尽管罗宾汉基金会的评价专注于提供服务的过程，但它也认识到这些计算存在很大误差，因此在资助时也会参考一些定性信息和判断。正如 GiveWell 不对政策倡导组织进行评价一样，罗宾汉基金会不资助这些组织，它只资助"提供长期、全面和密集的服务，并产生可度量的结果的扶贫项目"。[10]

休利特基金会的表演艺术项目展示了一种结合了定性和定量结果的项目策略，该项目采取预期收益法决定捐赠对象。除了优秀的定性指标，基金会还采用了定量指标，如受助机构的免费 / 付费上座率、不同人群的上座率，以及受助机构的教育项目和社区项目的参与率。该项目的网站解释道：

> 对预期收益的估算是有价值的，因为它能够帮助项目工作人员做出明确的假设，以便评价受助机构的表现，否则受助机构的表现可能得不到认可。
>
> 尽管如此……由于它高度依赖于难以精确估计或通过分析验证的数据，因此预期收益的估算可能是主观的，并且包含明显的误差。对预期收益的估算通常也包含一个隐形的假设，即不同活动的收益是相互独立的。如果不同活动之间有明显的相互作用，可以将它们结合在一起进行分析，但处理这种综合关系时必须精确，且分析过程的复杂性会增加。
>
> 基于这些原因，我们需要强调，预期收益率只是项目在

决定开始、继续或停止资助某个机构时的其中一个因素。实地考察、绩效评估、与管理人员和董事会成员的面谈以及财务评估的结果也需要考虑。较高的预期收益率通常与其他方面的优秀表现相关，项目并不会在不考虑这些因素的情况下，就选择预期收益率最高的投资机会。项目希望将预期收益率作为关系导向资助模型的一个元素，而不是替代品。[11]

## 为成功付费

越来越多的国家和地方政府在与机构签订合同时，会注明只有（或原则上）当机构成功地完成了目标或形成了社会影响（如减少累犯和无家可归者人数，或为贫困儿童创造了更好的未来）时，才会向其支付报酬。[12]

**累犯**。预防多次犯罪一直是成功付费（PFS）合同的一个热门主题，因为累犯问题的存在，特别是年轻男性的多次犯罪率居高不下，减少累犯的项目可以产生可衡量且易于评估的结果，项目可以在节约经济成本的同时创造社会效益。例如，2012 年，纽约州州长安德鲁·科莫（Andrew Cuomo）决定启动一个 PFS 项目来解决这个长期存在的问题。该州让 PFS 中介组织"社会金融"为项目保驾护航，并与项目的执行机构"就业机会中心"（Center for Employment Opportunity，CEO）签订了合同。[13]

就业机会中心有一个项目，为参与者提供生活技能的强化培训，并在培训后立即为其安排一个有补贴的兼职工作，之后安排没有补贴的全职工作，并在此后的一年内提供工作相关的咨询和支持服务。2004 年，就业机会中心进行了一次随机对照试验，结果显示，在最有可能重返监狱的前罪犯中，累犯比例显著下降。

就业机会中心和社会金融制订了一项计划：在 2014 年至 2018 年

期间，为纽约州罗切斯特市 2000 名曾经被监禁的个人提供服务。该计划分为两个阶段，每个阶段为 1000 人提供为期 3 年的服务，美国劳工部（DOL）承诺将基于绩效为第一阶段支付报酬，纽约州将为第二阶段支付报酬。

根据这项计划，纽约州惩戒和社区监管局（DOCCS）确定了符合条件的前罪犯，然后将他们随机分配到就业机会中心或对照组。基于绩效的报酬取决于三个目标的完成情况：减少累犯、参与过渡性工作和正常就业。

- **（通过减少监禁天数）减少累犯：** 与对照组相比，就业机会中心的"客户"减少的在监狱的平均天数。这一指标旨在反映监禁犯人的预算费用及相应的犯罪严重程度。报酬的支付标准基于额外监禁一天的边际成本。在合同期内，人均监禁天数减少了 36.8 天，就业机会中心将因此在项目的第一阶段和第二阶段分别获得 85.00 美元 / 天和 90.10 美元 / 天的报酬。

- **参与过渡性工作：** 治疗组中，在公共机构工作人员的监管下，参与就业机会中心过渡性工作的人数。支付报酬的依据是该服务为公共机构产生的价值。通过让治疗组成员参与过渡性工作，就业机会中心将在第一阶段和第二阶段分别获得 3120 美元和 3307 美元的报酬。

- **正常就业：** 根据纽约州劳工部的数据统计，基于出狱后第四季度正收入的二元指标。报酬的支付标准是预期税收的增加和公共援助的减少。最低 5% 的收入增长，将使就业机会中心在第一阶段和第二阶段分别获得 6000 美元和 6360 美元的报酬。

　　该计划旨在减少不恰当的激励和"投机"的风险，即服务提供商在没有实际完成预期目标的情况下达到了支付标准。在履行 PFS 合同时，一个明显的投机方式是选择容易成功的参与者。然而，根据合同，纽约州惩戒和社区监管局选择了高风险的参与者，他们被随机分配到治疗组或对照组，从而避免就业机会中心挑选最有可能成功的参与者。截至本书撰写之时，该计划的评估工作仍在进行中。

　　**无家可归者。**2015 年，加利福尼亚州圣克拉拉县开展了欢迎回家项目，服务于 150～200 位长期的无家可归者。这些人因为长期居无定所，最终出现在急诊室或者监狱里，极大地占用了公共资源。"第三资金"是这一项目的中介，非营利组织"居所服务"提供前几章所提及的永久性保障住房以及配套服务，目的是提升长期居住率。

　　当参与者连续居住 3 个月时，该县便开始付款，并且在之后的一年中，每 3 个月增加一次付款。12 个月之后，该县将为每位参与者支付 12 420 美元。表 6-1 显示了累进付款的时间点。

**表 6-1　圣克拉拉县永久性住房保障项目的付款计划**

| 持续居住时间 | 每产生一位成功的参与者需要支付的报酬（美元） |
| --- | --- |
| 3 个月 | 1 242 |
| 6 个月 | 1 863 |
| 9 个月 | 2 484 |
| 12 个月 | 6 831 |
| 12 个月间支付的报酬总额 | 12 420 |
| 一年之后每个月的报酬 | 1 035 |

　　PFS 项目的落实取决于政府和服务供应商的成本收益计算。政府必须能够量化其期望从 PFS 项目中获得的收益。政府关心的是如何节约成本（即减少自付成本）和 / 或项目受益人可以获得的收益。在理想的 PFS 合同中，政府可以根据目前提供服务所花费的成本，计算出盈

亏平衡点。改善福利（如健康、教育和公共安全等）所产生的货币价值，可以按照 GiveWell 和罗宾汉基金会所采用的计算方式进行测算。

累犯项目对监禁囚犯的直接成本和社会成本进行了详细的数据统计。马里兰州的一项研究总结道：

> 帮助罪犯重返社会的项目节省的大部分成本都与避免再次入狱有关。在此类案例中，最大的成本节约来自机构因为罪犯数量的下降，而关闭了整个监狱或其中的一个分部⋯⋯刑满释放人员在获释返回社区时，其行为准则和习惯可能使其并不适应监狱围墙外的社会。更严重的问题是，许多人（即使不是绝大多数人）很难进入劳动力市场，或获得社会支持。因此，重返社会项目可以提供一系列具有较高社会价值的服务，除了产生经济效益，如果刑满释放人员能够开始恢复健康和有益的生活，将有助于建立更强大、更安全的社区。[14]

减少累犯也会降低受害者的成本，包括因受伤损失的收入和医疗成本、财产损失，以及感到不安全的心理成本。

针对无家可归者的项目的主要收益源于稳定的住所对无家可归者本身的价值，但政府应该将为街头无家可归者提供紧急医疗救助和其他服务的费用计算在内。

即使是最好的项目，成功率也远低于 100%，所以服务供应商必须预测它们需要以多少成本服务多少客户，才能获得一个成功的可以获得报酬的结果。过分高估项目成功的可能性，可能导致服务供应商破产。这种预测中的不确定性带来了一些风险，服务供应商可以通过提高成本和降低对成功的要求，合理地应对。

在任何情况下，服务供应商必须有足够的流动资金来实施项目，并且需要承担项目一旦失败将不会获得报酬的风险。为了缓解现金流问题，一些PFS项目得到了慈善界和商业投资者的共同支持，服务供应商可以预先获得流动资金，且只有在项目成功的情况下才需要偿还。另外，政府也可以向提供服务的组织支付费用，并在项目成功的情况下提供奖金，或者使用"费率卡"方案。

除了各自进行计算，合同涉及的各方还必须商定一种支付报酬的标准。在一个PFS项目中，有两种基本的支付标准：一种是评估法，即比较服务供应商的"客户"与未参与项目的类似群体的结果；另一种是"费率卡"法（如圣克拉拉县针对无家可归者的项目所采用的方法），这种方法要求政府为每一个取得成功结果的"客户"向服务供应商支付一定的费用，具体数额根据政府对结果所产生的收益的估算来确定。有了费率卡，政府就可以确定目标受益人群体、希望得到的结果以及愿意支付的价格。

对于PFS合同的当事人而言，选择采用费率卡代替随机对照试验或其他评估方法的主要原因是，费率卡更简便、实施成本更低，而且可以更快地使其做出决定。服务供应商可能会发现费率卡的风险性更低，因为它们不需要证明是它们的干预措施导致了结果的产生。[15]费率卡允许政府与多个服务供应商签订合同，只要确保每个服务供应商都有自己特定的客户群体，就可以让它们为同一目标人群提供服务。同时，费率卡方法不需要设置没有获得服务的对照组，从而避免了相应的成本和道德影响。

但费率卡方法也有很大的局限性。由于没有对照组，服务供应商和政府都无法确定结果是由于干预措施还是由于外部因素而产生的。此外，虽然每种评估方法都有助于了解干预措施的影响，但费率卡的作用较小。我们认为，只有在一个社会项目的影响数据准确可靠，且社会科学家有信心确认其外部有效性的情况下，费率卡才能发挥最大的价值。

## 成果评估与高风险慈善事业

到目前为止，本章的重点是为个人客户提供社会服务的组织。假设有一个组织的成功率虽然不是 100%，但相当稳定且结果可预测，现在，你作为一个慈善家，正关注你所在城市日益严重的阿片类药物成瘾问题，并考虑向一个直接提供戒毒服务的组织捐赠 100 万美元。

一个成功的戒毒案例值多少钱？你可能会对政府提出这个问题感到欣慰，其价值正如前面的 PFS 案例中评估防止累犯和解决无家可归问题的案例的价值一样。政府的预算是有限的，因此你希望它能有效地使用预算。慈善家也面临同样的问题，毕竟，在解决毒瘾问题上花费的金钱，可以用来实现另一个你关心的结果。

假设，你对一个成功的戒毒案例的估值是 10 000 美元；你潜在的受赠人治疗一个瘾君子需要花费 400 美元，治疗的有效率为 40%，因此每个有效案例的净成本为 1000 美元。你的 100 万美元捐款将支持 2500 人的治疗，治愈 1000 例药物成瘾病例。根据成本 – 效益分析法，你的捐款的预期价值是 900 万美元：

1000 次成功 × 10 000 美元（每一个成功戒毒案例的价值）–

100 万美元的成本＝1000 万美元 –100 万美元＝900 万美元

在决定捐赠之前，你了解到另一个组织不是直接为吸毒者提供服务，而是主张对阿片类药物的处方进行立法或政策改革，以从源头上防止药物成瘾。你将如何比较两者？

与提供服务的组织相比，倡导政策改革的项目往往风险更大，因为提供服务的组织所呈现的结果误差范围相对较小。即使立法得到通过并顺利实施，也很难准确预测它将预防多少药物成瘾案例。此外，鉴于行政流程中的阻碍以及执行工作的复杂性，很难精确地量化其成功减少阿片类药物成瘾的可能性。

因此，在评估倡导政策改革的项目时，需要将风险因素以成功的可能性的形式，加入成本－效益方程中。项目的预期项目需要考虑项目成功所产生的效益、成功的可能性以及实施的成本。

让我们做一些简单的假设。假设该组织需要花费 100 万美元才可能让这项政策通过，一旦通过，这项政策的改变将防止 10 万人对药物上瘾，因此每防止一个成瘾案例需花费 10 美元。既然你对每一个成功的预防案例的估值为 1 万美元，那么项目的净值就是 9.99 亿美元：

防止 10 万人上瘾 ×1 万美元（每一个成功的预防案例的价值）－
100 万美元的成本＝10 亿美元 －0.01 亿美元＝9.99 亿美元

但这并没有考虑到成功的可能性。结合当下的政治环境，该组织的首席执行官估计成功的可能性有 20%。[16] 当你把政策变化的价值乘以这 20% 时，你付出的 100 万美元将得到 1.99 亿美元的预期收益，这仍然远远高于提供服务的项目的预期收益。事实上，即使成功的可能性下降到略高于 1%，倡导政策改革的项目的预期收益也高于提供服务的项目。但请记住，你也有可能一无所获。

尽管有各种失败的风险，但许多当代慈善事业都涉及政策倡导，包括气候变化、公民自由和公民权利、刑事司法制度以及许多其他领域。在过去的半个世纪里，有色人种、妇女和男女同性恋者获得的平等权益都离不开政策倡导。虽然许多工作是通过基层运动完成的，但它们得到了慈善行业的大力支持。

一些评论家认为，本章中所提到的定量方法不应用于对政策倡导型慈善的支持。例如，布鲁斯·西弗斯（Bruce Sievers）曾是沃尔特和伊莱丝·哈斯基金会（Walter and Elise Haas Fund）的执行董事，现为斯坦福大学的访问学者，他写道：

　　　　环境运动、美国政治中兴起的保守主义，以及男女同性
恋群体的平等运动，都得到了大量的慈善支持，它们对美国
人生活方式的改变，远远不是任何"投资回报"能够衡量的。
当然，我们相信在这些问题上的投资回报是可以计算的，但
更重要的是，这些运动重塑了美国的道德体系，导致社会运
行和人们理解自身的方式发生了巨大的变化，随之而来的是
政策的变化。对这些问题投入慈善资源不仅仅需要分析投入
和产出，更需要对复杂的、不可预测的需要进行深刻变革的
问题进行道德上的衡量。[17]

　　我们同意西弗斯的意见，如前所述，我们认识到预测政策倡导的
影响，容易出现巨大的误差。但从预期收益的角度看待问题，并不能
缩小慈善家的选择范围。相反，它可以激励慈善家在可能产生巨大影
响的问题上大展身手，例如在避免灾难性的气候变化和促进公民权利
方面。事实上，他们所追求的社会回报虽然无法量化，但这些潜在的
巨大回报让慈善家有了面对失败的勇气。

　　刚才我们以政策倡导为核心案例，但也有许多其他高风险慈善的
例子，包括公益诉讼、第二轨道外交（例如以色列人和巴勒斯坦人为了
开展富有成效的和平对话，举行的非正式会谈），以及对医药创新的支
持（例如针对艾滋病、疟疾或埃博拉病毒的疫苗）。在许多情况下，结
果取决于经济学家所说的"不确定性"，而不是"风险"，因为成功的
可能性实际上是无法量化的。

　　除了不确定性和巨大的失败的可能性，高风险慈善还有另一个特
点，即捐赠者不一定会因为项目的成功而得到赞誉，这使得它对一些
捐赠者而言缺乏吸引力。社会变革的原因通常非常复杂，参与其中的
人不计其数，因此很难将成果归功于任何一笔或一系列捐款。但是，

捐赠者愿意承担巨大风险并放弃荣誉，才有可能产生真正巨大的影响。

阿基米德有句名言："给我一个杠杆和一个支点，我就能撬动地球。"高杠杆、高风险慈善事业往往专注于一个重大问题，并有明确的战略，这至少给了你一个改变世界的机会。

## 价值评估的作用和局限

布鲁斯·西弗斯对将预期价值框架应用于政策倡导型慈善的质疑，只是他对慈善事业的"商业模型"的种种批判中的一部分，其目的是推广"社会投资回报"（SROI）的概念，这是对预期收益的另一种表述。[18]

> 与企业不同……慈善组织和非营利组织的运作需要从两个维度来定义：一是由工具性目标定义，如财政的稳定性或服务的人数；二是由人类活动的各种最终目标定义，包括教育、艺术表达、思想和行动自由、对子孙后代的影响以及对文化和环境遗产的保护……这些是人类活动的目标和愿景，它们不能简单地用利润率或是如何实现最高效的生产来定义。
>
> 社会投资回报没有表明也不能充分说明非营利组织为人类社会的各个方面做了诸多复杂和无形的努力。历时十年的政策制定过程，公众意识的转变，通过艺术产生的理解的火花，以及青年发展计划中一个个体的转变，其意义和重要性根本无法用社会投资回报来衡量。[19]

我们同意慈善事业的运作需要从两个维度来考量，但西弗斯所描述的两个维度，本质上包括目的和手段，它们通常不应混为一谈。诚然，社会力量的复杂性超出了你的控制，甚至超出了你的认知范围，这就意味着，以社会变革为目标的捐款，其未知性远远多于确定性。

慈善家必须做出选择，但预期价值框架反映出的一个现实问题是，一笔拨款用于一个设计糟糕的战略或业绩不佳的组织，就会使慈善家失去支持一个更有效的战略或组织的机会。即使没有对社会收益进行量化，投资行为本身也包含了第 1 章中所提到的思维定式，它促使基金会工作人员尽可能有效地使用捐赠者的资源。

## 应用于你的慈善事业

假设你关注阿片类药物成瘾问题（或类似的社会问题），愿意投入大量的慈善资源来解决它，你会考虑哪些因素来决定是支持为个人提供服务（成功率相对稳定且可预测），还是支持可能使更多人受益的政策倡导型战略（尽管它的成功率较低且不可预测）？

# 第三部分

# 拨　　款

在第二部分中，我们从理论到实践，即从定义问题到制定解决问题的策略，详细分析了慈善战略的要素，并从一对关注减少城市无家可归现象的慈善家夫妇的角度，对战略进行了评估。**在第三部分中**，我们将思考如何把这个框架应用到实际的拨款过程中。

慈善事业至少有三种截然不同的模式，每种模式都需要用第二部分中所述的方法进行分析。

为了实现你的慈善目标，你可以邀请已经制定了自己的战略的组织，征求它们的意见。尽职调查的核心部分，是对它们提出的战略进行分析。你也可以制定自己的战略，并寻找执行这些战略的组织；或者你可以制定自己的战略，并亲自执行。

第三部分的大部分内容都在分析第一种模式，同时我们列出了一些第二种模式的例子。第三种模式主要应用于运营型基金会，即自筹资金的非营利组织。我们的主要关注点是拨款，并假设你是通过基金会进行捐款的。当然，讨论过程中会涉及其他的捐赠方式，包括支票簿、捐赠者顾问基金或有限责任公司。

# 第 7 章

# 准备工作

## 选择慈善目标和战略

在写这本书时，我们注意到慈善家的目标，在本质上是个人的、主观的。然而，在选择慈善目标的时候，你应该考虑一下目标的范围和实现目标的方法。

在战略慈善家常用的工具中，有许多可以用来实现你的社会目标，从支持基础研究和确定调查领域，到每次为一个个体提供直接服务，再到倡导进行政策改革。对于这些方法，战略慈善既不会对其中的某一种另眼相看，也不会将任何一种可能性排除在外。使用哪一种方法，应该主要取决于它是否能够有效地实现你的特定目标。当然，也要考虑其他一些个人原因或心理因素，例如以下几项。

- 你可能希望尽早看到慈善事业的成果。
- 你可能希望为你的慈善事业限定受益人，也可能愿意帮助任何不确定的人群。
- 你可能希望对人们的生活产生切实的影响，也可能希望支

持对知识的探索，而新的知识需要几十年的时间才能应用
于实际生活（如果可能的话）。

- 你对失败风险的接受程度。
- 你可能希望在设计和实施战略方面发挥领导作用，也可能
满足于成为众多贡献者之一。
- 你可能希望自己的慷慨获得认可，也可能希望匿名。

下面的三维框架可以帮助你确定在制定慈善战略时，这些偏好和
想法所扮演的角色。

## 1. 这个问题是否降低了生活质量，或是危及了生命本身

慈善家支持的项目涉及生活的方方面面，从滋养人类精神、培养创
造力（公园、艺术），到提供保障生活质量的必需品（食物和住所、干净的
空气和水、自由、正义），再到试图挽救生命（研究艾滋病毒／艾滋病
和疟疾的治疗方法，努力阻止核扩散）。你可以按照图 7-1 的顺序思考
问题。

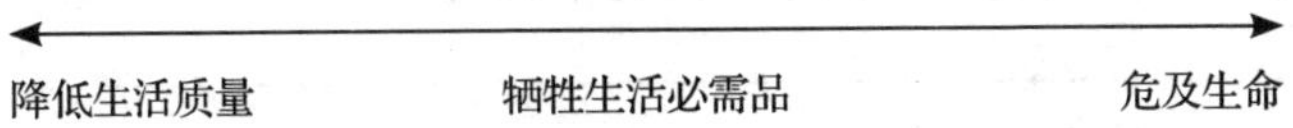

降低生活质量　　　　牺牲生活必需品　　　　危及生命

图　7-1

几个世纪以来，关于如何平衡这些截然不同的目标，哲学家们争
论不休，我们也没有什么好的见解。这些都是合法且重要的需求，不
同的目标组合将吸引不同的慈善家，但它们对慈善事业有不同的影响，
需要截然不同的战略。

## 2. 危害将持续多久

图 7-2 主要体现的是不采取行动可能导致的后果，而不是当下如何

预防或减轻危害。如果减少常规污染物，如粉尘或二氧化硫，空气将在几天内变得干净、清新。相比之下，即使停止对水源的污染，湖泊可能也需要几十年的时间才能恢复。即使温室气体大量减少，地球在未来一个世纪或更长的时间内仍将持续变暖，这会对农业、动植物栖息地和人类健康造成不可逆转的损害。糟糕的教育制度的影响可能会延续一代人，如果教育得到改善，这些影响最终会消失，而生物多样性的损失是不可逆的。

很快就能消除（可逆）　　　危害持续发酵　　　永久性的影响（不可逆）

图　7-2

### 3. 问题的影响范围有多大

你可以根据受影响的人数或地理范围来看待问题的影响范围（见图 7-3）。受影响的人数可能只有几个明确的个体（如"帮助之手"孤儿院的孩子），可能是一个更大的可计量的数字（你所在社区的高中辍学率），也可能庞大到难以想象（核灾难的受害者）。

小（当地/少数人）　　　　大　　　巨大（全球性/许多人）

图　7-3

问题的影响范围也可以用其他单位来界定，例如，影响区域的面积或者占全球的比例。公园可以改善周围的环境，对地役权的保护有利于保护当地土地，荒野法案可以促进区域的环境保护，保护亚马孙雨林的努力可以保护数亿英亩⊖的土地，而减少温室气体排放的努力可以使全球的居住环境得到改善。

发生在某个国家或地区的战争、贫困、经济发展等问题，会造成

---

⊖　1 英亩≈4046.856 平方米。

全球性的影响，其原因有以下几个：这些问题是抽象的，且往往会对远离问题所在地的其他地区产生影响；它们往往涉及大量不确定的人群；它们往往超越政治界限；它们的时间线与政治时间（如选举）或商业节奏不一致；解决问题往往需要在未知的、复杂的社会和经济系统中展开工作。

这三个方面可以整合在一张三维图中，如图 7-4 所示，每个方面的一端固定在小立方体中，而另一端无限向外延伸到大立方体。

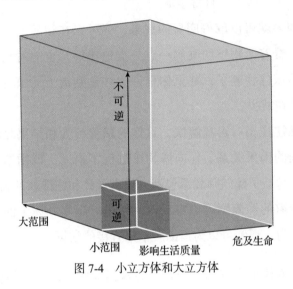

图 7-4　小立方体和大立方体

许多目标包含多种因素的组合。例如，防止对一件独特的艺术珍品造成不可逆的损害的项目，在纵轴上可以取一个较大的值，但另两个轴上的值仍然位于小立方体中。我们首先考虑两种极端情况：一种是在小立方体中的项目，关注的是地方性的、影响生活质量的可逆的问题；另一种是在大立方体边缘的项目，涉及的是全球性的、不可逆转的危及生命的问题。

## 小立方体

小立方体中的项目主要为数量相对较少的人解决眼前的、不会危及生命的问题。这可能包括在你所在城市的博物馆里建一个画廊，或者支持一个特许学校。这些慈善项目有以下几个吸引人的特点。

- **变化的过程是清晰的，且易于掌控。**你的资金可以直接满足需求。
- **彻底失败的概率相对较低。**你几乎可以确定地预见，自己将改善一些人的日常生活。
- **短期内就可以取得明显的成果。**你可以在往后的几年时间里，看着博物馆的画廊一点一点地建好，也能看到收容所里的床位住满了，甚至你也许会注意到街上无家可归者的数量在减少。
- **问题往往相对容易解决，且你的慈善行为和结果之间有着清晰的因果关系。**你向博物馆进行了捐助，博物馆用你的善款聘请了建筑师和承包商，负责设计和建造新的画廊。
- **慈善家的慷慨解囊更容易得到认可。**小立方体中的慈善捐助行为，通常可以为捐助者带来直接的认可。

但小立方体也有它的局限性：慈善捐助的回报直接而快速，随之而来的是它的影响力较小：你所在城市的博物馆的观众得到了更好的享受体验，但全州的艺术教育可能仍然严重不足；虽然临时安置无家可归者解决了一些人的燃眉之急，但这并不能帮助他们做好自给自足的准备。此外，短期的成效可能会被其他力量淹没：一个异常寒冷的冬天可能导致服务于无家可归者的设施严重不足，而一个更具有野心的扶贫战略可能会缓解这个问题。

## 大立方体

大立方体的外延是严重的、不可逆的、可能危及生命的灾难。解决这些问题的慈善事业的最大优势是，可能会挽救无数人的生命，或是保护数亿英亩广袤的土壤。洛克菲勒基金会和福特基金会资助的"绿色革命"是一个全球性项目，它可能使全球的农业生产力增加了一倍，拯救了无数在饥饿中挣扎的人（需要指出的是，"绿色革命"项目有一些严重的缺陷，涉及的问题比较复杂，[1] 但是这个项目带来的改变确实影响了全世界）。洛克菲勒基金会、福特基金会、安德鲁·梅隆基金会、休利特基金会和大卫和露西尔·帕卡德基金会（以下简称"帕卡德基金会"）对于国际家庭计划的支持是另一个很好的例子。尽管存在着争议，[2] 但在全球生育率从每名妇女生育 5.0 个孩子降低到今天的 2.3 个的过程中，它们的努力发挥了重要作用；所谓的人口红利被誉为加速东亚经济发展的十大功臣之一。[3]

靠近大立方体边缘的问题，往往需要更具雄心的拨款，以及对模糊性和复杂性的包容。由于规模较大，它们通常需要更多的时间来解决。另外，它们往往需要大量决策者的参与，他们需要深入了解问题所处的环境和可能的解决方案。

解决大立方体中的问题还需要耐心。重大的改革可能需要花费数十年的时间，投机取巧往往得不偿失，让人失去希望。相反，专注于一个领域会极大地提高你使用资金的能力，同时会让你更了解如何寻找最佳的平衡点。

在解决大立方体中的问题时，你需要知道别人正在为解决这些问题做了什么，并乐于为实现共同目标而整合资源。即使问题得到了解决，可能你也无法确定你是否对此做出了贡献，以及做出了多少贡献。

因此，如果想解决大立方体中的问题，你需要意识到以下几点。

- **变化的过程是隐晦的和复杂的。**帮助发展中国家的农民提升生产力，或将产品销往海外市场的战略包括复杂的技术、经济和社会干预措施。缓解儿童肥胖问题的战略也是如此。而减少核扩散和减缓全球变暖的战略，往往需要间接的倡议措施，以说服大众，并通过他们促使决策者或企业采取某些行动。

- **完全失败的概率很高**。每一次成功的、引起大规模变革的尝试，如"绿色革命"或者减少青少年吸烟的项目背后，都有很多失败，或是尚未成功的尝试：大型公立学校系统的改革仍然遥不可及；我们还没有成功研发出艾滋病疫苗；贫穷在美国和全球各地的许多社区中仍然普遍存在；环境恶化正在加速。追求雄心勃勃的目标，当然要面对风险。

- **结果是看不见、摸不着的，而且需要经过很长时间才能显现**。大立方体中的项目结果通常只能通过微小的统计变化来衡量，甚至这些变化可能需要几十年才能显现出来。事实上，人们可能根本无法意识到大立方体中预防灾难（如核爆炸或严重的流行病）的项目的成功。

- **慈善行为与结果之间的因果联系可能模糊不清**。实现大规模变革的工作，通常涉及慈善机构和其他部门的诸多参与者。在我们的印象中，一些具有雄心的项目，特别是政策倡议型项目，往往是许多人齐心协力共同完成的。即使项目大功告成，你也很难分辨某一个人的工作是否发挥了作用。

- **慈善家的慷慨解囊很难获得认可**。这是上述提及的几点原因共同造成的，尤其是结果是不可见的，且可能发生在很远的未来，因此慈善家的贡献难以衡量。

但是，在大立方体边缘的项目，将产生长远的收益：如果你成功了，你的努力将影响数百万人，并能防止不可逆转的损害。在巨大的收益面前，成本显得微不足道，这些慈善事业所消耗的耐心、承担的风险和拥有的不可预见性，都将物有所值。

从预期价值的角度评估慈善事业的影响力，有时不适用于具有长期前景的大型高风险项目。我们认为，慈善事业在这些项目上的投资严重不足，主要原因是这些项目风险大、时间长且范围广，而许多慈善家更希望能在直接改变人们日常生活的过程中获得满足感。

为什么我们要特别强调大立方体？因为在社会上，很少有人有权利或能力，去处理跨越政治界限，或者时间跨度超过一个政治任期或企业年度报告时长的问题。国家领导人首先关注的是当地的经济状况、国内经济和社会问题、安全问题，以及连任问题。保护生物多样性？应对气候变化？思考其他地区的妇女权利？这些工作在政府决策中并没有自己的一席之地。

基金会不受政治因素或地理因素的影响，也不需要负责盈利或赢得选举。它们有自己的自由，可以迎接巨大的挑战。它们可以，并且也应该接受伴随着风险而来的失败的可能性。我们相信这种几乎无约束的自由，伴随着同等的责任。

## 大小立方体之间

大多数慈善项目都处于小立方体和大立方体之间的某个位置。例如，一个旨在改变加利福尼亚州 K-12 教育的项目，在三个方面都处于中间位置：范围相当大；如果项目成功，将影响当代人及其后代；受益人将会有更高的收入、更健康的体魄，以及更高的艺术和文化鉴赏力。

类似的项目还有阻止青少年吸烟和减少肥胖问题。要想在这些领域取得成功，慈善家可能需要选定一个地理区域，其范围可以比社区大、比州小。他们需要在从税收到公共卫生的政策领域进行改革，他们必须了解向青少年宣传的技巧。在统计数据显示出变化的趋势之前，他们不会知道自己的战略是否成功。但是，相比于花费同样的资金建造一栋新的医院裙楼，他们的成功将对更多人产生更为深远的影响。

## 在不同地区追求相同的目标

你试图解决的问题的性质，在决定战略、时间范围和刚才讨论的慈善事业的其他特征方面，有着很大影响。根据你确定的慈善目标的范围，你常常可以找到适合你的慈善资源和风格的方法。

假设你关心你所在社区的贫困问题，你可以支持一个食品银行、一个"宜居工资"运动，或者一个职业培训项目。支持食品银行提供直接服务，属于典型的小立方体中的项目——它有立竿见影的实际效果，而且相对来说没有风险，因为你几乎可以肯定这个项目会帮助到一些人。相比之下，倡导"宜居工资"的战略则有很大的风险——很少有组织有能力执行它，且不能保证它会成功。即使这项政策被采纳，仍然存在一个有争议的实际问题，即"宜居工资"是否真的能改善你所在社区最贫困人口的生活。职业培训项目则介于二者之间。与直接服务相比，它的回报不那么直接，也不那么确定，但它有可能使人们摆脱贫困，而且相比于"宜居工资"运动，它更有可能取得成功，尽管影响的人数较为有限。

针对发展中国家贫穷或患有疾病的人群的问题，也有一系列类似的备选战略。在小立方体中，你可以为非洲地区一个村庄的居民提供灾后援助，或资助他们购买治疗艾滋病的药物，这将获得立竿见影的效果。沿着轴线，你可以选择支持预防艾滋病毒传播的运动，尽管这类战略更为复杂，且前景不明。

决定采取什么样的干预措施，取决于你认为怎样才能让你的资源产生最大的影响力，还取决于与那些直接、明显、立即影响人类生活的慈善投资相比，你如何衡量那些更抽象、风险更大的慈善投资的潜在影响力。你更倾向于治疗已经患有某种疾病的人，还是防止更多人患病？是向已经受灾的群众提供救助，还是避免灾难再次发生？你个人的价值观和偏好可能会引导你选择一种或另一种战略，它们将产生截然不同的效果。

即使是资源相对较少的慈善家，也可以通过将自己的资源与其他捐赠者的相结合，处理大规模的问题，例如，有意识地加入其他捐赠者，或者直接资助致力于解决某一问题的非营利组织。虽然这通常需要放弃作为规模较小的项目的唯一出资人可能获得的认可，但各种形式的合作一直是许多慈善事业获得巨大成功的核心力量。尽管你捐助的 2 万美元对于一个拥有 300 万美元预算的组织来说似乎杯水车薪，但正是因为有了许多像你这样的捐赠者，这个组织才能实现它的目标。

不同的慈善家不仅关注的慈善问题不同，他们对自己在前面描述的立方体中所处的位置也有不同的偏好。比如，有些人可能更倾向于采取多种混合战略。我们提出这两个立方体的模型，是为了让你在选择自己感兴趣的慈善事业时，能够获得一些参考。

## 了解你的领域

在确定一个领域的目标和解决方法之前，有必要通过一个深入的咨询流程来了解你试图解决的问题的最佳理论、战略和实践；了解哪些组织正在解决该问题，取得了哪些成果，遭遇了哪些问题；以及了解还有哪些捐赠者正在支持该领域的工作。我们常常震惊于许多慈善家在没有审视全局的情况下，就涉足新的领域，他们往往只是在重复别人已经做过的事，导致事倍功半或是徒劳无功。

　　尽管在咨询的深度和广度上有所欠缺，但我们参与休利特基金会对美国西部保护工作的审查的过程，依然是一个很好的例子。我们与项目工作人员一起（偶尔也会与董事会成员一起），进行了为期 6 个月的"倾听之旅"，了解环境（字面上和引申意义上的）是如何变化的，出现了哪些新问题，以及我们如何才能最好地解决这些问题。为此，我们走访了目前的受助机构，了解了它们的工作；与其他捐赠者沟通，了解了他们的观点，并为未来的合作打下基础；与其他利益相关者会晤，如牧场主和宗教团体；与西部生态系统的环境科学家和其他学术专家，以及西部地区的政治领导人进行了对话。

　　我们与基金会的董事会成员讨论了初步构想的战略，然后又回头与各利益相关者一起，检查我们的方向。这些不同的利益相关者之间很难达成共识，但在基金会开始落实战略的时候，我们相信至少我们理解了各方的利益和观点。大部分基金会的西部战略远远超出了小立方体的范畴，但并不是所有战略都会如我们计划和希望的那样成功。但是，如果没有咨询的流程，以及伴随整个战略实施过程的持续咨询，我们所取得的重大成就也就无从谈起。

## 明确你的关注点

　　埃德娜·麦康奈尔·克拉克基金会（EMCF，以下简称"克拉克基金会"）成立于 20 世纪 50 年代，捐赠的资金来自雅芳在化妆品和家清产品方面的成功。[4] 到 20 世纪 90 年代中期，克拉克基金会投入 2500 万美元的资金预算，支持了 5 个不同的项目，涉及儿童、司法、纽约社区、学生成绩和热带疾病研究领域，最后一个项目在消灭沙眼方面发挥了重要作用——沙眼是导致发展中国家可预防性失明的主要原因。1999 年，在迈克尔·贝林（Michael Bailin）的领导下，克拉克基金会明智地选择逐步停止了这些遗留的项目，并决定专注于一个单一的领域：帮助经济困难的青年。

将拨款专注于一个领域的决定，是一个标志性的战略慈善行为。我们并不认为你只能有一个目标，事实上，一些非常成功的基金会运营着多个项目。关键问题是，通过你拥有的财力和人力资源，你可以产生多大的影响力。克拉克基金会认为，将所有资源集中在一个主题上可以让资源得到更有效的利用，这对于其自身而言有重大意义，并可取得巨大的回报。正如我们在后面的章节中所描述的，在贝林的继任者南希·鲁布（Nancy Roob）的领导下，克拉克基金会已经成为解决青年贫困问题的国际领导组织。

## 在使命宣言中体现你的目标和战略

在某些时候，你会想从目标和方法上，为你的慈善事业找到一个或多个中心点。即使是世界上最大的基金会，也无法通过所谓的"全方位慈善事业"让过于分散的财力和人力资源发挥作用。

虽然这完全不是必需的，但你可能会发现在使命宣言中体现你的总体目标是有好处的，下面是一些基金会的使命宣言。

- 改善全球环境。
- 改善人类生存状况。
- 支持全世界艺术家群体创作过程的各个方面。
- 缓解全球贫困。
- 鼓励个人做出负责任的选择，并采取直接的个人行动，以实现和平与环境可持续发展。

正如你所看到的，与特定的目标相比，使命宣言往往指向不明但雄心勃勃。但这并不意味着使命宣言毫无价值。例如，起草一份使命宣言的过程可以为慈善机构的董事会提供一个讨论组织核心价值观的机会。在任何情况下，目标都不是使命宣言规定的。相反，这个过程往往是循环的：目标有助于确定一个组织的使命和使命宣言，而使命宣言可以在你考虑新目标时提供参考。这个参考有助于你进行反思，但并不会对你造成限制。

对于一个有许多不同但相关的目标的基金会而言，其使命宣言可能会试图将这些目标联系在一起。但当目标完全不同时，就没有必要为勉强的统一而大费周章。例如，摩尔基金会（Moore Foundation）声明：

> 戈登和贝蒂·摩尔（Betty Moore）建立基金会，是为了造福后代。在追求这一愿景的同时，我们资助了突破性的科学发现、环境保护、病人护理的改善和旧金山湾特色的保存。[5]

另外，基金会完全可以没有使命宣言。我们的前雇主，休利特基金会就没有使命宣言，只有比尔·休利特的目标"改善人类生活"，以及基金会的公共宣传标语"帮助人们建立更好的生活"。

## 应用于你的慈善事业

找出一个你希望通过慈善事业解决的问题，然后选择两种方法来解决这个问题，一种是在小立方体中的，另一种是在大立方体的边缘。哪些因素决定了不同的方法处于哪个立方体中？哪种方法对你个人最有吸引力？如果这两种方法都没有吸引力，你觉得你的方法会处在立方体的什么位置，为什么？

# 第 8 章

# 征询策略并开展尽职调查

前一章主要讨论了你或你的基金会制定慈善目标和战略时的内部决策过程。现在，我们把目光转向外界，与潜在的受赠人进行对话，让他们知道你的关注点，然后征询他们的策略，并开展尽职调查。

## 让潜在的受赠人了解你的目标和策略

无论你是通过开放的流程，还是联系特定的组织征询慈善策略，都要让潜在的受赠人知道他们的策略是否契合你的关注点，以及如何才能契合。使命宣言可以提供一些参考。如果一个基金会的使命是"提高母语非英语儿童的读写能力"，它不太可能接受资助古典音乐作品的请求。但使命宣言往往比较宽泛，且相对静态，而基金会的资助方向在特定的时间点可能更具体，而且会随着环境的变化而改变。

如何才能减轻潜在受赠人撰写申请书以及你审阅自己毫无兴趣的申请书的负担？在网站上公布捐助指南，可以帮助申请人确定他们的行动是否契合你的关注点。捐助指南可以结合你的目标和你计划用来实现目标的大体方略，例如，"弗洛雷斯基金会邀请机构提供关于综合性课外活动的建议，以提高学生的英语阅读和写作能力"。

　　明确的指南具有重要的意义，它们可以大大减少在无用的策略上花费的精力，并让那些潜在的受赠人提供更清晰的策略，而不仅仅是宽泛的背景介绍。虽然捐助指南可以节约你花在阅读和礼貌地拒绝申请上的时间，但它们并不是万能的，因为减少并不等于杜绝。每一个坚信自己与你有共同关注点的申请人，都认为希望永远存在，所以你将不可避免地收到一些与你的关注点相距甚远的申请。不过，你可以参考申请人提供的有价值的见解，尽管这些策略可能并不符合你的要求。

## 意向书和计划书

　　除非你已经与某个申请人达成了共识，否则在提交完整的计划书之前，提交一份意向书对你们双方都有好处。意向书需要对申请人将要解决的问题进行简单描述，给出相应的解决方案，并说明机构落实方案的能力，以及问题和解决方案是否契合你的捐助指南。[1]除非资助有可能落实，否则让申请人花费大量精力撰写完整的计划书是很不公平的，同时，意向书也可以为你的工作人员减轻压力。

　　假设你审阅了一份意向书，并以最快的速度回复了忐忑不安的申请人——你认为这份意向书有足够的前景，并邀请申请人提交一份计划书。

　　在阅读了计划书并与申请人进行了初步的对话之后，你通常会很清楚你是否有兴趣资助这个机构。如果你决定止步于此，应尽可能坦率且迅速地告诉申请人原因，因为无论是否通过，你的决定都将影响申请人的计划。

　　一旦从意向书转向计划书，除非尽职调查过程出现严重问题，否则可以假设你已经打算拨款给申请人了。重要的是要让申请人尽早知道他们所担忧的问题的答案，而不是一直让他们把心悬在空中。有时你还不确定是否应该拨款，而一份完整的计划书将帮助你做出决定。如果可能的话，让申请人提交已经为其他出资人准备好的材料，这样你就可以在不给他们造成太大负担的情况下，了解他们的计划。

计划书将作为出资人和申请人之间讨论和谈判的基础，并最终成为二者签订合同的基石。计划书的最终版本通常包含在正式协议中，并成为申请人对其将开展哪些活动以及获得哪些产出和成果的承诺。

任何计划书都应包括申请人的历史、组织架构、IRS（美国国家税务局）状态、领导者简介和财务状况等背景信息，以帮助你了解该组织，并确定其是否有能力开展计划书中的活动。但计划书的实质是申请人对以下这些问题的回答，这些问题我们稍后还会从不同的角度谈到。[2]

- 你要去哪里，也就是说，你最终的目标是什么？
- 你怎么知道你已经实现了目标？
- 你打算如何实现目标？为什么你认为你的计划可能成功？成功的机会有多大？
- 你怎么知道你是否在朝着目标前进？
- 你有能力执行这个计划吗？

我们读了几千份计划书，并一直为许多计划书缺乏这些基本信息而感到苦恼。一份不合格的计划书，通常以对一场可怕的危机的生动描述为开始，接着是一系列应对危机的活动，最后是一大堆附件——财务报告、税务裁定、董事会名单等。这样的计划书既有感性的呼唤（开场白），也有理性的标准（认证附件），但大部分都失去了标志性的内容，即连接活动和解决方案的逻辑线。

如何帮助申请人提交有可能获得资助的计划书？除了告诉他们你的使命和目标之外，还要让他们知道你在阅读计划书时，关注的重点是什么。以下是我们在一份关于某个特定计划（或项目）的计划书中所要求的内容。

## 1. 对问题进行描述，并尽可能以数据为基础

假设申请人试图保护加利福尼亚州 840 英里<sup>⊖</sup>海岸线上的一个区域，这份计划书应该描述威胁海岸线的因素，这些威胁有多真实和紧迫，对其放任不管的后果是什么。

另一个例子是一份预防青少年怀孕项目的计划书，它涉及的问题可能是，在贫民区的学校里，有 20% 的少女在毕业前就怀孕了，而她们中的绝大多数从未完成高中学业。

一份在海地开发和销售清洁木炭的计划书涉及的问题是，"一半的人口使用木材和 / 或农业残留物作为主要燃料。吸入这些燃料产生的烟雾会导致持续的急性呼吸道肺部感染，对儿童的影响尤为严重"。[3]

了解了这些信息，你就可以开始了解问题及其相应的解决方案的本质和范围。

## 2. 运用 SMART 原则描述组织的预期结果——成功解决问题会带来什么样的结果

如第 4 章所述，SMART 代表具体、可量化、可实现、现实和及时。明确指出预期的结果或目标，将为你和你的申请人提供一个共同的衡量成功的基准，并减少对是否实现了预期结果的争论。（用"眼见为实"的方法衡量是否实现了目标的问题在于，你和你的受助人看到的东西可能完全不同。）下面是一些具体目标的例子。

---

⊖　1 英里＝1609.344 米

- "3 年内，我们将保护 10 英里的海岸线不被开发。"
- "我们打算在两年内将本市少女的怀孕率降低 10%。"
- "我们打算在海地建立微型企业，专门生产和销售当地居民可负担得起的、用农业废料制成的清洁木炭，以此改善当地居民的健康水平。两年后，预计将有超过 1 万个家庭使用这种木炭。该计划将使儿童患呼吸道感染的概率降低 20%。" [4]

## 3. 描述你的干预措施的本质与其将要涉及的领域，以及它背后的变革理论和你的行动计划

在我们的海岸线保护案例中，主要的决策机构是加利福尼亚州海岸委员会。委员们的观点会受到科学的影响吗？如果会，你会向他们提供什么证据？你是否会鼓动州长用赞同预期结果的委员来填补委员会的空位，以及你将如何得到州长的注意？此外，你是否会对一些恶劣的开发提起诉讼，以及你是否有能力承担诉讼？或者你会向公众普及保护海岸线的必要性吗（这是一个带有陷阱的问题）？对于数百万的加利福尼亚州公民来说，保护海岸线的优先级并不高，为了用较低的成本引起他们的注意并说服他们，组织可以采取更有针对性的宣传战略，这显然会导致更大的成功可能性。总之，申请资助的组织应通过明确关键决策者、影响他们的力量并利用这些力量实现大家期望的结果的方法，来展示自身对问题真正的系统性了解。

在预防青少年怀孕项目的计划书中，不妨指出，该组织计划实施全面的性教育，这在类似人群中已经取得了成功。海地的清洁木炭项目涉及许多创新性的举动：使用高性价比的技术，用农业废料制造可清洁燃烧的木炭；成立木炭生产企业，并用小额贷款为企业提供前期

资金。除了证明技术是可行的，一份合理的计划书还应描述木炭的生产成本和需求量，并表明一旦捐款用完，企业的经济效益将确保其继续运营。

在计划书中写明这些内容的目的之一，是使你和你潜在的受助人能够评估和降低慈善战略的风险。为此，计划书还应实事求是地描述该战略成功的可能性。对于提供服务的项目，申请组织需要详细地记录服务的结果，如果外部环境没有出现意料之外的变化，项目成功的可能性会很大。一个经过充分评估的预防青少年怀孕项目就是一个例子，"成功"并不意味着避免项目中的所有女孩怀孕，而是将怀孕的比例控制在一定的范围内。

类似于保护加利福尼亚州海岸线计划的政策倡导型项目，其成功概率可能远低于50%。深思熟虑的行动计划（如第 4 章所述）的一个优点是，组织的领导者可以预测计划的每个阶段成功的可能性，而不是盲目猜测整个计划成功的可能性。组织对成功的过度乐观，可能会让我们怀疑其设计和执行战略的能力。

海地的清洁木炭项目则介于政策倡导型项目和预防青少年怀孕项目之间。它具有创新性，且它的成功需要包括贷款机构、生产者和消费者在内的多方参与者在一个不稳定的经济环境中共同协作。

## 审查与设计战略

基金会工作人员与受助人的实际工作之间存在着距离，他们很少有受助人那样的实地经验、关系或与利益相关者的密切接触，虽然这种距离有时可以提供有用的外部视角，但也可能导致不合理的决策。一个解决中国气候变化问题的工作组，应该发起反对使用煤炭燃料的运动，还是推广可再生能源？这个简单的问题涉及深层次的经济假设、政治结构和政策设计，因此河北省的选择可能与广东省不同。中国的受助人必须权衡当地的文化问题、政治压力、运营问题等。虽然基金会的工作人员完全有资格审查申请人的假设和策略，但这并不意味着他们可以对这类问题做出远距离的判断。

虽然我们希望第二部分的内容已经为你提供了一个框架，让你可以设计自己的战略并评估他人的战略，但慈善家及其工作人员必须注意的是，不要在脱离受助人的实际经验的情况下，追求自己的战略愿景。这会导致基金会工作人员不去审查计划书、咨询专家、综合各种想法、尊重那些在某个领域有多年经验的人，而是以居高临下的态度，把自己看作智慧的源泉和金钱的象征。

### 4. 描述一个监控流程，用 SMART 原则衡量主要活动、产出和实现最终结果过程中的中期结果

正如一个司机想知道汽车的速度和油箱里还有多少油（或电池的剩余电量），一个组织和它的捐赠者也会想要一个显示相关指标的"仪表盘"来评估一个项目的进展。监控流程包括定期收集组织的工作进展作为反馈信息。

监控流程对于所有高效组织的管理都有着至关重要的作用，无论是企业、政府机构还是非营利组织。通过监控流程，管理者可以实时掌握组织实现目标的进展，并随时进行修正，以放弃失败的战略，加倍投入那些成功的战略。

企业使用仪表盘追踪进度的现象非常常见，而非营利组织也越来越多地开始使用仪表盘。通常来说，仪表盘是一种基于 web 编程语言的工具，它以易于理解的方式编译和显示组织的绩效、财务和员工信息的关键指标。例如，"KaBOOM！"是一个支持社区在贫民区建造游乐场的非营利组织，该组织使用仪表盘来跟踪统计数据，例如每年建立的游

乐场数量、在贫困家庭聚居的社区建立的游乐场数量，以及组织的各种成本[5]。设置一个成功的仪表盘的关键是获取组织关心的各种数据，例如主要活动、产出和结果，这些数据可以用于实时地做出系统性的调整，以及管理和财务方面的决策。

对于一个组织的捐助者来说，仪表盘或类似的工具也很重要，它们可以在必要的时候帮助捐赠者回到正轨，并决定是否继续资助，或者明确继续资助的前提条件。设计和实施监控流程可能需要付出高昂的成本，但慈善家为了了解项目是否能获得成功，不会吝啬这方面的支出。监控并不需要依赖外部专家的社会学研究，而更需要来自组织内部人员的系统性反馈。

一份结构清晰的计划书应包含每项主要活动、产出和中间成果的评价标准；受助人提交给出资人的年度报告，将根据这些标准评估项目的进展。当然，报告还应包括关于组织活动和成就的定性信息，以及对于任何实际业绩与标准和计划的重大出入的解释。正如我们稍后将描述的，预期受益人和其他利益相关者的观点将成为提供服务的项目的十分重要的数据来源。

在我们保护加利福尼亚州海岸线的例子中，除了最终结果——保护的海岸线英里数，受助人还将报告他们与捐助者商定的活动和中间结果，例如与资助机构的专员或其工作人员的会议。预防青少年怀孕项目将包含咨询数据，例如一年中加入和留在该项目中的女孩人数，以及与她们的怀孕率有关的数据。海地项目的重点是制造和销售木炭的企业数量、使用木炭的家庭数量以及企业的财务状况。

捐助者必须平衡追踪进展的价值与它对受助人所造成的成本压力。社会变化往往难以衡量，因此有必要引入一些替代性的测量方式。即使每个监测点都获得了有用的数据，太多的指标也会给受助人带来负担。一个有着6年大规模成功经验的受助人告诉我们，一个基金会曾在提供大笔资金的同时，要求他们出具 59 个时间节点的报告。这种行为可以称为鲁莽，甚至是虐待。对报告要求的一个很好的评价标准是，它是否同时有利于受助人以及出资人。无论如何，如果出资人无法从报告中获得具体的、切实的利益，就应该选择放弃。

最后需要注意的是，你通常不是受助人唯一的资金来源，也不一定是最重要的那一个，这一点也适用于计划书的其他方面。在你对计划书、报告和评估提出要求的同时，你的受助人的其他捐助者也在这样做。因此，即使每个个人出资人的报告要求是完全合理的，也可能会给受助人造成负担，影响受助人实现你们的共同目标。坚持要求特定的数据、格式和时间安排，可能会让受助人因为报告而头疼。在理想情况下，出资人会就共同的报告要求达成一致，虽然这种情况很少。不过，能够确保你对报告的要求与你的捐助规模相符，也是一件好事。（事实上，一个相对较小的出资人通常可以沿用较大出资人的尽职调查和评估。）

### 5. 确定机构实施计划的能力

除了尽职调查中的法律问题（例如确保受助组织符合税务部门的要求），并了解组织的目标、战略和策略，你还必须确认该组织具有执行其计划的财力和人力资源。因此，计划书应说明成功实施战略所需的资源，以及组织打算如何获得和应用这些资源。

在第 1 章所提及的休利特基金会"最失败资助竞赛"中，最常见的提名案例往往涉及受助组织的运营失败，其原因从缺乏领导力和管理能力，到没有及时注意资金的短缺。在一个罕见的失败案例中，W.K. 凯洛格基金会（W. K. Kellogg Foundation）描述了它对一个创新型企业的资助。该企业拥有一个极具个人魅力的 CEO 和一套富有灵感的想法，吸引慈善家对社会企业家进行资助。[6]凯洛格基金会和其他的捐赠者知道这些想法还没有经过测试，但是他们愿意为一位创业 CEO 新的慈善想法而冒险。事实证明，这位 CEO 缺乏实现其富有雄心的愿景的管理技能，而且该组织想要实现的想法太多，却从未专注于其中一个。在没有详细的商业计划的情况下，它将精力盲目地投入了在线技术的开发中。出资人没有对该组织进行足够严密的监管，并且错误地认为，该组织的董事会进行了足够的监督。一位评估人员后来总结道，出资人没有充分注意"这个初创组织在管理、愿景和责任划分上存在的问题"。[7]

## 不同阶段的不同需求

评估申请人策略的稳健性及其执行策略的能力，是尽职调查过程中重要的内容，同时也要对所涉及的风险做出判断。慈善事业的一个显著作用是它能够为非营利部门提供风险资本。尽管你可以通过详细地分析和规划问题来降低风险，但有些战略本身就比其他战略的风险更大。一个对创新或复杂的战略感兴趣的慈善家，必须愿意接受更多的失败，作为偶尔获得巨大成功的代价。

你对受助组织的业绩和稳定性的信心，往往取决于其发展阶段。克拉克基金会资助为弱势青年提供服务的组织，它将受助者的能力划分为三个发展阶段，并提供资金和技术援助，帮助它们从一个阶段发展到下一个阶段。

（1）大多数组织都是从"看似有效"的阶段开始的。这包括一些成功的轶事、在社区中的声誉、一个合理的变革理论，或是一些关于项目参与者的数据。然而，它们通常不会收集所服务人群的系统性数据。

（2）在经过最初 3～6 年的捐助之后，预计组织至少会达到"显现有效性"的阶段。这个阶段有严谨收集的数据，青年人的成就可以与控制组或外部组进行比较；同时引进外部评价机制，或发展内部评价能力。

（3）最后一个阶段是"被证实有效"，该阶段需要严密的数据和科学的评估。[8]

无论一个组织处于哪一个阶段，都要考虑重要性的原则，即花在评估上的钱，应该与捐助者、受助者和整个领域通过评估所获得的信息的重要性成正比。

## 资助运营多个项目的组织

我们已经通过支持特定项目或计划的捐赠实例，说明了尽职调查过程。但是慈善家和他们的基金会经常为运营多个项目的组织，提供不限于特定项目的运营支持。在这种情况下，应该如何完成尽职调查？

试想一个资助社区中心的项目，该中心为儿童提供课后活动项目，为成年人提供艺术和剧院设施，并为老年人提供各种服务。除了宏观地评估资助组织及其在社区中的作用，你也可以合理地要求组织就你认为的每个项目中特别重要的问题做出回答。既然对社区中心的总体影响可能大于其各个项目的总和，组织就要对每个项目的运营负责。试想一下组织的 CEO 和董事会将如何看待这些不同的项目。除非分别分析课后项目、艺术项目和老年服务项目，否则他们很难设计和实施战略计划、制定预算与评估进度。

## 计划书之外：聆听的重要性

尽管计划书十分重要，但没有什么可以替代实地调查和其他的当面会谈，它们可以帮助你对组织的领导能力以及执行战略的能力做出

判断。这些访问也有利于受助人，因为他们需要了解你的期望。正如
风险投资领域一样，尽职调查的一个关键点是通过直接的互动以及询
问其他了解情况的人，评估组织的领导者，以建立资助他们的工作的
必要信心。此外，与风险投资领域一样，如果你是一个资历尚浅的参
与者，并且有一个值得信赖的合作伙伴作为主导，你就不用重复一些
已经做过的工作，这样可以减轻受助人和你自己的负担。

如果经过尽职调查，你决定投入一笔资金，你与受助人之间将形
成可能维持一年甚至几十年的纽带关系，关系的维系涉及报告、会议、
评价等。[9]本章的其余部分将探讨一个对慈善领域而言全新的话题：倾
听的重要性。

在《倾听最重要的人——受益者》这篇具有开创性的文章中，费
伊·特沃斯基（Fay Twersky）、菲尔·布坎南和瓦莱丽·斯雷福尔（Valerie
Threlfall）写道：

> 非营利组织及其捐赠者常常会忽视最重要的部分，即慈
> 善工作的预期受益者：教学质量不佳的学校的学生、劳动力
> 发展项目的学员、撒哈拉以南非洲的小农户。如果忽略受益
> 者作为信息和经验来源的重要作用，我们就失去了对如何才
> 能做得更好的洞察力，因为这种洞察力源于项目服务的人群
> 的日常生活经验……

> 好吧，那我们姑且听听。在实地考察中，捐赠者会与他
> 们资助的项目的参与者交谈，但这些活动大多是阶段性的，
> 并不能算是系统性地征集受益者的反馈。一些非营利组织会
> 调查它们准备帮助的人，但这些调查的作用十分有限……

> 不是我们不关心受益者，毕竟，他们是项目存在的原因，
> 也是捐赠者提供支持的原因……

也许我们对受益者的观点并没有足够的信任；也许我们害怕他们因为缺乏"专业知识"而被误导，从而胡言乱语；也许我们害怕会发现一些让我们质疑自己的方法的东西；也许我们不知道如何以可靠、严谨和有用的方式定期征集受益者的反馈；又也许并没有足够的激励机制让我们重视收集到的意见。

在商场中，如果不听取顾客的意见，企业通常会收到及时的警示——用来衡量成功的销售和利润下滑。然而，在社会工作领域，忽视受益者并不会及时得到警示，因为受益者几乎没有选择。他们常常不得不接受有缺陷的干预措施，因为聊胜于无，而且即使是微不足道的努力，他们也经常表示感谢。正如布利吉斯潘集团（Bridgespan Group）的合伙人丹尼尔·斯蒂德（Daniel Stid）所言，慈善事业中的付费机制"并不是受益者购买你的服务，而是第三方机构付费，让你为受益者提供服务。因此，关注的重点转移到了付费机构的需求，而不是受益者尚未满足的需求"。[10]

费伊·特沃斯基与其他人合作，创立了"共享洞察力基金"（Fund for Shared Insight），[11] 其目标是研究并促进"感性反馈"，即"个人对其在组织中的活动以及组织的产品和服务的看法、感受和意见，以便组织进一步了解和改进实践和决策"。[12]

我们是感性反馈的忠实支持者，但我们需要小心的是，不要将它与对项目影响的评估混淆。例如，《倾听最重要的人——受益者》一文的作者讨论了倾听高中生和患者的体验的价值。我们相信，消极的感性反馈往往是反映一个项目的表现不如预期的重要指标，但我们不太确定积极的反馈是否以及何时意味着优秀的表现。在门诊中有不愉快经历的患者很少再次就诊，但有愉快经历的患者可能接受了较差的治疗。

我们倾听的主要对象是慈善家的受益者，但倾听其他利益相关者的意见也很重要。在 21 世纪初，比尔及梅琳达·盖茨基金会（以下简称"盖茨基金会"）在美国投入了超过 10 亿美元用于一个创办小型高中的计划。[13] 尽管计划成功地从零开始创办了一些小规模的学校，但其将城市规模较大的高中重组为学院制学校的努力，却基本上以失败告终。[14] 撇开对计划背后的变革理论的质疑，[15] 基金会由于未能成功吸引教师和校方管理人员加入计划，遭到了强烈反对。盖茨计划的一位观察员指出：

> 在没有校方管理人员或教师加入的情况下，地方管理人员申请并获得了盖茨基金会的资助，试图一次性改造较大的城市区域里的多所高中。还有一些校方管理人员在事先没有教师参与的情况下，自己向盖茨基金会申请了资助金……
>
> 不出所料，老教师们反击了。一些人对盖茨基金会的擅作主张感到愤慨，认为这代表着比尔可以用自己的钱对人们指手画脚。一些人则是因为不想像小型的、注重个性化教育的高中要求的那样，与学生深度接触。还有一些人不喜欢他们被分配的学院，也不喜欢被安排的与他们共事的同事。教育界当然不会以老教师们的抵制为荣，但考虑到典型的美国高中文化，这完全在意料之中。[16]

一年后，凭借 Facebook 发家致富的马克·扎克伯格接触了时任新泽西州纽瓦克市市长的科里·布克（Cory Booker）及该州州长克里斯·克里斯蒂（Chris Christie），他们需要 1 亿美元的捐款，用于改善纽瓦克的公共教育。正如戴尔·罗斯科夫（Dale Russakoff）在《奖品》中所描述的，这项计划的核心是精简极度臃肿的官僚机构，通过实施以绩效为基础的薪酬和留用制度改善教学，关闭表现不佳的学校，以及增加特许学校的数量。[17]

政客们是有意独自制订计划的，因为他们认为开放的流程会被自私自利的利益相关者破坏，尤其是教师、其他学校的雇员和工会领袖："真正的变革会有伤亡，那些现有秩序下的既得利益者会激烈而恶毒地反抗。"[18]一位有改革意识但举止粗鲁的白人妇女，被任命为以黑人为主的学区的负责人。这一提议遭到了社区领导者的强烈反对，他们认为这是"殖民"，是"与群众对立，而不是合作"。正如校董会主席对负责人说的，"你在没有衡量利益相关者的投入的情况下，在纽瓦克社区强行推行了你的计划，任何人，无论是不是专业人士，都不会认为这样的做法是合适的或值得尊敬的"。[19]

这项计划确实在一定程度上改善了教育情况，特别是通过特许学校发挥了作用，但由于故意无视关键利益相关者的立场，其作用被削弱了。正如大西洋网站（Atlantic）上的一篇博文写的，"这个故事展示了抱有善意的改革主义者，可能笨拙地涉足了教育体系中盘根错节的传统、忠诚、文化习惯和潜在条件"。[20]

根据基金会的价值观，盖茨基金会对比尔·盖茨在 2009 年度报告中提出的小型高中计划进行了评价。[21]在发现改革现有的大型学校的失败之后，基金会继续努力，以其他方式改善弱势学生的教育情况。2014 年，马克·扎克伯格和他的妻子普莉希拉·陈宣布将投入 1.2 亿美元用于旧金山湾地区的教育，"以支持新的地区学校和特许学校，为学生提供更高质量的教育选择"。他们从纽瓦克的经验中学到的一点是，在他们的捐赠宣言中表明"自己听取了当地教育工作者和社区领导者的需求，并且很高兴能支持他们"。[22]

回到本章的三个主要例子，尽管倡导保护海岸线的组织以及提供支持的基金会能否受到加利福尼亚州海岸委员会和其他决策者的青睐十分重要，但保护海岸线的受益者相对分散。相比之下，来自年轻女孩和潜在的清洁木炭使用者的反馈，对于提供服务和产品的项目更为重要。

## 好的慈善行为

影响力较大的慈善事业的一个核心理念是，用适度的资源引领大规模的变革。当然，这需要伟大的战略和好的运气，但也需要强有力的合作关系。对于一个慈善家来说，专业关系中最重要的是其与受助者之间的关系。在最好的情况下，这种关系是相互信任、坦诚、合作的，并以相互学习为核心展开；最坏的情况是，出资者占据支配地位，而受助者只会报告好消息。双方权力地位不平等会带来危险。

许多慈善家，以及他们的基金会的高级职员，都是非常成功的人。他们有能够自由支配的资金，且不需要对组织外的任何支持者负责。这导致了慈善家们内心深处的傲慢，并且阻碍了真正的合作关系的建立。

以下是我们自己的一些经历。1987～1999 年，保罗任斯坦福大学法学院院长。在这 12 年里，几乎每一天，学生、教师或校友都会指出他做错了什么——偶尔他们说的是对的。之后，在 2000 年，他成为休利特基金会的总裁，在短短几个月内，从他的新动向来看，他经历了一次个人转变，而所有的外部反馈信息都显示他所做的一切堪称完美。

他并没有轻信这一点，因为另一家基金会的一位工作人员早前送给他一句装裱好的意第绪语谚语这样说："口袋里的钱，让你显得聪明英俊、歌声动人。"这种危险将长期存在，基金会官员通常不会听到潜在受助人的批评，而他们认识的几乎所有人，都是潜在受助人。

当然，我们是战略慈善事业的坚定支持者。基金会应该基于对问题的实质性理解，以及对推动变革的力量的强烈直觉，确立明确的目标。它们必须追踪计划是否顺利完成，必须用智慧来纠正错误，必须集中精力，并且坚持下去。但它们在做到这一切的同时，必须尊重组织以及它们支持的非营利组织领导者的自主权和战略洞察力。

如何才能在不忽视独立思考和行动的重要性的情况下，享受合作关系带来的优势，而不至于陷入金钱和权力的陷阱呢？最重要的一点是，当你找到优秀的非营利组织领导者时，让他们感受到提出质疑的好处，然后不断提醒自己双方权力的不对等，以及这对决策和评估的影响。

要想消除受助人与资助人之间常见的隔阂，需要花点功夫。高效慈善中心会调查基金会的受助人，并准备一份"受助人报告"，为基金会提供大量的信息，在确保受助人匿名的情况下，帮助基金会了解受助人的情况。[23] 受助人将被询问与基金会之间的沟通是否畅通，与基金会在资助和监管过程中的互动，基金会对受助人及其领域的理解和影响。虽然不能衡量基金会的实际影响力，但基金会与其受助人之间的不良关系，可能会影响基金会的效能。

所有这些都是想说明，我们拒绝受助人将我们比喻为"顾客"。真正的顾客是受助人和捐助人服务的个人或社区，他们的生活将因为慈善而得到改善。这说明了慈善事业需要付出哪些努力，以及捐助人应该坚持做些什么。

简而言之，就是倾听、尊重、尽可能地学习。你需要的仅仅是真正能够帮助你做决定的东西，而不是让寻求资助的人或受益人陷入各种繁文缛节中。你和你的受助人的关注点，要始终放在对你们的共同受益人产生积极影响的事物上。

## 应用于你的慈善事业

思考你已经捐助或考虑捐助一大笔资金，你应该从受益人和其他利益相关者那里得到什么样的感性反馈？应该由谁去寻求反馈，你、受助组织，还是你们双方？

# 第 9 章

# 参与慈善和资助的形式

你或你的基金会可以以捐款的形式，支持一个特定的非营利性组织，让它以现有的水准继续正在进行的事业；也可以为组织提供风险资本和成长资本，使其能够显著改善自己的服务，或将其规模化；或者你可以以一个发起人和总承包商的身份，去处理一个特定的问题，引入不同的机构去执行你计划的各个部分。

在任何一种情况下，你都可以通过以下两种方式中的任意一种提供资金：提供非限定性的、常规性的支持，或支持特定的项目或计划。你选择的资助方式，将取决于组织的活动与你的目标的契合程度。如果受助方的活动与你的目标一致，那么常规性的运营支持会是一种更好的资助方式。

## 支持组织正在进行的事业

常规运营支持（general operation support, GOS）也被称为"核心"或"非限定性"的支持，是捐助者支持组织正在进行的事业的最常见方式。你每年对环境、社区组织、交响乐团和博物馆的非限定性支持，就是常规运营支持的典型例子。这种支持允许组织将资源分配给自己认为最重要的事项，同时用于支付办公经费、水电账单等。

提供常规运营支持的慈善家必须信任捐助对象的整体专业性、战略管理能力和判断力。在理想的情况下，这种信任是建立在对组织进行彻底评估的基础上的。但慈善家并不需要在捐助对象的专业领域具备深厚的实质性或战略性的专业知识，因为他们通常让受助组织自行决定如何开展工作。

为什么支持组织正在进行的事业的慈善家，并不总是以常规运营支持的方式进行资助？下面举几个例子。

从耶鲁大学本科毕业的校友可能会给学校提供非限定性的捐助，而耶鲁大学医学院的校友也许更愿意将捐助的用途限定在医学院，因为医学院对其来说有一种特殊的亲切感。尽管对自定义单位、部门或计划的非限定性捐助具备常规运营支持的许多特征，但实际上只有对整个组织的捐助才构成真正意义上的常规运营支持。一个心存感激的病人可能会对医学院进行一笔捐助，并指定用于癌症研究，甚至将捐助进一步限定于研究某种特定的癌症。

因此，你的关注点越广泛，你就越有可能找到一个适合常规运营支持的组织。但相应地，这也取决于受助组织的使命和活动范围。因此，一笔给医学院用于癌症研究的捐助，将被分配到医学院的其中一个项目，而不是用于对整个学校进行常规运营支持，而一笔给美国癌症研究协会（American Association for Cancer Research）的捐助尽管目的相同，但是一种常规运营支持。

换言之，选择常规运营支持或对项目进行支持，本质上取决于慈善家的目标与受助人的活动的一致性或重叠性。如图 9-1 所示，当慈善家的目标与组织的活动的本质一致时，常规运营支持被认为是最好的资助形式；当慈善家的目标只与组织的部分活动相一致时，对项目进行支持更有价值。

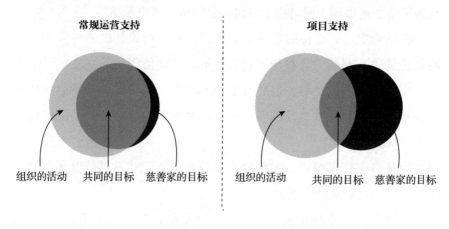

图　9-1

再举一个例子，假设爱丽丝关注改善老城区贫困儿童的教育水平，并对某些特许学校项目（如"知识就是力量"（KIPP）和"实现"（Achieve））的效果印象深刻，那么爱丽丝支持它们的最好办法，是以常规运营支持的方式资助这些学校。假设巴里和爱丽丝有共同的目标，但他认为如果学校开设机器人课程，将对孩子更加有益，那么巴里可能会以支持特定项目的方式进行捐助，使学校能够聘请教师教授这门课程。此外，他也可能会为一个专门举办校园机器人竞赛的组织提供常规运营支持。

## 协商性常规运营支持

《退出、发声与忠诚》（*Exit, Voice, and Loyalty*）是阿尔伯特·O.赫希曼（Albert O. Hirschman）的一部极富洞见的著作，简洁地描述了人们参与与他们利益相关的组织的方式。与营利性公司中典型的小型投资者一样，大多数提供常规运营支持的捐赠者在决策过程中没有发言权，只能在忠诚和退出之间进行选择。他们与组织的互动是被动的，只能翻一翻简报和年度报告，开一开支票，然后根据对组织的实践的满意程度，增加、减少、继续或终止对组织的资助。

当慈善家打算提供一大笔常规运营支持经费，尤其是当这笔经费在机构的预算中占很大比例的时候，就不需要在忠诚和退出之间选择了，而是可以通过**协商性常规运营支持**表达自己的意见。假设慈善家通常认同（不一定完全认同）受助组织的使命，他要求该组织具体说明预期成果和实现这些成果的计划，并要求该组织（比如按年度）报告计划的进展。在这种并不严格的责任制下，拨款的使用仍然是非限定性的，也就是说，该组织的 CEO 和董事会有充分的自由裁量权来分配捐赠者的资金，因为他们认为这将最好地完成他们的使命。与慈善家谈判常规运营支持条款的商业对手，可能是那些对被投资方的战略有一定发言权的大型私募股权投资者。

以协商性常规业务支持的方式进行捐助，表明慈善家认同受助组织的使命，并相信组织知道如何才能最好地管理组织和使用捐助资金，同时确认受助组织的工作与他们的共同目标相契合。

## 提供风险资本和成长资本

除了支持组织正在进行的事业，慈善家还可以参与建立或发展有前景的非营利组织。在第 14 章中，我们将继续讨论这种有时被称为"风险慈善"的方法。

慈善家可以直接支持初创机构，或通过爱创家（Ashoka）和绿色回音（Echoing Green）等专注于社会创业的中介机构进行资助。克拉克基金会帮助服务于贫困青年的大型机构发挥它们的能力。

克拉克基金会的代表性受助人之一，哈莱姆儿童地带（Harlem

Children's Zone，HCZ）是一个非营利社区组织，旨在通过帮助家长、居民、教师和其他利益相关者共同为儿童打造安全的学习环境，改善居住在哈莱姆区中部60个街区的贫困儿童及其家庭的生活。该项目是克拉克基金会的实验性举措的一部分，旨在评估其支持组织发展的策略。

鉴于哈莱姆儿童地带杰出的领导者杰弗里·卡纳达（Geoffrey Canada）的巨大潜力，克拉克基金会首先提供了一笔资金，用于帮助该组织扩张，并承担聘请非营利咨询公司布利吉斯潘集团帮助哈莱姆儿童地带制定业务规划的费用。在基金会的支持下，哈莱姆儿童地带还制定了评估标准，并开始了持续的评估，以便衡量其对所服务的儿童和家庭的影响。克拉克基金会总裁南希·鲁布表示：

> 哈莱姆儿童地带的业务规划过程，让执行董事杰弗里·卡纳达和哈莱姆儿童地带仔细、深入地审视了整个计划及其运营。在这个过程中，哈莱姆儿童地带意识到，它的一些举措不符合帮助儿童及其家庭的长远目标。为了实现更大的目标，哈莱姆儿童地带调整了服务和规划（包括裁撤一些分支机构），如今它能够更有效地帮助哈莱姆区的年轻人成长为对社会有用的成年人。[1]

在哈莱姆儿童地带通过业务规划制定出有效扩大规模的步骤后，克拉克基金会开始向该组织提供协商性常规运营支持，罗宾汉基金会和皮考尔基金会（Picower Foundation）等其他资助方也加入了这一行列。

像克拉克基金会这样的慈善"投资者"，必须像那些支持一个或一些正在进行某项事业的组织的慈善家一样，进行尽职调查。它们必须评估组织的能力、需求以及增长和可持续发展的潜力，并知道如何复制成功的试点项目。它们可能会提供项目资金，用于发挥组织在战略规划、经营、评估、管理、募集资金和沟通方面的能力。

## 作为发起人和总承包商的慈善家

有时，慈善家的积极作用体现在解决社会问题方面，而不仅仅是支持个别慈善组织完成它们的使命。他们可以发挥各组织的优势，将它们相互联系起来，并将它们与专家、决策者和从业人员联系起来。

当捐赠者的目标过于新颖或不够主流，或者某个领域是新出现的或发展不好的时候，该领域可能缺乏使命与活动紧密契合捐赠者的目标的强有力的组织，这时，这种资助方法十分有必要。但即使在一个相当成熟的领域，一个单一的组织也可能缺乏解决多方面问题的能力。此外，一个领域中的组织可能会相互孤立和竞争，甚至不惜牺牲透明度和协作性。一个对某个领域有充分认识的基金会，可能具有其他组织所没有的视角，该基金会可能不只是帮助组织发挥其能力，而是成为组织规划和执行战略的伙伴。

通常，慈善家解决社会或环境问题的举措，需要几个不同的参与者发挥他们不同的能力。在这些情况下，慈善家的角色是发起人和总承包商的结合体，负责协调在特定领域具备不同专业知识的分包商共同完成工作。

例如，休利特基金会的环境保护项目的目标，曾包括减少重型建筑设备带来的污染。没有一个非营利组织把这个目标当作主要目标，或有能力独自承担这项工作。因此，项目主管（何豪）向在技术、健康和联邦监管事务方面有专长的多个组织提供了一系列捐助，目的是说服相关行业和环境保护局减少有害污染物的排放。

另一个例子是，一组大、中、小型基金会共同努力，拯救地球上现存最大的沿海温带雨林——加拿大不列颠哥伦比亚省的大熊雨林。这些基金会支持一个由环境保护组织和原住民团体组成的联盟，该联盟与加拿大政府机构、工业界和居民合作，共同保护大熊雨林的生态系统，并确保依靠雨林为生的沿海居民获得经济发展的机会。这个项目中的大部分工作需要基金会亲力亲为，直接参与召集和引导不同的利益集团。在这个过程中，这些基金会还帮助该联盟获得了不列颠哥伦比亚省和加拿大政府提供的资金，用于永久保护这宝贵的生态系统。这个大项目的一个关键因素是，有几个基金会安排了专职工作人员来完成这个项目。项目的官员组成了一个紧密联系的、高效的工作组，得到了所有捐赠者的信任，大大简化了决策过程。

虽然这些例子中的大多数受助组织都是非营利的，但这并没有什么神奇之处。作为发起人或总承包商的基金会可能会发现，具有重大社会影响力的服务，最佳的承办者是企业。例如，一家公关公司能够有效传达关于毒品成瘾的信息。托马斯和斯泰西·西贝尔基金会（Thomas and Stacey Siebel Foundation）的"冰毒项目"，通过广告牌、纸质媒体、广播和电视的大规模广告宣传，努力减少蒙大拿州和其他地区的冰毒滥用现象。[2] 它的"一次也不要尝试"宣传活动，针对的是那些还没有吸食过冰毒的青少年。这些广告恐怖、生动、直接，通过真实的个案，描绘了吸食冰毒对身体、心理和社会的负面影响，包括牙齿脱落、自杀未遂和使用暴力。尽管这个冰毒项目涉及非营利的受助组织，但是其大部分的工作都是通过传统的营利性企业和大众传媒的广告宣传完成的。（该项目的实际效果还有待商榷。[3]）

## 一个有利于可靠的常规运营支持的假设

我们一直在从慈善事业的影响力的视角考察资助的形式：哪种最能实现你的目标？在坚持这一视角的前提下，让我们看看资助的形式是如何影响受助组织的。这是那些关心自己所处的领域是否充满活力的战略慈善家真正担心的问题，这种担心衍生了一个有利于可靠的常规运营支持的假设。

　　非限定性的支持是非营利组织的命脉。一个运行良好的组织往往已经制订了自己的战略计划，它的创新能力和完整性，取决于它所能控制的预算规模。但一心想要完成特定项目的捐赠者，有时会迫使一个组织开展与其使命关系不大的活动。随着以项目为导向的捐赠者不断增加，组织自身的计划可能变得支离破碎、面目扭曲。一个严重依赖项目支持的组织必须开展各种筹款活动，将特定捐赠者的捐赠集中在一起，同时还要尽力保持计划的连贯性。许多组织发现，它们很难对任何大额的资金来源说"不"。

　　非限定性的资金增强了一个组织在面对突发事件时的应变能力，使它能够灵活地应对不断变化的需求。例如，三角洲企业集团（Enterprise Corporation of the Delta）是一家社区发展金融机构，它能够对卡特里娜飓风的破坏做出迅速反应，是因为它得到了海龙基金会和其他机构灵活的资金支持。[4] 当受灾群众还在等待联邦应急管理局（FEMA）和保险公司经过漫长的程序给他们赔偿的时候，三角洲企业集团已经开始向个人和企业提供过桥贷款。

　　同样，帮助各国制定法律和战略以减少轿车和卡车造成的污染的国际清洁运输委员会（International Council on Clean Transportation，ICCT，以下简称"运输委员会"），在加利福尼亚州前任州长阿诺德·施瓦辛格（Arnold Schwaezenegger）开始关注能够减少交通运输燃料碳排放的低碳燃料标准时，能够迅速做出反应。运输委员会使用一般运营支持资金来分析相关的政策提案。在项目启动后的几周内，欧盟便请求他们帮助制定类似的政策。运输委员会能够安排工作人员前往欧洲，迅速分析当地的情况，并大大提升欧盟工作人员的相关能力。此外，运输委员会在揭露大众汽车为达到美国柴油排放标准而严重欺诈的过程中，发挥了重要作用。[5] 如果仅仅依靠项目支持，运输委员会不可能解决这些问题。

　　高效组织资助团体（Grantmakers for Effective Organizations，GEO）

撰写的一份报告指出，限定性的资金影响了非营利组织有效运作的基础，并导致非营利组织领导者普遍感到疲惫不堪，[6] 而一般运营支持有助于捐赠者和受赠者之间形成开放和信任的关系。在采访加利福尼亚州基金会的高管们时，他们提到了其中一个原因是"一般运营支持资金意味着基金会的参与，更多的是形成一种合作关系，而不是成为具体项目的支持者"。[7]

组织的有效性和可持续性，不仅仅需要常规运营支持，更需要持续数年并有可能继续的可靠资金来源。持续数年的可靠支持，使受赠者能够开展长期规划，这对几乎所有组织而言都是福音。[8] 亨氏捐助基金会（Heinz Endowments）的格兰特·奥列芬特（Grant Oliphant）解释说，持续多年的资助"为捐赠者和受赠者双方提供了可预见性，这对于受赠者进行人员配置和项目规划至关重要……这有点像一家企业知道自己有相当可靠的收入来源，而不是可能三个月都门可罗雀"。[9]

你可能会设定你的捐款占总业务预算的比例上限，从而确保一个组织不会过于依赖你的资金。同时，你可能鼓励基金会通过竞争的方式获得你的资助，以确保受赠者始终是同类基金中的佼佼者，并允许甚至鼓励新的组织进入该领域。但是，只要组织一直表现良好，就能获得持续的资金，这种模式可以产生巨大的价值。

长期的支持使组织能够雇用更高素质的员工，因为这些高素质的员工在这里能够享有一定程度的工作稳定性。长期资助使组织能够更深入地挖掘它们所选择的领域，并承担更具雄心的、时间跨度更长的项目。几乎所有重要的社会变革都需要耗费大量时间，对优秀组织的持续支持，使它们有能力面对这一现实。因此，许多非营利组织对长期资助的重视程度不亚于对常规运营支持的重视程度。[10]

总之，当双方志同道合时，可靠的常规运营支持服务于捐赠者、受赠者及最终受益人。事实上，常规运营支持的优势非常明显，因此即使是心中有特定目标的捐赠者，也应该向一个开展包括但不限于特定目标的活动的组织，提供长期的常规运营支持，即使组织的活动与其战略目标之间有一些"脱节"。协商性常规运营支持，即组织向捐赠者报告其关注的特定活动，就是一种可行的折中办法。

　　然而，许多基金会不愿意提供用于常规运营支持的捐款。以下是一些它们提到的原因，以及我们的评论。

　　**我的贡献太小，对组织起不了任何作用**。常规运营支持的捐款通常只占组织预算的一小部分，所以捐赠者可能会想知道他们的捐款到底起了什么作用。任何一笔捐款，无论是针对某一具体项目的资助，还是用于常规运营支持的资金，都不太可能在解决一个重要问题时产生明显的效果。关键问题是组织是否在有效地利用资金，使你贡献的每一美元都有助于实现你们的共同目标。

　　**常规运营支持资金无法评估，因此其本质是非战略性的**。狭义项目的评估取决于项目本身的性质：如果你的目标是增加太平洋西北部的野生鲑鱼数量，你就要计算鲑鱼的数量。当一个慈善家向组织提供常规运营支持资金的时候，实际上就是接受了受助组织的使命，并且像组织的 CEO 和董事会评估自己的表现一样，评估这笔捐助是否成功。

　　换言之，当你提供常规运营支持资金的时候，你是在为组织的整体成功投资。专注于低收入社区资产建设的海龙基金会指出，它的主要资助项目，是根据受助组织的规划文件进行评估的，[11] 并根据组织的志向和计划衡量进度。克拉克基金会在向青年发展组织提供常规运营支持资金的过程中，进行了严格的评估，以衡量受助人对其预期受赠者产生的影响力。[12]

　　如果你是一个多目标组织的主要捐赠者，协商性常规运营支持可以为评估提供充分的空间。尽管你的捐助是非限定性的，但你们也可以通过协商，让对捐助资金的评估侧重于某些特定的组织活动。

归根结底，关键是提供常规运营支持的基金会有能力，而且经常认真地对待评估工作。它们应该将其视为一个鼓励受助组织完善自身评估体系的契机，而不是将这些捐助定性为无法评估。因此，用于常规运营支持的捐助可以是战略性的，并产生可以量化的结果。

**可持续的常规运营支持让一些组织的地位牢不可破，影响其他组织的发展**。因为最有价值的常规运营支持往往持续多年，且是可持续的，慈善家可能会担心提供常规运营支持等于是做出了一个永久的承诺，一些基金会通过限定常规运营支持的年限来解决这个问题。但是，如果你对一个组织的成功有所贡献，这样做肯定会适得其反。

解决这一困境更好的办法是在基金会内部，以及面对受助组织的时候，都非常清楚地表明，有且只有在实现双方商定的进展和成果的情况下，才会继续提供常规运营支持，而且重新申请支持的计划书与该领域其他组织的相比，必须具有充分的竞争力。

总之，我们以"小人之心"揣测，之所以存在一些对持续性的常规运营支持的反对，是因为对个人慈善家、基金会董事成员和项目官员而言，参与新的项目更新奇有趣。新鲜的事物固然吸引人，但持之以恒更有可能赢得胜利。

## 支付全部的资助费用

你雇了一个水管工来清理下水道，他给你开了一张100美元的账单，而你给他开了一张75美元的支票。当他问起另外25美元时，你解释说你只支付他的直接费用，比如他的时间成本和耗材，但并不支付店面维护、广告、保险等间接费用。

这是不是蛮不讲理的行为？当然。然而，许多慈善家和基金会每天都在这样对待他们的受助人。可以肯定的是，水管工再也不会为你工作了，但大多数受助人都会忍气吞声，在重要的事项上精打细算，并进行"创造性"的成本核算，这进一步加剧了捐助者对实际成本的怀疑，导致了所谓的"非营利组织饥饿循环"。[13]

为什么大多数慈善家从不以这种方式"欺骗"商业合作伙伴，却常常通过拒绝全额支付间接成本的方式，一边称呼他们的非营利受助人为"合作伙伴"，一边克扣费用？有几种可能的解释。你可以清楚地知道水管工是否清理了你的排水管，但通常很难知道你对一个非营利组织的资助是否物有所值——捐助者可能错误地认为高间接费率代表着低效率。此外，在缺少通用的成本会计原则的情况下，捐助者可能更愿意相信一个组织的直接成本预算。

最近的一项研究调查了美国和其他国家高效非营利组织的财务状况。它指出，"尽管它们的使命千差万别，但间接费用一般分为四类：行政费用、远程和实地管理费用、有形资产投资和知识管理费用"。[14]（由于非营利组织有不同的筹资模式，该调查不计入筹资成本。）研究人员发现，不同类型的组织，其间接成本的种类和数额不同。

> 假设一个生物医学实验室雇用研究人员，负责寻找致命疾病的治疗方法……直接成本是研究人员进行复杂的实验所花费的时间和耗材。此外，为了开展工作，该组织必须进行大量的间接投资——它需要支付能够执行最严格的生物安全标准的大型设施和精密仪器的费用。该组织的有形资产投资占总支出的57%，是行政费用支出的两倍多（24%），另有8%用于知识管理，其间接成本总占比达到89%。

一个网络管理能力突出的大型国际非政府组织，其成本结构将会非常不同。例如，将一个国际性发展组织的经费投入印度比哈尔邦，使那里的儿童摄入均衡的营养，需要一个管理科学的组织在全球、区域和地方各级的努力。该组织最大的间接支出类别是远程管理，占17%，用于维持各地办事处的业务基础设施。所有这些办公室的有形资产占用了12%的间接费用，其次是8%的行政费用和4%的知识管理费用。这个非政府组织的间接费用总占比为41%。[15]

该研究中的非营利组织分为四大类：美国直接服务组织、美国政策倡导组织、国际组织和研究组织，它们的间接成本占直接成本的21%～89%，中位数为40%。然而，大多数基金会将间接成本支付上限定为15%，另一些基金会支付的金额要低得多，甚至有些根本不支付。

这项研究说服了福特基金会的主席达伦·沃克将间接费用的支付标准提高到20%，同时与该行业的其他机构合作，"鼓励就非营利组织的实际运营成本进行更坦诚的协商"。[16]之前说服慈善家们向组织支付实际成本，用于开展他们要求的活动的努力，已经取得了一些进展，进一步的效果仍有待观察。[17]实施整个慈善领域通用的会计准则，并报告项目的实际成本 – 效益（按照第6章中所讨论的思路）可能会有所帮助，但至少还有两个我们需要克服的障碍。

首先，慈善指南[18]作为目前为止最受欢迎的慈善评级服务组织，不提供任何关于组织影响力的信息，也未将间接成本纳入评价体系。[19]其次，更根本的是，劝说慈善家支付全部间接成本的努力面临巨大的抵触情绪。一组社会科学家对他们所说的"管理费用反感"进行了试验，这里的管理费用代表的是间接成本。他们认为，"当捐赠者知道自己是在直接帮助慈善事业，而不是支付慈善机构工作人员的工资时，他们觉得自己产生了更大的影响力"。

试验结果表明，个体对管理费用的水平十分敏感。随着管理费用的增加，选择捐赠的个人的比例显著下降。但是，当有其他人参与支付（同一笔）管理费用时，这种影响随即消失，这表明这种反感是因为个人需要感受到他们的捐赠对慈善事业有积极的影响……我们的现场调研和实验室的试验结果说明了在做出捐赠决定时，感知个人影响的重要性。感知个人影响的概念与"温情效应"理论有关，该理论认为不纯洁的利他主义会引导个人做出奉献的决定，即捐赠者不仅关心如何帮助事业，还关心这样做能让他们产生什么样的感觉。捐赠者在帮助受赠者时所感受到的温暖，比他从帮助支付慈善机构的管理费用中所感受到的要多。[20]

研究人员提出"无管理费用捐款"可作为解决管理费用反感的一个办法，他们举了一个例子——世界慈善水资源基金会在其网站宣布："私人捐赠者支付了我们的运营成本，因此你的资金 100% 可以用于水资源项目。"[21] 罗宾汉基金会也有类似的做法。虽然这可能符合特定组织的短期利益，但它向慈善家传递了完全错误的信息，即间接成本不像直接成本那样真实或必要。

之前我们讨论了提供常规运营支持和项目支持之间的区别，并提出了一个有利于常规运营支持的假设。常规运营支持拨款不区分直接成本和间接成本，但允许组织决定如何最好地分配资金。然而，不幸的是，常规运营支持捐款只占美国基金会捐款总额的 16%。[22] 因此，也可以说，不包含全部间接成本的项目捐助，还是要依赖基金会的常规运营支持捐款。

### 应用于你的慈善组织

你对作者①关于常规运营支持的假设，②在进行项目捐助时支付实际的、合理的间接费用的观点，有什么样的看法？

# 第 10 章

# 影响力投资和使命投资

## 引言

慈善家和他们的基金会通常通过对上市公司和私人企业的投资来赚钱，并从这些投资的回报中获得向非营利组织捐款的资金来源。慈善家投资的大多数公司通过向消费者提供他们想要的商品和服务，以及创造就业机会来创造社会价值。这些投资通常是**社会中立**的，因为投资者的唯一目标是赚钱，这是慈善家委托给绝大多数基金经理的任务。

与此形成鲜明对比的是，个人或基金会向慈善组织提供的所有赠款都源于**社会驱动**，对他们来说是彻底的金钱损失，不可能获得经济回报。他们进行捐助是为了以仅凭市场的力量无法实现的方式让世界变得更好，并希望能产生与支出相匹配的社会效益。

本章将探讨一种综合性方法——社会驱动的金融投资，即所谓的影响力投资。影响力投资是指有意将资本投入那些产生社会或环境产品、服务或附加利益的企业，目的是创造有益的社会成果。投资者期望获得的经济回报可能低于或者符合市场水平，也可能高于市场水平。[1]

## 让利投资和非让利投资

影响力投资可分为两大类：**让利投资**，即通过承担更大的风险或接受更低的回报来实现投资者的社会目标，很可能需要投资者做出一定的经济牺牲；**非让利投资**，即投资者在实现社会目标的同时获得风险调整后的回报。大多数所谓的双重效益影响力投资，都是非让利性的。

### 让利投资

以下是一些让利投资的例子。

#### 点对点投资

基瓦（Kiva）是一个提供众筹服务的点对点小额融资平台，允许个人投资者向主要位于发展中国家的个人和小型组织提供低至 25 美元的贷款，目的是缓解贫困。[2] 该平台的运营成本由慈善家支付。基瓦的个人投资者是让利投资者，他们失去了所投入资金的时间价值，并在没有额外回报的情况下，承担着违约风险。

基瓦向美国的墨西哥移民维克托（Victor）提供了 5000 美元的贷款。由于缺乏信用记录，维克托无法获得银行贷款以开设自己的咖啡店。基瓦向 60 多个个人投资者筹集了资金，为他提供了无息贷款。维克托偿还了所有的贷款，因此他的贷款人没有损失任何资本。这显然是一项让利投资，因为贷款人接受了较高的拒付风险，且不可能获得经济上的回报。

#### 资本

草根资本（Root Capital）是一个非营利性的社会投资基金，投资方向是"南半球"的农业。它的目标是通过向咖啡种植者等小型农业经营者提供低于市场利率的贷款，填补小额信贷和商业银行之间的服务空白，即金融"缺失的中间环节"。草根资本的目标是补贴这些经营者，直到他们实现可持续发展，并有机会获得主流资本的投资。草根资本的投资者的平均回报率为 2.5%。

草根资本向刚果民主共和国的一家咖啡企业法拉哈（Furaha）提供的贷款，就是其让利投资的一个例子。草根公司提供了 7.5 万美元的一年期贷款，预计净损失超过 2 万美元（包括风险溢价、承销成本、监控以及投资者回报）。草根投资用其他收益更高的贷款所获得的收入，覆盖了一部分损失，但该项目整体而言是亏损的，必须依靠慈善捐款的资助。[3]

奥米迪亚网络（Omidyar Network，ON）是一家致力于通过投资实现积极的社会影响的慈善投资公司。它坚信补贴会扰乱市场，并以该假设为基础，进行影响力投资。[4] 只有当它相信一项投资能够牵动整个市场时，它才会接受低于市场水平的回报。例如，奥米迪亚网络投资的微保障（MicroEnsure），是一个为非洲和亚洲的贫困家庭提供保险的移动平台。微保障使保险变得简单（通过短信提交索赔申请）和广为人知（在广播、电视中宣传保险），从而使公司获得了巨大的市场影响潜力。奥米迪亚在投资时，期望的是低于市场水平的正向回报率，因为它相信微保障的成功将催生一个为数百万边缘化人口服务的新兴市场。

### 基金会

让利投资中的让利，在功能上等同赠款。当基金会进行让利投资时，通常采取项目相关投资（PRI）的形式，典型的有股权投资、贷款和贷款担保。《美国国内税收法》(Internal Revenue Code) 规定，项目相关投资的主要目标必须是实现基金会的慈善目的，而使收入增加或财产增值可能并不重要。[5]《美国国内税收法》对美国基金会的项目相关投资的处理，与赠款非常相似，包括将其计入基金会每年需要支付的捐款的 5%。与基金会永远无法收回的捐赠款项不同，项目相关投资的本金至少在理论上是可以收回的，而且投资可以赚取利息或其他回报。[6]

当盖茨基金会相信被投资方有潜力成为一个可持续发展的企业，并吸引商业资本的投资时，它会选择用项目相关投资代替捐赠。

- 基金会为 bKash 提供项目相关投资。bKash 是孟加拉国一家为社会底层居民提供移动金融服务的企业。[7] 通过投资 bKash，基金会试图帮助该公司吸引商业资本。bKash 有 1500 万美元的资本需求，基金会通过两种融资方式满足了这一需求：400 万美元的捐款，用于资助不太可能为公司带来回报的慈善活动；1100 万美元的股权项目相关投资。基金会预计将收回投资额的 50%。[8]

- 盖茨基金会向 M-KOPA 提供了一笔低利率的项目相关投资贷款。M-KOPA 是一家肯尼亚的初创企业，以当地人能够承担的分期付款方式出售太阳能照明设施。客户通过手机分期付款，实时计费；如果他们拖欠账款，M-KOPA 的照明设施将远程关闭，只有当客户结清账单后才能恢复照明。基金会希望以一定的利息收回所有贷款本金，并希望向当地银行证明，M-KOPA 的模式为无担保贷款提供了良好的风险控制范例。[9]

帕卡德基金会于 1980 年开始进行项目相关投资，迄今为止已以贷款、股权投资和贷款担保的形式进行了 7.5 亿美元的项目相关投资。

- 淡水信托基金是一个旨在吸引私人投资保护河流和溪流的非营利组织。帕卡德基金会与戈登、贝蒂·摩尔以及克雷斯吉基金会合作，向淡水信托提供 500 万美元的贷款，这笔贷款最初是以非让利投资的形式实现的。在基金会意识到牺牲部分经济回报将使淡水信托更有效并可迅速扩张之后，它们将贷款重组为项目相关投资，以牺牲可能的收益来实现其保护环境的目标。

- 阿法克斯（Afaxys）是一家专业的制药企业，为公共卫生诊所提供价格合理的口服避孕药和其他保健产品。帕卡德基金会提供了 450 万美元的低息贷款作为其成长资本，使该企业得以推出自有品牌的避孕药具，使其产品能够服务于更多的低收入人群。

## 非让利投资

非让利投资想要的是"两全其美"，包括社会影响**和**符合甚至超出市场水平的回报。非让利投资的形式通常包括使命相关投资（MRI），即预期可获得风险调整后的市场回报（因此也吸引社会中立资本）和社会影响力的股票、债务投资；社会责任投资（SRI），即投资在运营中注重良好的环境、社会及治理的公司。

我们先关注使命相关投资，它为慈善投资者赚取利润的潜力，使其成为一个有吸引力的投资工具。以下是奥米迪亚网络和桥梁创投（Bridges Fund Management）这两个具有社会使命的慈善机构进行非让利的使命相关投资的例子。

- 每日追踪（DailyHunt）是一款印度的移动应用程序，用 12 种印度当地语言发布新闻和电子书，目的是为贫困的非英语人口提供服务。在其推出时，类似的商业模式在世界其他地区表现良好，因此降低了它的投资风险。奥米迪亚网络与保持社会中立性的商业投资者一起对其进行了投资，希望获得符合甚至超出市场水平的回报。

- 鲁马（Ruma）是印度尼西亚一家金融和信息服务提供商。奥米迪亚网络对该公司进行了早期投资，目的是使贫困的消费者能够负担得起金融交易。尽管奥米迪亚网络认为鲁马未来将有良好的财务表现和社会影响潜力，但商业投资者并没有被该公司吸引，因为他们认为它的风险太大。奥米迪亚网络的投资最终在社会效益和经济利益上都取得了成功。鲁马为印度尼西亚数百万穷人提供了金融服务，并获得了稳定的回报，同时为其后续的几轮融资吸引了商业资本。

- 桥梁创投专注于英国发展较为落后的市场，它的投资在产生财务回报的同时，能够应对紧迫的社会或环境挑战。作为一个非让利投资者，它衡量影响力的指标"与衡量商业成功的完全一致"。[10]2009 年，桥梁创投投资了巴宾顿集团（Babington Group）。这个集团专注于为年轻的"啃老族"（NEET，特指不接受教育、不工作，也不参与培训的年轻人）提供培训和成为学徒的机会，旨在为英国边缘化的工人阶级提供教育和就业机会。7 年后，桥梁创投在退出时实现了 33% 的内部收益率（IRR），并支持了约 32 000 人进行学习，帮助了超过 3700 名失业者找到工作，实现了积极的社会效益。

- 2008 年，桥梁创投投资了健身俱乐部（The Gym）。针对英国健身设施成为"奢侈品"、肥胖和相关疾病发病率不断攀升的情况，该俱乐部以合理的价格提供健身器材。由于复制了一种在其他地方已获得成功的商业模式，该投资不涉及巨大的财务风险。7 年后，该俱乐部已有 60 多个分部，数千名会员，这些会员以前从来没有能力支付健身房的会员费用。这项投资的财务表现也很好，其产生的价值是成本的 6 倍。

## 成功付费项目中的让利投资者和非让利投资者

第 6 章描述了成功付费项目，在这些项目中，政府支付的是服务提供者实现成果或产生影响的费用，而不是它们的活动和产出的费用。项目成果的实现可能需要长达数年的时间，许多服务提供商无法在这段时间内消化运营成本。解决这一问题的一个办法是让慈善和商业投资者先承担运营成本，然后由政府根据商定的成果的实现程度，进行二次支付。成功付费项目的典型"资本构成"包括以下几项。

- 商业放款人的贷款，其利率通常处于风险调整市场利率的较低水平。
- 基金会或高净值个人提供的低于市场利率的贷款（通常以项目相关投资的形式），这些贷款可能会二次支付给基金会，也可能支付给相关基金，用于支付其他的成功付费项目。
- 基金会或高净值个人提供的资助。

例如，圣克拉拉县的无家可归者项目的 700 万美元资金，由私人基金会、公司基金会及社区发展金融机构（CDFI）的资助和低息贷款共同组成。纽约州的预防多次犯罪项目的 1350 万美元资金，由个人投资者通过购买美国银行（Bank of America）和美林银行（Bank of America Merrill Lynch）的私募债券筹集。低于市场利率的慈善贷款可以被定义为让利投资，而商业贷款的性质，则取决于支付条件和投资者的感知风险。

## "影响"的标准及其度量

在第 5 章中，我们详细讨论了"影响"的含义。简单地说，影响不仅仅意味着达到了预期的结果，还意味着你的干预**促成**了结果的发生。它的意思是"打击反事实"，反事实是指即使没有你的干预，结果也会发生。回到前面的一个例子，如果卡萨基金会的永久性住房保障项目导致城市中的无家可归者比实施项目前少，那么它就对无家可归者的减少产生了影响。

### 对被投资企业的影响

关于一个影响力投资者对所投资的企业是否产生了影响的问题，与对一个非营利的受助者是否产生了影响类似。

- 关于 M-KOPA 的案例，需要考虑的问题是如果没有该公司的服务，贫穷的肯尼亚人能否够获得负担得起的、清晰的、安全的照明。数据显示，该公司提供的照明服务覆盖了超过 80 万户家庭，如果没有它，这些家庭将无法负担太阳能照明。
- 关于健身俱乐部的案例，需要考虑的问题是俱乐部的活动是否增加了能够使用健身设施的英国工人阶级的人数。该俱乐部的许多会员之前从来没有成为其他健身俱乐部的会员，可见答案是肯定的。

### 评估企业的影响

影响力投资能否实现其社会或环境目标，取决于被投资方本身能否成功实现这些目标。在第二部分中，我们花了大量篇幅讨论衡量非营利组织的成果和影响力的方法。现在我们将在影响力投资的视角下讨论类似问题。

就非营利组织而言，有几种不同的方式可以衡量被投资方的成功。

- **产出：**企业生产的商品或提供的服务。
- **成果：**企业的产出对改善人类生活或地球环境的影响。
- **影响：**企业在改善人们生活方面所做出的改变（反事实）。

产出相对容易衡量，因此迄今为止它一直是影响力投资领域衡量的主要内容。全球影响力投资网络（Global Impact Investing Network）已经制定了影响力报告和投资标准（Impact Reporting and Investment Standards，IRIS）[11]，这是"主要的影响力投资者用来衡量社会、环境和财务上的成功、评估交易及提高行业信誉的公认绩效指标"。[12] 与之相关的全球影响力投资评级系统（Global Impact Investment Rating System，GIIRS）是一个评级和分析平台，供影响力投资者评估公司或基金会的社会和环境产出。[13]

虽然影响力报告和投资标准包含了一些产出指标，但它的主要内容是财务和运营指标。全球影响力投资评级系统的评级使用的一项调查涵盖了五个类别的问题：领导力、员工、环境与社区（这些都与运营相关）、产品和服务（二者以产出为导向）。以下是影响力报告和投资标准与全球影响力投资评级系统的度量标准的一些示例。

- **农业：**组织在报告期销售了多少产品或提供了多少服务；在过去 12 个月里，有多少小农场主或农业合作社成员得到了机构的支持和帮助。
- **教育：**截至报告期末的入学人数。
- **环境：**在报告期内，组织从旨在取得特定社会或环境效益的项目和服务中获得的收入百分比；处理有机废物、废水和其他废物的进度。

- **产品可持续性：** 在生产过程中，获得第三方环境可持续性
  认证的产品所产生的收入百分比。

影响力报告和投资标准与全球影响力投资评级系统包含了一些衡量成果的指标，这些数据的测量难度更大，成本也更高，因为它们需要将眼光放到企业外面，去了解人们的生活得到了什么样的改善。例如，全球影响力投资评级系统关于地方经济发展的一个调查问题询问的是，一家公司的创新方法是否改变了整个行业；影响力报告和投资标准的一个金融包容性指标，需要计算被投资企业开设的新业务的数量。

影响力报告和投资标准与全球影响力投资评级系统并不能确定影响力，因为这需要衡量在没有特定企业的情况下会出现的结果。与非营利组织的干预一样，影响力的评估成本"相当可观"，需要用到第 5 章中所述的评估方法。然而在某些情况下，被投资方是某一领域内唯一的商品或服务提供者，这意味着它们的结果和影响力之间有密切的联系。

### 投资的影响力

如果投资者的唯一目标是持有他看好的公司的股票，同时避免持有他不看好的公司的股票，那么他就可以止步于此了。事实上，他甚至不用考虑如何评估公司的业绩成果。但是一个真正的影响力投资者关心的是，如何通过增加公司具有社会价值的产品或实践来产生影响力，因此他不仅需要衡量被投资企业的业绩成果，还需要估算自己的投资产生的影响力。

为了理解这意味着什么，让我们回想一下第二部分中卡萨基金会的永久性住房保障项目。假设该组织成功地减少了弗雷德和佩吉所在城市的无家可归的现象，让戈登夫妇证明 100 万美元的资助是否对卡萨基金会的影响有贡献，似乎有些可笑。这里的反事实是，即使没有

他们的慷慨解囊，卡萨基金会也会收到 100 万美元的捐款，并且帮助同样多的无家可归者。在非营利组织的世界里，这可以算是一个奇迹。如果其他捐赠者也捐赠了 100 万美元，那么这些联合捐赠将使卡萨基金会能够帮助更多的无家可归者。

再说回影响力投资，假设基瓦的投资者没有投资维克托，那么他有没有可能得到一笔条件如此优厚的贷款去开始创业呢？也许反事实是，普通的商业投资者在没有类似的社会动机的情况下，也会以同样的价格提供同样的资本。但这似乎不大可能，因为我们知道，在获得这笔贷款之前，维克托已经被银行拒绝了。即使维克托能够从商业贷款机构获得贷款，也会付出难以承受的代价，而基瓦的贷款没有利息。同样，盖茨基金会对 bKash 的股权项目相关投资也为其提供了资本，否则该公司不会获得投资，或者至少不会以同样的成本获得资金。不要忘了，基金会预计将遭受 50% 的损失，哪个理性的商业投资者会愿意选择这样的投资？

基瓦和盖茨基金会的投资都具有**投资影响力**，这种影响力有时也被称为**资金增益**，因为它产生了某些传统商业资本市场无法产生的"附加利益"。此外，投资影响力也被称为**社会价值创造**。

创造社会价值的投资不同于仅仅符合你的价值观的投资。价值观一致，意味着你认为你的投资对象的产出（商品或服务）或经营方式（例如，对待员工或环境的方式）具有社会价值。投资者可以通过持有产出或经营方式与其价值观一致的公司的股票，同时避免持有产出或经营方式不被其认同的公司的股票，来实现投资价值的一致性。但是，这本身并没有增加被投资方具有社会价值的产品的数量或质量，因此并不能创造社会价值。（一个类似的比喻是通过观看电视比赛支持本地的运动队获胜：你可能希望你的球队获胜，但你的关注并不影响比赛结果。）

毫无疑问，桥梁创投对健身俱乐部的投资，与其改善英国工人阶级生活的目标是**一致**的。它是否通过增加被投资方的产出，创造了**更多的价值**？以下是我们的分析。

这项投资来自桥梁创投可持续增长基金（Bridges' Sustainable Growth Fund），该基金的目标是在获得 15%～20% 的净内部收益率的同时，产生与财务回报"相符"的社会影响力。[14] 如果有这样的回报率，也许健身俱乐部也可以从社会中立投资者那里获得足够的资本。然而，桥梁创投的管理合伙人解释说："这是一个**传统投资者不愿尝试**的风险项目，因为这种模式在英国没有经过测试。但我们认为，考虑到潜在的社会影响力，以及它符合我们关注健康的主题，我们应该冒这个风险。"[15]

如果如上面强调的文字所示，其他投资者不愿意投资健身俱乐部（或不愿意在桥梁创投没有进行锚定投资的情况下投资），那么桥梁创投就通过提供资本（或吸引资本）产生了影响力，因为如果没有桥梁创投，该企业将无法获得资本。桥梁创投的投资还有可能通过其他方式产生影响。风险资本家和私募股权投资者往往通过向被投资方提供与战略、治理、招聘、网络等相关的各种形式的帮助，进一步完善他们所提供的财务支持。由于桥梁创投对社会影响力的关心不亚于经济回报，它可能已经提供了技术援助，以提升该俱乐部的社会影响力，而这是保持社会中立的商业投资者不会做的。因此，社会中立型投资者可能会以牺牲社会影响力为代价换取利益，而桥梁创投不会。

总之，影响力投资者创造社会价值的方法有很多。

（1）**寻找机会**：找出被社会中立型投资者忽视的具有社会价值的机会，因为影响力投资者寻找的正是这些机会。

（2）**提供资本**：提供社会中立型投资者不会提供，或至少不会以同样低的成本提供的资本。

a. 投资可能是让利性的，因为影响力投资者知道他正在承担与预期收益不成比例的风险。

b. 投资可能是非让利性的，因为影响力投资者掌握的信息使他相信，这是一项比社会中立型投资者所预期的更好的投资。

（3）**保持耐心**：愿意接受比社会中立型投资者所要求的更长的（二次）支付周期。同样，这可能是让利投资，也可能不是。

（4）**支持企业的社会使命**：影响力投资者在一定程度上会这么做，而社会中立型投资者不会。

（5）**保护企业的社会使命**：防止以牺牲社会使命为代价获取经济效益。影响力投资者可以采取一些做法实现这一点，例如，设计侧重于推进社会使命的可持续治理结构和激励性薪酬计划。

了解这些方法之后，让我们分析一下不同的影响力投资是如何创造社会价值的。

### 让利投资如何创造社会价值

如果通过提供社会中立型投资者不会提供的资本（以同样的成本），能够使公司增加社会价值产出，那么这种让利影响力投资属于 2a 类投资。[16] 这类投资足以创造价值，而且也可以以其他方式创造价值。

因为让利的金额相当于一笔赠款，出资人可能想知道如何在影响力投资和赠款之间进行选择。盖茨基金会对 bKash 的资助就是一个例证。如前所述，基金会进行了 1100 万美元的让利股权投资，按现值折算，预计将损失一半的价值。基金会可以用 550 万美元的捐款代替 1100 万美元的股权投资，但是它认为，使用传统的投资工具而不是慈善捐赠，将向潜在的商业投资者发出积极的信号。更重要的是，它认为投资的预期社会影响力将超过同样数额的捐款。一家公司的管理层在履行对投资者的义务方面，可能比受助人对资助人更为严谨，而且在赠予协议中，投资可以赋予出资人极大的权力。例如，基金会的股权投资条款要求 bKash 的董事会对其治理进行严格审查，并赋予基金会任命董事会成员的权力。投资协议的条款还可以通过规定权利、间接损失、整体要求等，扩大基金会的追索权，并在公司放弃慈善目标或破产时，给予投资者拥有知识产权等资产的优先债权。

### 让利投资创造/没有创造社会价值

对大型上市公司的非让利投资不能创造社会价值，但对私募股权的非让利投资有时可以。

#### 对大型上市公司的投资

如果让利投资代表了相对容易产生投资影响力（或资金增益）的情况，那么对大型上市公司符合市场利率的投资（本质上是非让利性的）则代表了另一种情况：对此类公司的投资不能增加或改善被投资公司的产出或流程。

假设你认为移动电话对美国和发展中国家的穷人有很大的好处。你购买了美国电话电报公司（AT&T）或肯尼亚上市手机公司 Safaricom 的大量股份，希望能降低穷人的电话服务成本。你会产生多大的影响？答案是零。如果一家公司的股票价格因为受到具有社会责任感的投资者的重视而上涨，那么社会中立型投资者就会出售股票获取利润，而公司本身并不会获得额外的收益。一般来说，股票交易并不影响公司的股价，公司的股价是由股票未来股利的现值决定的，而未来股利的现值又是由盈利能力决定的。[17]

简而言之，如果你欣赏某些大型上市公司的产品或做法，你可以使你的投资价值观与它们保持一致（或"合二为一"），但购买它们的股票不会产生任何影响力，尤其是在二级市场上。[18] 而符合价值观的投资，可能会以牺牲多样化为代价。[19] 海龙基金会的使命是"帮助人们自己摆脱贫困"，该基金会相信，它可以在不牺牲具有竞争力的市场回报的情况下，以符合其价值观的方式进行公共股本组合投资。海龙基金会的目标不是创造社会价值，而是停止所有投资中不符合其使命的部分。[20] 例如，海龙基金会从富士康和沃尔玛这两家公司撤资，因为它认为这两家公司对待员工的做法与其使命背道而驰。不过，总的来说，其投资组合的表现并不太好。

### 对私募股权的投资

奥米迪亚网络和桥梁创投的例子表明，对私人企业的投资也有可能创造社会价值。一些小企业吸引不到商业资本的一个原因是，投资者缺乏关于它们的信息。私人金融市场，特别是那些涉及社会利益的企业所在的市场，在信息效率上不如公开市场。影响力投资者可能拥有专业的知识和专门的投资渠道，而社会中立型投资者无法与之匹敌。因为有了这些优势，影响力投资者可以识别出其他投资者忽视的风险调整后的市场回报机会，从而通过向社会企业提供它们原本无法获得的资本创造社会价值。这种机会的范围和规模很难概括，在一定程度上取决于投资所涉及的特定领域的竞争性。

奥米迪亚网络创建了一个名为"回报体系"的框架，将其社会投资按照从纯商业到捐赠的标准进行分类。奥米迪亚网络将其非让利投资分为两类：A1——"市场有效性"商业投资；A2——"非市场有效性"商业投资。[21]

在 A1 类投资中，奥米迪亚网络与社会中立型投资者一起，投资能够获得高额财务回报的公司。通过这些投资来创造社会价值的机会非常渺茫。A2 类投资尽管有良好的财务回报预期，但由于缺乏成熟和广泛传播的信息，至少在最初阶段，很难吸引商业投资者。在通常情况下，A2 类投资涉及的公司服务于发展中国家社会底层的消费者。商业投资者可能缺乏发现此类机会的专业知识，或者因为服务于低收入消费者，他们可能并不认为这些机会有利可图。然而，奥米迪亚网络对这些行业有着充分的了解，因此可以在商业投资者忽略的地方进行风险投资，为那些还不能进入商业资本市场的公司注入资本。

与其他投资私人企业的投资者一样，影响力投资者可以通过金融支持以外的方式，比如提供技术和管理援助、帮助建立战略关系等方式，增加投资对象的价值。例如，当桥梁创投最初投资健身俱乐部时，它帮助这家初创企业找到了为客户群体提供服务的场地。

## 影响力投资的目标

有许多依靠捐助运营的组织需要长期的补贴，例如用来帮助无法负担生活必需品和服务的市场价格的贫困人群，但大多数让利性影响力投资，都在设法使企业达到一种不再需要补贴的平衡。因此，基瓦为维克托提供的众筹贷款，旨在帮助他从一个没有信用记录的有抱负的企业家，变成一个合适的商业贷款候选人。盖茨基金会为 bKash 提供的低于市场利率的投资，旨在帮助该公司吸引商业资本的注意。维克托后续获得的银行贷款，不应被视为影响力投资；而 bKash 如果公开上市交易，也不应将购买其股票的人视为影响力投资者。

非让利性影响力投资虽然没有补贴，但其目标是一致的，即帮助被投资方吸引商业资本的注意。当桥梁创投最初投资健身俱乐部时，这家企业无法吸引社会中立型投资者；然而，当尝试进行第二轮融资时，这家企业表现出色，成功吸引了这些投资者。桥梁创投有充分的理由为健身俱乐部的变化而自豪，可是它在第二轮融资时的投资虽然符合基金的价值观，但并没有创造社会价值。

## 衡量影响力投资创造的社会价值

对于影响力投资而言，衡量投资的影响力、资金增益或社会附加值很有必要。这种衡量还不是很成熟，这既是因为它要求回答的问题通常很难给出答案，即"如果没有"投资会发生什么，也是因为基金会和个人影响力投资者普遍对这个问题缺乏兴趣。尽管如此，还是要衡量。

桥梁创投与目的投资基金（Skopos Investment Fund，一个旨在通过影响力投资促进人类尊严、维护社会公正和可持续发展的全球私人投资基金）合作，开发了一个兼顾企业和投资影响力的影响力评价系统。其中的影响力标准包括"如果没有"的逻辑关系，其目的是确定是否真的创造了社会价值，即"如果没有"目的投资基金的投资，是否会发生这些变化？[22]

为了回答这个问题，目的投资基金从两个角度分析了其创造的社会价值。

- **最终用户**：投资是否为预期受益人带来了额外的结果？还是仅仅带来了一个类似的结果？是否带来了比预期更好的结果？
- **投资者**：投资者是否帮助被投资方创造了社会价值？如果没有这笔投资，产生预期结果的概率是多少？

另一个例子是农业领域的影响力投资者草根资本开发的一种创新型工具，它将企业和投资影响力结合起来，并根据财务回报评估两者的综合指标。[23] 作为一个让利投资者，草根资本的贷款预期将产生少量收益或亏损，产生的收益将用来补贴亏损。

草根资本对**企业影响力**的度量基于以下因素。

- 企业所在地区的贫困程度。
- 企业在扶贫方面的预期绩效。

- 以水资源缺口、土壤退化、生物多样性的威胁和气候变化的影响量化的环境脆弱性。
- 企业应对环境脆弱性的预期绩效。
- 以企业影响的农民和工人的数量量化的规模。

草根资本将投资按照**投资影响力**，分为以下三个级别。

- **低：**借款人可能从商业贷款机构获得类似的贷款。
- **中：**借款人可能从其他一些具有社会使命的组织而不是商业贷款机构获得贷款。
- **高：**借款人可能无法从任何其他来源，以类似条件，获得类似贷款。

基于这些标准，草根资本为预期贷款给出 0 到 10 的评分。草根资本对提供给法拉哈的贷款给出了 8 分的影响力评分。在企业影响力方面，该企业为极度贫困的农民提供服务，并承诺向他们提供价格优惠的电力供应。在社会价值（资金增益或投资影响力）方面，由于法拉哈在刚果民主共和国一个极富挑战性的地区开展业务，因此很难从其他渠道获得信贷。草根资本的投资组合中的另一个极端，是向乌干达可可和大宗商品公司（Uganda Cocoa & Commodities，UCC）提供贷款，预期总影响力评分为 1.5。在企业影响力方面，其得分与法拉哈相似，因为它服务于气候变化多端的地区的低收入农民。但该企业已经从商业银行获得了足够的信贷，因此在投资影响力方面得分为零。

每笔贷款都有预期的财务回报，从彻底亏损到微利不等。因为愿意用财务回报换取社会影响，草根资本为每项投资都设定了一个"最低回报率"，即能够证明投资合理性的最小收益。总体来说，确定最低回报率使草根资本能够可持续发展。

草根资本利用这一分析方法来评估其投资组合的整体表现。它引用金融领域一个广泛使用的概念，描绘出了"有效影响边界"——处于边界上的投资组合将产生最高水平的总体影响力和财务回报。这种分析使那些影响投资组合未达到影响边界的贷款无所遁形，并遭到质疑。

### 非让利性使命相关投资和社会责任投资的其他目的

顾名思义，使命相关投资是与慈善家或基金会的使命一致的非让利投资，例如，一个以人类健康为使命的基金会投资健康产品。社会责任投资是与慈善家或基金会的价值观一致的投资，不论是否包含在他们的使命中。社会责任投资通常取决于公司对 ESG（环境、社会及治理）标准的遵守情况。例如，一个使命不涉及工人福利的基金会，也可能根据一个公司对待员工的方式，做出社会责任投资的决定。

除了发挥影响力，我们发现，投资者愿意进行非让利使命相关投资和社会责任投资的原因，还有以下四点。

首先，投资者可以通过使命相关投资和社会责任投资实现自己的价值观。

其次，投资者可能希望持有符合高 ESG 标准的公司的股票，并避开 ESG 评级较差的公司的股票，因为他们相信这将是一个有效的长期财务战略。世代投资管理公司（Generation Investment Management）在评估具有社会和环境责任感的企业的长期财务效益方面，率先采取了这种做法。[24] 可见，建立可靠的综合报告标准帮助投资者评估企业的整体可持续性，将获得大量的关注。例如，可持续会计准则委员会（Sustainability Accounting Standards Board，SASB）正在制定会计准则，以引导和帮助企业向投资者披露有关其 ESG 实践的重要信息。[25]

再次，即使投资决策不会直接产生经济影响，它们也可能在社会变革的过程中发挥作用，影响消费者、监管者和其他利益相关者的行为，从而（直接或间接）影响公司本身。例如，基金会决定剥离其投资组合中的化石燃料投资部分，这可能推动社会对替代能源的使用。洛克菲勒兄弟基金会（Rockefeller Brothers Fund）从化石燃料领域撤资的决定意义重大，这并不是因为它对化石燃料公司的财务产生了（不存在的）影响，而是因为一个原始捐赠来自标准石油公司（Standard Oil）的组织，向公众发出了撤资信号。（第 15 章将分析影响企业或行业行为的活动。）

最后，投资者可能会试图通过提出或表决能够影响上市公司活动的股东决议，来影响上市公司的行为。例如，谷神星（Ceres）[26] 是一个长期从事此类活动的投资者联盟，它最近促使埃克森美孚（Exxon Mobil）的股东通过一项决议，迫使这家石油巨头公布气候变化可能对其业务产生的影响。[27] 然而，总的来说，"股东活动"的成功主要是基于营利性，而不是社会效益。[28]

### 有争议的影响力投资

在撰写本书之际，越来越多的银行和其他机构提供的投资产品既能产生社会影响力，又能保证符合市场利率或带来更高的财务回报。比如贝恩资本（Bain Capital）的双重影响基金（Double Impact Fund）和德太投资（TPG）的上升基金（Rise Fund），后者的使命是"在不牺牲业绩的情况下推动全球影响力"。[29] 上升基金成立之初，为 Everfi 提供了 1.2 亿美元的投资。Everfi 是一家基于订阅服务的在线教育公司，覆盖了 1600 多万来自不同社会背景的学习者，为他们提供金融素养、性侵犯、酗酒危害、STEM（科学、技术、工程以及数学）和职业准备等重要议题的学习素材。

虽然我们对这项投资的了解还不足以评估它是否创造了社会价值，

但我们还是要提出以下几点注意事项，以结束这一章。

- 对于非让利投资者更了解私人企业的信息的说法，应该持保留态度。这些投资者正处于与无数的私人企业投资者的激烈竞争中，而投资成功与否，取决于掌握与价值相关的企业信息。

- 虽然不是完全不可能，但在创造社会价值（与保持一致的价值观不同）的同时，提供符合市场利率或更高的财务回报是很困难的。同时承诺这两点的基金，需要仔细审查。

- 看似非让利性的投资，可能会涉及隐藏的妥协，包括接受比基金的有限合伙人所承担的更多的风险。

- 经过社会筛选的共同基金，其为投资者提供的策略应被理解为价值一致策略，而不是影响力投资策略。此类基金的投资者应注意了解基金发起人收取的附加费用比率，以及他们可能需要在多样化方面做出的牺牲。其他私募投资以及巨大的非流动性溢价，是评估私募投资的有效基准。

- 假设基金的普通合伙人向其有限合伙人承诺了社会影响力和市场回报率。如果在基金涉足的特定领域有很多机会可以实现这两点，那么皆大欢喜。但如果这种机会稀缺，普通合伙人将不得不牺牲其中一个目标。尤其当他和他的有限合伙人发现衡量经济上的成功要比社会影响力容易得多时，他们很可能有意或无意地牺牲后者。

- 如果基金很看重影响力，那它应该像报告财务回报一样，提供影响力报告，其中包括对投资所创造的社会价值的预测。普通合伙人关注财务回报时关注社会影响力的一个强烈信号是，他的薪酬同时基于（或多或少）对社会影响力和财务回报的客观评价。

- 如果一个基金自诩为影响力基金，那么其中任何的公共股权，都应被视为警钟，因为它的存在引起了人们对其他股权的质疑。这并不是说个人慈善家或基金的投资组合中，不可以同时包括社会中立和社会驱动的投资，但它应该确保对影响力基金的投资会产生影响。[30]

最后一点值得注意的是，到目前为止，我们关注的是投资在实现积极的社会目标方面可能产生的影响。然而，对大规模发展项目的影响力投资有可能对个人、社区和环境造成意外伤害，可能需要投资者自我审查，以及发展建立类似融资机构中的问责机制。[31]

我们相信，影响力投资是一个真正有前景的领域。我们最关心的问题是，它的"发展"可能会以忽视影响力为代价，这将使人们对真正产生影响力的影响力投资产生怀疑，就像 19 世纪的蛇油销售人员对真正的药品的问世造成的阻力。

## 应用于你的慈善事业

我们认为，资金增益（或社会价值）是影响力的一个重要组成部分，而一些基金经理认为这一要求产生了不必要的难度和负担。你的观点是什么？

# 第 11 章

# 与慈善领域其他参与者合作

慈善家需要与许多其他人合作，包括受赠组织、政府、企业和其他慈善家。此外，其与项目准备帮助的目标群体的合作也很重要。项目的有效性，以及慈善家能否得到尊重，都取决于他们如何管理这些关系。

到目前为止，我们关注的是慈善家与申请人、受助人和（影响力投资中的）投资对象的关系，良好的关系有助于改善他们共同关注的预期受益人的生活。我们以考察慈善家与慈善领域其他参与者的关系结束第三部分。

## 集资与合作

毫无疑问，意识到你所关注的领域还有其他捐赠者的存在，是创造机会实现共同目标的先决条件。在某些情况下，合作可以大大提高你解决社会问题的影响力。捐赠者可以通过合作产生更好的想法，影响更大的区域，并获得更多可用于实现目标的资金。基金会之间的合作是许多慈善事业的核心，从"绿色革命"保护大熊雨林的行动，到区域性和地方性行动，如把旧金山湾的盐碱地恢复成湿地栖息地。

但是，在与合作伙伴共同做出决定的时候，捐赠者不可避免地需要一些时间和精力上的前期成本。而合作可能会使受助人陷入一个危险的境地，他们可能获得全部资助，也可能一无所有。俗话说，"大象跳舞时会踩到老鼠"，所以要注意你和你的同伴可能给同一领域中的其他团体造成的压力。

合作的过程往往令人筋疲力尽，而且很难保证取得好的结果。正如一位捐赠者所说，"如果我停下脚步去计算有多少次合作以失败告终，我会非常沮丧，并会离开这个行业"。[1]归根结底，这些额外的努力只有在实现你的慈善目标时产生了更大的影响力，它们才是合理的。

### 通过基金会集资

慈善家们最基本的合作形式是将资金聚集起来，使任何一个捐赠者都无法独立完成的事情成为可能。实际上，很多联合捐赠都是在没有任何明确的合作机制的情况下进行的，慈善家们只是简单地凭着善意，向一个组织独立地提供常规运营支持。如果注意看剧场演出或音乐表演中的捐赠者名单，你很可能会看到对这些从来没有互相交流过的捐赠者的致谢。创建这种高效的虚拟合作形式的不是出资人，而是组织本身，这降低了有意协作的成本并减少了潜在的不利因素。

有许多方法可以将资源有目的地聚集在一起。一个相对简单的方法是向一个致力于共同目标的基金会捐款。例如，蓝色子午线伙伴（Blue Meridian Partners）从基金会和高净值个人慈善家处筹集了10亿美元，用于改善美国贫困的年轻人的生活。[2]它是由克拉克基金会孵化的，该基金会是该领域公认的专家。它将向拥有强有力的循证项目的组织提供长期无限制的资助，如"青年村"（Youth Villages）和"护士家庭一对一"。克拉克基金会的 CEO 南希·鲁布，也是蓝色子午线伙伴的 CEO。克拉克基金会有 8 个"普通合伙人"（包括在董事会拥有一票投票权的个人和基金会，他们在 5 年内至少捐赠了 5000 万美元），以及至少捐助了 1000 万美元的无投票权的"有限合伙人"。

光明基金会（Bright Funds Foundation）在美国教育、贫困青年、旧金山和纽约地区的扶贫、全球保护、全球气候、全球公共卫生、全球贫困以及全球粮食和农业的可持续发展等领域设立了多项基金。[3] 每个基金都由该领域的专家管理，他们有权对战略做出决策，并进行捐赠。与蓝色子午线伙伴不同，光明基金会接受任意规模的捐款。

### 捐赠圈

捐赠圈是一种合作慈善形式，是指个人捐赠者将他们的钱和其他资源集中起来，共同决定如何捐赠。一个捐赠圈通常由一个非营利性公共慈善机构主办，因此即使成员的捐赠时间还不确定，也可以立即享受抵税。

捐赠圈是"图书俱乐部"，也是"投资俱乐部"，它为成员提供了一个以慈善为核心的社会环境，帮助他们了解捐赠过程以及他们所关注的具体领域的问题，例如发展中国家妇女的需要以及社区中的边缘人口的问题。国际社会风险投资伙伴（Social Ventures Partners International，SVPI）可能是知名度最高的正式捐赠圈，其有超过 1000 名成员，分布在 23 个分支机构。[4] 硅谷社会风险基金（SV2）是一个独立的捐赠圈，其成员或"合作伙伴"每年至少需捐赠 6000 美元。与私人基金会一样，硅谷社会风险基金接受正式的捐赠申请，这是由合作伙伴委员会决定的。硅谷社会风险基金与受助人保持长期关系，为受助人的能力发展提供资金，并由合作伙伴为其支持的组织提供专业知识。

硅谷社会风险基金等捐赠圈主要关注的是区域性的问题，另一些捐赠圈则是问题导向型的。酷儿青年基金会（Queer Youth Fund）向青年领导的关注性少数人群（LGBT）问题的小型组织提供资金；女性餐桌（Dining for Women）致力于解决发展中国家女性的贫困问题；拉丁美洲捐赠圈（Latino Giving Circle）关注的是整个加利福尼亚州的拉美族裔问题。

## 捐助私人、运营和社区基金会

伯克希尔 - 哈撒韦公司（Berkshire Hathaway）的董事长沃伦·巴菲特宣布将向盖茨基金会捐赠 310 亿美元时，他表示他对赚钱的认识远远超过怎么把钱捐出去。因此，在决定如何捐赠自己的巨额财产时，他采取了类似投资者的做法。"当人们考虑让财富增值时，他们经常去找那些在他们眼中，对财富的认识超过自己的人……当你最终捐出这些财富时，为什么不采用同样的思路呢？"他反问道。[5] 巴菲特没有从零开始设立自己的基金会，而是决定把自己的资产放在一个已经存在的经过检验的机构中。他明白，产生社会影响力是一项艰巨的工作，盖茨基金会的工作人员对于他们共同关注的慈善领域的核心和流程都有着深刻的专业认知。

因此，除了完全依靠自己来做慈善，另一个选择就是依照巴菲特的例子，把你的整个慈善版图，或是其中的一部分，放在一个现有的基金会中。这个基金会需要与你的目标一致，并有很强的领导力和曾经有效地开展过慈善工作的记录。这就相当于把钱投资到伯克希尔 - 哈撒韦公司，或一个高效的共同基金会。在第 14 章中，我们描述了风险慈善机构卡普兰基金会，这是一个接受"捐赠伙伴"捐赠（5 年内至少捐赠 100 万美元）的运营基金会。[6]

社区基金会是指对特定地区或城市进行捐赠的公共慈善机构，高净值个人的资产捐赠是社区基金会的生存根基。社区基金会的任务一般都围绕着提高一个地区群众的生活质量，因此它支持各种项目和活动，涉及发展艺术和文化、保护弱势群体、广泛改善社会和经济福祉。例如，费城基金会资助在大费城地区运营的非营利组织，以发展该地区的经济，并改善民生和社会活力状况；[7] 夏威夷社区基金会的目标是加强该州的社区力量。[8]

社区基金会的工作人员与私人基金会的工作人员有着同样的作用，他们也为持有捐赠者顾问基金的个人提供咨询服务。一个项目的工作人员往往拥有广泛的捐赠渠道。

### 积极合作

在 2016 年的夏末，几个基金会和个人捐赠者抓住了一个绝佳的机会，他们共同协作，对气候的保护产生了影响力。当年 10 月，《关于耗损臭氧层物质的蒙特利尔议定书》（对耗损臭氧层的化学品使用进行管控的国际条约，以下简称"《蒙特利尔议定书》"）的缔约方计划在卢旺达的基加利会晤，试图就逐步减少被称为氢氟碳化合物（Hydrofluorocarbons，HFC）的强效温室气体的排放达成协议。[9]

氢氟碳化合物产生于 20 世纪 90 年代初，用于冰箱和空调的制造，以取代导致臭氧层产生空洞的氟氯烃（Chlorofluorocarbons，CFCs）。《蒙特利尔议定书》在消除氟氯烃的影响方面取得了显著的成功，但代价高昂。虽然氢氟碳化合物不会破坏臭氧层，但它导致全球变暖的能力几乎是二氧化碳的一万倍。幸运的是，科学家已经开发出了不会对气候产生影响的替代品。2016 年 10 月，世界各国开始讨论如何通过修正《蒙特利尔议定书》来减少这些影响气候的超级污染物的排放。

该年 9 月，18 位捐赠者承诺为同意逐步减少氢氟碳化合物排放的发展中国家提供 5200 万美元的资助。这笔资金将用于支持节能冷却技术的应用，以及制冷剂的更换。这个计划效果显著，约 197 个国家承诺在未来 30 年内，将氢氟碳化合物的生产量和消费量削减 80% 以上。科学

家估计，到 2100 年，仅《蒙特利尔议定书》的修正案就可以减少高达
0.5 摄氏度的全球变暖。随着能源效率的提高，可能减少高达 1 摄氏度。

　　捐赠者成立了一个指导委员会，聘请了 3 名专家在气候工作基金
会成立了节能冷却办公室（Efficiency Cooling Office，ECO），并成立
了一个由 20 名成员组成的技术咨询委员会。捐赠者还通过了合作原
则，其中规定，他们将共享信息，并围绕商定的筹资战略调整捐赠款
项。"基加利节能冷却计划"（Kigali Cooling Efficiency Program，K-CEP）
于 2017 年 3 月公开启动。截至 2017 年底，该计划的总价值约为 4000
万美元。指导委员会每季度召开一次会议，以便捐赠者在开展工作的
过程中不断相互学习，并吸取节能冷却办公室的团队经验。

　　这种合作的规模、召集的速度、产生影响力的可能性，以及随着
"基加利节能冷却计划"的实施而不断加强的捐赠者之间的合作深度，
都是非常特殊的。这项计划的成功是许多因素综合作用的结果。一些
先锋基金会为了计划的问世，进行了为期数年的投资，并促使伙伴基
金会了解工作的进展。受助人孜孜不倦地为了修正案而努力，他们的
出色成就，吸引了捐赠者的参与。"基加利节能冷却计划"的捐赠者抓
住了这一时机，迅速做出了慷慨的承诺，同时，他们近年来在气候保
护这一慈善领域建立起来的信任感，为他们赢得了支持。

　　当然，"基加利节能冷却计划"只有真正减少了温室气体的排放，
才能算取得成功。捐赠者开发了一个共享的成果框架——"基加利进
度跟踪系统"，用于跟踪活动、成果和影响力。"记分卡"和定期报告
将支持捐赠者与《蒙特利尔议定书》的缔约方、相关慈善机构和代理
机构通过实时学习进行分享，并帮助捐赠者尽可能有效地分配资金。

## 创建中介组织

　　慈善家还合作建立了中介组织，从事捐款和其他活动。例如，能

源创新基金会（何豪是该基金会的创始 CEO）是 1990 年由洛克菲勒
基金会、麦克阿瑟基金会（MacArther Foundation）以及皮尤慈善信托
基金会（Pew Charitable Trusts）创办的，现在得到了 20 多个基金会和
越来越多的个人慈善家的支持。它在美国和中国制定了提高能源效率
和推广可再生能源的战略，并向数十家非营利组织提供捐款，向政府
提供技术援助。能源创新基金会的工作人员作为其捐赠者的项目官员，
提供了一些即使是大型基金会也难以复制的专业见解。第 8 章描述的
提升基金会透明度的共享洞察力基金（The Fund for Shared Insight），
也是一个例子。

## 集体影响力

有许多问题需要慈善家与非营利组织、企业、政府实体、受益人
和其他利益相关者合作解决。在 2011 年问世的一篇影响深远的文章
中，FSG 社会影响咨询（FSG Social Impact Advisors）的约翰·卡尼亚
和马克·克莱默将这种合作干预的方法称为"集体影响"。[10] 文章中引
用的典型案例"奋斗伙伴关系"（Strive Partnership），是一个旨在提高
辛辛那提市公立学校的办学质量并降低辍学率的社区计划：

> 社区的核心领导小组决定放弃各自的计划，转而采取统
> 一的方法来提高学生的成绩。300 多名地方组织的领导者同意
> 参与这一计划，包括有影响力的私人和企业基金会的负责人、
> 市政府官员、学区代表、8 所大学和社区学院的校长，以及数
> 百个与教育相关的非营利组织和倡议团体的执行董事。
>
> 这些领导者意识到只改变教育过程中的一个点，如开发
> 更合理的课后计划，并不会产生多大的影响力，除非同时改
> 进整个教育过程中的所有部分。任何一个组织，无论它多么

新颖或强大，都无法单独完成这一任务。这些领导者的雄心是影响年轻人生活的各个阶段，从他们呱呱坠地，到事业有成。[11]

在最初的 5 年里，奋斗伙伴关系在儿童入园准备、阅读和数学成绩及高中毕业率方面取得了一些成绩。2010 年，该组织更名为"共同奋斗"（StriveTogether）。作为一项国家计划，它目前支持 70 多个社区，与 10 000 多个地方组织合作。初步评估表明，集体影响方法通过所谓的"公民基础设施"，促进社区合作伙伴之间产生了新的合作方式，进而产生了积极的结果。[12] 预计在 2018 年，一份关于共同奋斗的评估将问世。

集体影响要求不同群体通过共同议程、共同的评估制度、互相促进的活动、持续的沟通和骨干工作人员的支持，在一个确定的区域内就一个具体问题开展工作。正如与高尔夫球的单打独斗相比，足球比赛更需要一个团结协作的策略一样，集体影响计划需要一个总体的策略、衡量进度的通用指标。如果这些指标显示需要调整策略方向，则还需要一个调整策略的流程。执行符合这些苛刻标准的计划是非常困难的，更不用说持续开展了，而且这种做法并不总是成功的。[13] 尽管如此，世界各地已经开展了数百个集体影响计划，其中一些在污染、儿童肥胖、药物滥用、保健、就业、新生儿死亡率、刑事司法改革和教育等领域显示出了潜力。[14]

## 合作过程

为了使合作成功，相关各方必须注意过程的动态性和潜在的陷阱。

**群体决策**。经过协商一致再做出决策，并不是一个高效的流程。整个流程所耗费的时间取决于合作的捐赠者数量、分配给联合机构的工作人员数量、参与方在流程和实质问题上是否愿意妥协，以及小组的内部结构和领导力。合作伙伴的数量越多，当产生不同意见时，越需要尊重指导委员会甚至牵头捐赠者的意见。当然，就流程本身达成一致需要一定时间，但它可以产生巨大的潜在回报。如果没有达成一致，流程问题会持续困扰你们。

**捐赠者之间的任务分配。**捐赠涉及许多劳动密集型活动，包括尽职调查、监测和评估。避免重复这些工作，可以节省捐赠者和受助组织双方的时间和金钱。捐赠者在将资助流程的某一部分委托给他人时，必须对同行有相当大的信心，这种信心归根结底，只能通过长期的专业关系来发展（有时还会减弱）。

**公平对待受助人。**合作捐赠旨在进一步实现捐赠者和他们的受助人的使命。但想象一下，当捐赠人聚集在一起，私下进行一次有可能颠覆某个领域的聚会时，那些受助人会有多么惶恐不安。这就把我们带到了下一个问题。

**集体思维的危险。**当一群捐赠者聚集在一起时，他们会将自己与从业者的意见隔离开来，至少在当下是这样。他们也许会想出一个绝妙的新方法，也许不会。不管怎样，他们都将产生颠覆整个领域的力量。当然，慈善事业常常需要新的思路，但在实施他们的新想法之前，捐赠者应该与受助人和其他利益相关者一起测试这些想法，并尊重该领域的组织所做的战略选择。

**过度规划。**项目官员很容易向受助人提出一大堆重要问题：项目的里程碑是什么？你将如何处理消极的结果？哪些利益相关者被排除在流程之外，你将如何联系他们？你的人员配备会让你成功还是失败？诸如此类。如果你把所有参与者提出的所有睿智的问题总结起来，然后在提案、会计、报告和评估中加入各种不同的要求，你会创造出一个无止境的流程。每一个问题和每一个要求似乎都很重要，但来自不同捐赠者的不同要求，可能会让人分心。有效的资助需要协调团体和个人捐赠者，让他们分别放弃一些自己的需求。

**组织文化。**参与机构的内部文化会对合作产生巨大影响。这种影响是不对等的，负面文化对合作项目的影响，会比良好的内部实践更大。只有与个人和机构合作的经验，才能帮助我们分辨谁是好的合作者，谁不是。尽管潜在的影响可能很有吸引力，但经验有时告诉我们，与某些"玩家"的合作会让人觉得整个游戏过程疲惫不堪，失去吸引力。

**灵活性与模糊焦点。**每一个基金会都有自己的使命和决策过程。在合作的过程中，难免需要一些灵活性，完成使命的过程有时也是如此。一方面，你需要小心，不要让合作变成一种利益交换。另一方面，你可以借鉴拉里·克莱默从国际关系中引用的"扩散互惠"概念。扩散互惠是指"一种态度，一种不要求每一项行动所产生的利益都完全对等的资助意愿，尽管这是因为社区中的其他人也这样做。"[15] 克莱默写道，当合作完全发生在你感兴趣的领域时，扩散互惠创造了一种能为你带来利益的关系。

**退出合作。**尽管在启动计划时，基金会之间经常展开合作，但在退出时的合作非常少见，有时基金会甚至不会注意到合作伙伴的退出。这可能是由于基金会领导层的变动，或者是内向型和不负责任的机构的变化无常。在没有遇到严重问题的情况下，负责任的慈善家不会突然从受助人（或资助伙伴）处撤资，他们会在改变资助方向时以合理的方式告知受助人，并提供一个缓冲期。

## 失败的计划和合作案例

休利特基金会的社区环境改善计划（Neighborhood Improvement Initiative，NII）为我们展示了一个有善意、投资数百万美元的项目由于计划和合作不力而失败的案例。[16]

1996～2006 年，休利特基金会承诺为一项旨在改善三个海湾地区社区（西奥克兰、东帕洛阿尔托和东圣何塞的梅菲尔区）的居民生活的倡议提供超过 2000 万美元的资助。基金会招募了三个社区基金会作为"管理伙伴"，并在社区中创建了一些新的组织，也联合了一些现有的组织。社区环境改善计划的主要目标是"联合解决贫困相关问题的零散力量"，以及"通过创造一种让居民更多地参与社区规划和战略改革的渠道，培养社区领袖"。[17] 该计划试图让居民的生活得到切实的改善，同时加强社区基金会和社区组织的长期能力，以维持变革。

虽然西奥克兰项目很早就由于自身原因失败了，但社区环境改善计划使梅菲尔和东帕洛阿尔托的情况相比于原来有了一定程度的改善。该计划建立了一些组织，继续在青年发展、教育、公共安全和其他领域为其居民服务。然而，尽管在财政和人力资源方面投入巨大，该计划远远没有实现居民生活中所希望的切实改变。

社区环境改善计划在东帕洛阿尔托的工作可以说明一些问题。东帕洛阿尔托是一个贫穷的城市，其居民大多是非裔美国人、拉丁美洲人、亚洲人和太平洋岛民。与社区环境改善计划中的其他社区一样，基金会及其合作者没有具体说明它们想要解决的贫困相关的问题是什么，以及希望取得什么样的结果，也没有明确一个确定和发展社区领袖的策略。相反，该计划集中了东帕洛阿尔托居民组成的多元化的团体，共同制定了一个社区愿景，以及实现这一愿景的总体计划，并承诺将在之后的 6 年中每年提供 750 000 美元的资助。

居民们成立了一个新的组织，即东帕洛阿尔托联合组织（OEPA），该组织又成立了特别工作组，负责个人和家庭支持、社区振兴和社区建设等问题，社区领导层也在不断变化。在最初的 3 年里，东帕洛阿尔托联合组织启动了 39 个项目，涉及数十个当地组织。这些项目被不断地修改，甚至终止。它们都没有让社区得到显著的改善。

在计划开始时，休利特基金会聘请了半岛社区基金会（Peninsula Community Foundation，PCF）向东帕洛阿尔托的受助组织提供技术援助。[18] 在计划开始后的 3 年里，休利特基金会越来越怀疑半岛社区基金会的有效性。休利特基金会的工作人员对此采取了措施，他们直接与受助组织进行了沟通。两个基金会之间的关系不断恶化，导致它们分道扬镳。在剩余的资助期间，休利特基金会的工作人员直接与东帕洛阿尔托地区的组织展开合作。

虽然社区有权力决定具体要执行哪些项目，但休利特基金会坚持认为，社区需要专注于实现有限的几个目标并坚持下去。东帕洛阿尔托联合组织认为，这不仅是一种高压手段，而且是一种背信弃义的行为，因此出资人和受助人之间的关系变得紧张起来。

休利特基金会提供了顾问服务，帮助组织明确目标，设计实现目标的策略，并制定衡量进度的指标（这是最初的计划未能实现的）。新的目标集中在①提高拉丁美洲学生的学习成绩，在这些学生中，有78% 的人在标准化的学校考试中成绩低于中位数；②教他们的父母英语，因为在这些父母中，有许多人无法用任何一种语言读写。理论上这将使他们能够帮助自己的孩子完成家庭作业，并代表学校教师和管理者进行更有效的互动。这些目标是通过为学生开设课后课程以及为家长开设晚间课程来实现的。

事实证明，参加东帕洛阿尔托课后项目的许多学生表现出学习能力的提高，其中1/3 表现出读写能力的进步。许多成年学生掌握了基本的英语交流，少数学生已经具有足够的读写能力，可以继续学习附近的社区学院开设的英语课程。青年和成人项目的规模都在持续增长，以容纳越来越多的学生。

几乎可以肯定的是，只要投入一小部分人力和财力，在不破坏基金会之间的合作关系的情况下，就可以实现这些成果。但在这个故事中，基金会在从捐助开始到接近结束的过程中犯了各种错误，值得我们引以为戒。

这个故事强调了制定明确的目标、战略和进度指标的重要性，强调了合作项目的所有参与者从一开始就必须在这些问题上达成一致。（这并不排除项目在进行的过程中需要调整方向，但这意味着项目有一个明确的方向可供调整，而社区环境改善计划的方向并不明确。）

这个故事体现了对组织风险和战略风险认识不足的危害，以及专注和坚持的重要性。该计划的所有参与者，包括捐赠者和技术顾问，都低估了培养社区组织的能力，让它们能够制定和坚持针对复杂问题的计划时所要面临的挑战。这一领域的战略失败率很高，这本应为大家敲响警钟，但没有得到充分的重视。

这个故事还强调了合作的复杂性，特别是当合作伙伴的权力不对等时。休利特基金会是东帕洛阿尔托地区的受助机构唯一的资金来源，也是半岛社区基金会的一个重要资金来源。休利特基金会自认为的负责以及严肃地行使权力，却被其他人视为了滥用权力、四处施压。无论这是不是客观事实，毫无疑问的是，一个主要捐赠者哪怕只是提出建议或暗示，也可能被其受助者过度解读。而且，随着基金会逐渐认识到该项目并没有任何进展，它所做的远不止建议或暗示——休利特基金会意图进行的有益的干预，有时被视为反复无常的越界，至少基金会在改变项目方向时，没有充分考虑社区组织或半岛社区基金会的感受。

这个故事强调了在项目的起步阶段就建立有效的评价体系的重要性。社区环境改善计划非常注重"流程"评估，其重点是组织如何与社区建立联系，以及如何发展内部能力。但是，基金会开始关注对结果的评估时，已经太晚了。这不仅是因为很难将评估纳入正在进行的项目体系，更是因为它没有促使参与者从一开始就思考一个基本问题：成功是什么样子的？一旦问出这个问题，就会发现它并没有一个成为共识的答案。

受约翰逊基金会通过分享知识促进慈善领域的实践的启发，休利特基金会发布了社区环境改善计划的详细报告，[19] 在该基金会的网站上可以查阅。

### 总结：产生实际影响的长期合作

近年来，《福布斯》基于布里吉斯潘集团的研究 [20]，发布了"解决社会问题的大动作"年度报告。[21] 虽然一些"大动作"是合作完成的，并且其中一些是针对多个组织的，但它突出的重点是个人慈善家或个人基金会对个人组织的大额捐赠。

这并不是慈善事业产生真正的、持久的影响力的典型方式。更确切地说，影响力的产生，通常需要多个捐赠者之间的合作，这些捐赠者"长期战略性地资助许多受赠者，但其中的大多数规模太小，无法达到福布斯评选大动作的标准"。[22] 休利特基金会现任主席拉里·克莱默说道。他还举了下面的例子。

> 我为休利特基金会的巨额拨款感到骄傲，但我可能更为它在环境保护等领域所做的工作感到骄傲，这是自 1969 年以来的资助重点。基金会自 1969 年起，投入了 3.5 亿美元用于保护土地，改善美国西部的河流环境，与受赠人和共同捐赠者共同学习如何建立联盟和平衡利益冲突，以实现我们的目标共识。

> 我们的捐赠低调而稳定，但项目的进展时断时续。我们有所得，也有所失，我们犯过错误，从中吸取了教训，努力适应不断变化的政治和文化环境。渐渐地，我们的受赠人凭借坚韧不拔的精神和长期的专注，取得了显著的成绩。

> 最近几年，我们每年约花费 2000 万美元资助他们的工作

（之前的投入较少），帮助了许多受赠人。在这些资助中，没有一项足以吸引《福布斯》记者的注意，但它们共同代表了项目进展所需的耐心、长期的工作和目标明确的、持续的专注。

我们在解决冲突、妇女生殖健康、开放教育资源、艺术教育等其他领域的努力也是如此。基金会在所有这些领域都做出了长达数十年的承诺，产生了深远的影响，这种影响并不是源于引人注目的巨额捐款，而是通过对专注于问题的不同方面的无数组织的严谨、持续和战略性的支持。[23]

克莱默接着指出，休利特基金会并不是唯一一个这样做的基金会。我们也同意这点。"每一个主要基金会都已经，并且正继续在各种项目中扮演这样的角色。每一个基金会都可以提供类似的例子，说明针对困难问题的长期承诺有助于项目稳定开展，并取得值得称赞的成果。"[24]

## 发展和传播知识

基金会拥有相当多的内部知识，有些是正式的，如目标、战略、捐助指南、提案和（国税局要求的）实际拨款；有些是项目工作人员脑海中的隐性知识，比如某个领域的情况、受助人和该领域中的其他组织的优势和劣势；有些知识是书面知识，但可能并没有形成体系，也许记录在赠款文件中或工作人员的笔记本里，它们会出现在现场访问和其他聚会上及受助人和顾问的报告、项目评估里。

《麦肯锡季刊》上的一篇文章指出："许多慈善家担心，每花费一美元在组织内部，就浪费了一美元，因为组织及其所在的系统都没有合理地管理它们的知识。"[25] 2001 年，安妮·E. 凯西基金会可能是最早通过设立内部知识管理职位解决这个问题的基金会，之后多家基金会纷纷效仿。安妮·E.凯西基金会创建了一个简单的模板，用于记录实地调研过程中接触到的信息，这些信息过去只能在项目工作人员的笔记中看到。该基金会最终建立了一个管理知识资源的完整流程，包括应该记录哪些知识，由谁负责编纂，以及应该如何保存和传播知识。[26]

　　建立和使用知识管理系统肯定需要花费大量的时间和金钱。对其作用的评价只能根据它是否增加了实现目标的可能性，就像对其他的慈善"基础设施"一样。基金会本身的工作，可能会受益于项目管理人员将这些信息与同事分享或传递给继任者，这样他们的知识就不会随着他们的离开而消失。

## 对外传播知识

　　虽然基金会收集的一些知识仅适合内部使用，但有很大一部分对受助者、决策者和其他捐赠者也有很大的价值。虽然一笔捐助的预期社会收益在一定程度上受其规模的限制，但是如果有良好的知识传播体系，知识的价值将成倍地增长。

　　然而，高效慈善中心一项针对基金会透明度的调查表明，许多基金会相信这一点，却没有付诸行动。[27]虽然大多数基金会都回应说，它们应该公开它们的纲领性目标、战略、捐助标准和选择过程，而且它们中的许多已经开始公开这些信息，但当信息涉及它们自己和它们的受助者在追求特定战略方面的表现时，情况就大不相同了。它们的解释包括，工作人员没有时间组织和分享这些信息，这可能影响受助者从其他捐赠者那里获得支持，甚至使它们容易受到政治骚扰。在获取受助者感知报告的 250 个基金会（见第 8 章）中，只有 20% 在它们的网站上公开了报告的摘要，这说明对基金会声誉的担忧，也可能是一个影响因素。

如果基金会拥有值得分享的知识，公开它们有很多好处，例如，加强公众对基金会的信任，提升基金会的信誉，并为处理类似问题的其他基金会和组织提供帮助。我们并没有被反对者影响，而是在考虑受助者的公平性这一前提下，提出了有利于信息公开的建议。我们自己也曾是捐赠者，我们承认项目主管的时间有限，但我们认为，项目工作人员的工作范围被限定得过于狭窄了。说白了，项目工作人员的主要工作是把钱花出去。虽然这是他们工作任务中的一个重要部分，但项目工作人员可以通过向其他基金会和组织传播他们在后续工作中可以实践的知识来实现影响力。

慈善信息公开取得了一些成效。多年来，约翰逊基金会公开了数百项捐款的报告，介绍了捐款的原因、解决的问题、促进变革的目标和战略、工作的结果或发现、实地经验教训、为交流沟通所做的努力和捐款后的活动。约翰逊基金会的一名工作人员指出，"参与项目的人对他们的工作及项目价值的评估非常坦率"。[28] 约翰逊基金会还坚持发布其他在线出版物、入门知识和工具包、资料页、互动地图（例如，关于税收和烟草的收入结算）、网络广播和播客，以及第三方机构对其项目和计划的评估报告。[29]

另一个最近的例子是"开放慈善项目"，它是由好项目基金会和慈善评级服务组织 GiveWell 合作开展的。"开放慈善项目"的使命是"尽可能使捐赠更加有效，并公开分享我们的发现，以便其他人在我们的工作基础上再接再厉。通过研究和资助，我们希望了解如何使慈善事业在改善生活方面取得更大的进展"。[30] 它的网站包含凯莉·图纳、霍登·卡诺夫斯基（Holden Karnofsky）等参与慈善领域交流项目的人的对话，针对潜在资助领域的认识，以及从基金会的资助工作中吸取的经验教训。

在过去 10 年中，有两个涉及整个慈善领域的项目，旨在提升基金会的透明度。一个是基金会中心的**玻璃口袋**倡议，它根据捐助信息、规划和绩效评估、治理、人员配置和财务状况，对个人基金会的透明度进行评分。[31] 另一个是共享洞察力基金（在第 8 章中讨论过），它通过公开信息，帮助基金会提升透明度。

## 支持慈善事业

在过去的几十年里，构成慈善和非营利事业根基的组织，也有了重大的发展。我们并不会详细地分析每一个组织，但会举几个典型的例子。[32]

一些组织，比如一些慈善咨询公司，包括阿拉贝拉咨询（Arabella Advisors）、布里吉斯潘集团、FSG 社会影响咨询、红石战略集团（Redstone Strategy Group）和洛克菲勒慈善咨询等公司提供收费服务，慈善家可以从这些公司购买他们需要的东西。

还有一些组织是会员制的，例如，基金会理事会（Council on Foundations）、国家家庭慈善中心（National Center for Family Philanthropy）、慈善圆桌、独立领域（Independent Sector），以及各种以特定领域（包括艺术、环境和健康）为中心的捐赠协会，慈善家可以根据自己的兴趣加入这些组织。

除此之外，慈善领域的出版物数量也在不断增加，包括非营利领域的领先期刊《斯坦福社会创新评论》（*Stanford Social Innovation Review*）[33]、《基金会评论》（*Foundation Review*），以及专注于慈善和非营利领域历史的网络出版物《历史慈善》（*HistPhil*）。[34]

最后，我们将列举一些极大地依赖慈善捐款，而不是服务和会员费产生的收入的组织。

- 致力于**开发和分享**基金会的实践和项目信息，并提升基金会的社会影响力的组织。例如，布里吉斯潘集团（除了付费咨询，其开发和免费传播慈善领域的知识）；高效慈善中心（除了提供受助者感知报告，其还进行全行业的调查和研究）；基金会中心；捐赠计划（Grantcraft）；高效组织资助人（Grantmakers for Effective Organizations，顾名思义，以支持慈善活动的方式维持其强大的非营利性）；共享洞察力基金。

- **监督机构**，包括激进的国家响应性慈善中心（National Center for Responsive Philanthropy），它促使基金会关注社会公正问题；以及较为保守的慈善圆桌，它主张遵循捐赠者的意图，是确保基金会在政府监管下具有独立性的重要力量。

- **捐赠者培训项目**，包括指数慈善（Exponent Philanthropy）和慈善研讨会（Philanthropy Workshop），主要吸引高净值捐赠者——他们通常是家庭基金会的负责人，他们想学习如何独立操作，而不是完全依靠顾问。此外，一些捐助圈也会帮助成员了解慈善事业的原则和做法，包括国际社会风险投资伙伴和硅谷社会风险基金，以及一些专门关注千禧一代的新兴组织。

- **基于大学的研究中心**，包括杜克大学战略慈善和公民社会中心、哈佛大学豪泽非营利组织研究中心、伦敦政治经济学院马歇尔慈善和社会创业研究所、宾夕法尼亚大学高影响力慈善中心，以及斯坦福慈善与社会创新中心。[35]

- **商业评估机构**，包括人力示范研究公司（MDRC，Manpower Demonstration Research Corporation）和科学数据（Mathematica）等经过长期发展的组织，以及两个相对较新的组织——扶贫行动实验室和扶贫创新行动（Innovations for Poverty Action），它们引入了社会科学领域的最高标准，用来评估发展中国家的干预措施。

- 提供**非营利组织相关信息**和绩效评估的组织：慈善指南（Charity Navigator，我们对此持保留意见）、GiveWell、指南星（Guidestar）和影响力评估（ImpactMatters）。[36]

其中的许多组织，在推动慈善和非营利机构进行更具战略性和成果导向的实践方面，发挥了重要作用。虽然改善慈善事业的支出可能具有显著的乘数效应，但仅有一小部分基金会，如凯斯基金会、福特基金会、盖茨基金会、休利特基金会、莱克斯基金会和约翰·坦普尔顿基金会，资助了这些构成慈善事业根基的组织。因此，除了关注你的慈善事业的核心问题，我们建议你将部分预算用于支持这些基础性的组织，它们无法通过赚取收入维持运营。

### 应用于你的慈善事业

举几个你或你观察到的其他人参与慈善合作的例子。合作的利弊分别是什么？你会不会有什么不同的做法？

# 第 12 章

# 有效慈善的原则和实践

2012 年，由慈善专家和慈善领域的实践者组成的捐赠者教育网（DEN）制定了一些原则和实践，作为影响力慈善的基础。5 年后，莱克斯基金会牵头组建的由捐赠者和捐赠者教育机构组成的影响力慈善基金会合作团体（Impact Driven Philanthropy Funders' Collaborative），改进和重申了这些原则和实践。这个合作团体包括致力于进一步支持捐赠者的慈善家，以及慈善研讨会、国际社会风险投资伙伴、斯坦福慈善与社会创新中心等组织。该合作团体的**影响力慈善**（IDP）原则和实践，很好地应用了第三部分中提出的要点。[1]

**影响力慈善**是一种战略性地利用我们的时间、人力和资源，进行有意义、可衡量的变革的实践。

在明确的目标和强烈的价值观的指引下，以影响力为导向的慈善家对解决问题充满热情，并致力于与最接近我们所要解决的问题的人合作。虽然每个人的目标是不同的，但某些核心信念可以引导我们找到策略和解决方案，使我们能够为我们关心的事业做出最大的贡献。为了进一步指导慈善家最大限度地利用自己的资产，我们提出了一系列源自这些核心信念的原则和实践。

影响力慈善是一段个性化的旅程，沿途会有许多探索和发现的机会。因此，这里概述的原则和实践并不是一份绝对的清单，甚至不是一份完整的清单，因为它并没有包含所有可以实现更大影响力的要素。我们认为，不同的做法可以在不同的情况下发挥作用，并且我们尊重每个捐赠者所投入的不同的资源和时间。

我们的目标是为影响力慈善家提供有用的指导，他们可以在捐赠的过程中检验这些原则，并转化为行动。我们本着这样的精神，分享这些原则和实践。我们希望鼓励更多的捐赠者享受影响力慈善带来的喜悦和希望，以便让我们的社区和整个世界变得更美好，让我们共同创造更光明的未来。

## 核心信念

1.**清晰、持续的关注**：把我们的投入集中在特定的问题或区域内，尤其是那些我们有激情的事情上，这可以帮助我们使金钱发挥最大的作用。当我们为热爱的事业投资，并长期坚持下去时，我们的工作就能产生深远的影响力。

2.**以研究为导向的策略**：探索问题是实现影响力重要的第一步。研究可以帮助我们了解我们希望帮助的人的需求，以及我们潜在合作伙伴的能力，从而为我们提供信息，帮助我们制定战略，实现有意义、可衡量的变革。对于那些用于慈善事业的时间有限的人来说，研究还有助于其找到能够最大限度地让资源发挥影响力的人。

3.**持续的合作和学习**：与其他人联手，可以使我们产生比自己单打独斗时更大的影响力，特别是与负责实际工作的领导者密切合作。富有成效的伙伴关系，是建立在相互尊重的基础上的，这种关系的维持，依赖清晰的沟通、一致的目标和方法、对挑战的开放态度以及自觉地努力学习和提升。

## 原则

- 我们有意识地通过我们的价值观、道德观和生活经验来确定我们想要解决的问题，并指导我们的捐助行为。这会使慈善事业更有意义，带来更多喜悦，并激励我们继续努力。

- 我们发现，我们每个人开始从事慈善事业时，对于如何产生改变都有一个信念体系，这会影响我们选择的慈善方法。

- 我们相信，了解和理解我们关心的问题的来龙去脉，并询问哪些人从我们所做的工作中受益、哪些人没有受益、哪些人可能会无意间受到伤害，是非常重要的。当我们根据需求分配资源时，我们会产生更大的影响力。

- 我们根据所贡献的资源，选择与之相适应的**解决问题**的策略，来完成我们的工作。

- 我们能够清晰地认识我们所犯的错误，并从中**吸取教训**，从而改进工作、引导他人。

- 我们相信，在我们所要帮助的**社区**培养领导力，并鼓励整个社区的参与，有助于获得强有力的资助。

- 我们与受赠者、公共部门和其他从事共同的慈善事业的合作者建立**富有成效的伙伴关系**，这对于做出有意义、可衡量的变革至关重要。无论何时，合作和协作都可以帮助我们解决问题、纠正错误，并随着时间的推移取得更多的进展。

- 我们更希望建立高效的**非营利组织**，而**不仅仅**是项目。

- 我们知道，捐赠者可以投入的资源差别很大。我们相信，将资金投入**中介机构**或**参考其他捐助者的投资方式**，可能会为一些捐赠者提供产生影响力的最佳途径。

## 实践

- 评估你自己对**如何产生变革**的信念，以及你**能贡献的全部资源**，包括知识、关系网、技能、经验、时间和金钱。
- 不要试图面面俱到，而应**集中你的资源**去做有意义的改变，并在过程中学习。
- 投入必要的资源和时间**深入了解你的问题**，包括这个领域中的突出需求和当前参与者。
- **了解你的慈善事业所处的领域**，并有意识地选择你将采取的方法，例如支持直接提供服务、提议改革公共政策、进行系统性变革。
- 在选择有助于实现目标的最佳捐助**方式**之前，制定你的战略和目标。
- 制定一种**变革理论**（即为什么期望的变化会发生及如何发生的描述或因果链），该理论要有基于研究的明确目标，以及对问题及其所处环境的深刻理解。跟踪进度，并确保方向正确。
- 在**足够长的时间**内坚持新的项目或捐助，以确定它们是否真的能够实现目标。
- 确保你的期望符合你的投资规模，如果你只是投入了一些闲置的资源，就不要期望产生太大的变化。
- **与接近你想要解决的问题的人合作**，吸引他们的投资，倾听他们的想法，并邀请他们共同制订解决方案。

- **经常与所有利益相关者**（包括预期受益者、受赠者和其他出资者）**公开沟通**，以获得公正、定期的反馈。

- 提供**灵活的、限制不多的长期资助**，使受赠者有能力投资核心的人力资源和技术基础设施。如果提供项目或计划支持，需要为该领域中的有效组织提供全部间接成本（费用）。

- 在可能的情况下，**与其他捐赠者合作**，建立一个有类似目标的合作者网络。

- 提供资金，帮助非营利组织提升收集、分析**相关数据**的能力，让这些数据成为你了解哪些努力有用、哪些没有用的基础。

- **利用所有可用的资源了解你的工作**，包括同行、顾问、在线平台、课程和面对面学习的机会。

- 如果你没有时间尝试这里所述的实践，你可以选择资助一个**中介机构或基金**，让它们以你的名义从事慈善事业，或**借鉴**一个受人尊敬的同行或捐赠者的方式进行捐助。

# 第四部分

# 行业工具

**第四部分的三个章节**，将介绍你和你的受助机构为实现你们的共同目标可能开展的各种活动。

就像着手打造一件物品的工匠一样，战略慈善家会选择单件工具或组合多件工具完成任务。目标决定了工具的选择，而不是工具决定目标。有鉴于此，以下各章将重点介绍三组工具。我们先从开发知识开始，知识是所有这些活动的核心；然后，我们转向非营利组织最常见的活动——提供商品和服务，这通常会影响个人的行为；最后，我们将谈到倡议活动，这将影响政府和企业的行为。

假设你关注美国年轻人肥胖率上升的问题，并对因此造成的健康问题和最终将对社会造成的经济负担感到担忧，在按照第2章的思路定义问题之后，你一定希望了解关于其原因的已知信息。比如，基因、久坐不动的生活方式、食品成分标注不恰当、宣传和出售垃圾食品、缺少销售新鲜水果和蔬菜的商家、没有安全方便的游乐场所以及其他因素，在多大程度上，导致了哪些人群的肥胖？你可能会发现，有相当多的研究是关于肥胖的普遍原因的，但很少有关于你关注的特定人群的研究。

解决问题的方法也是如此，最终目的是改变受益人的行为，让他们多锻炼，饮食更健康。一个成功的战略可能需要确保贫民区的家庭能够获得健康的食品、游乐场所和公园，并且确保学校也能提供健康的环境。

实现这些成果可能需要倡议宣传，也需要提供商品和服务。你的一些做法可能会遇到阻碍，甚至是激烈的反对。如果学校与软饮公司签订了在校内设置自动售货机的合同，你可能需要改变它们的做法或政策。为了做到这一点，你需要制定一个策略，即影响哪些人，是软饮公司的工作人员、学校校长、地区管理人员，还是学校董事？你要知道，他们将对哪些论据做出回应，将对哪些人负责。这需要理解颠覆政策所面临的压力。例如，学校的经济问题有多严重？软饮公司是否赞助了学校足球队？你还需要知道，还有哪些人（比如教师家长联合会的成员）可能被动员起来影响决策者。

## 创新曲线：早期和后期阶段的目标、捐款和战略

慈善家使用本书第四部分中的任何一种工具，都会遇到处于不同发展阶段的知识、实践领域和组织。如果你将社会减少吸烟的能力与减少肥胖的能力相比较，从对问题的认识、对干预措施的理解以及实施的方面看，前者要比后者强得多。

思想和行为的改变可能需要几十年才能完成。解决社

会问题的轨迹，可以由"创新曲线"描绘，它最初是用来描述技术产品的发展和扩散的。[1]这条 S 形曲线分为三个阶段：创新、成长和成熟。

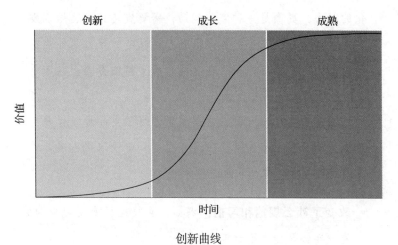

创新曲线

　　大多数解决严重的社会或环境问题的慈善项目，无论最终采用的方法是市场化、改变社会习俗还是改变政策，都以走向成熟为目标，即"规模化"。因此，了解你在曲线上的位置，可以帮助你思考如何引导资金，应期望什么样的结果，以及当一个领域或战略成熟后应该做些什么。

　　**创新**。在早期阶段，组织的具体目标可能是变动的，理论和战略可能还不明确。创新阶段是制定目标、形成和测试解决问题的社会或科学方法，以及测试新的战略和政策的时机。创新阶段往往需要大量资金，因为需要测试许多想法才能找到真正有用的那一个。重要的是，不要忽略任何可能有效的想法。由于测试是这一阶段的核心，基金会应做好为评估工作提供大量资源的准备。

　　**成长**。在成长阶段，慈善家希望找到帮助成功的战略走向规模化的方法。这一阶段的拨款往往多于创新阶段。改变社会风气的努力包括个人行为的改变，以及类似于第1章中所述的减少吸烟的社会运动；推动政府或企业政策变化的努力，更像是一种宣传运动，需要宣传信息、培训发言人、实地分析、组织等；推进市场战略的努力可能类似于公司的产品推广；获得慈善或政府支持的努力，倾向于用示范项目来证明可行性。

**成熟**。在这一阶段，一种创新占据了主导地位，并有可能持续下去。慈善家往往希望在这一阶段取得进展。成熟的战略通常会通过下面这些变化呈现。

- **改变了社会规范和习俗**：例如，回收垃圾变得习以为常，青少年怀孕变得不被接受。
- **市场化**：用于计划生育或预防艾滋病毒／艾滋病的避孕药具在发展中国家的市场上销售。
- **政府政策和支持**：政府推进计划生育或资助课外活动项目。
- **可持续的慈善支持**：无数的慈善家为课外活动项目提供补贴。
- **企业行为**：企业推广符合林业可持续发展和公平贸易原则的咖啡和木制品。

每一个进入成长阶段的想法或政策，可能都经过了多个创新周期，而成长阶段本身就包含着许多起止点，有时也可能会提前终止。看似"成熟"的东西可能会衰退，需要进入一个全新的周期。尽管现实的复杂性不可避免，但创新曲线为推动社会项目、建设慈善领域和推进社会运动的慈善行为，带来了有价值的启发。

# 第 13 章

# 发展知识

知识至少有两种截然不同的形式：一种是基础的、理论上的，没有立竿见影的实际效果，但可以满足我们永恒的好奇心；另一种是具有可预见的实际用途的实用型知识。在经典著作《创新的扩散》（*Diffusion of Innovations*）中，埃弗雷特·M. 罗杰斯（Everett M. Rogers）指出了两者之间的关系：

> 大多数技术创新都是由科学研究创造的，尽管它们往往是科学方法论和实际问题相互作用的结果。一项技术的理论基础通常源于基础研究。基础研究的定义是为促进科学知识的发展而进行的原始调查，这些调查的具体目的不包括将这些知识应用于实际问题。[1]

## 支持发展、保存和传播知识与文化的机构

英国数学学会（Mathematical Society of England）的一句祝酒词是："纯粹的数学，但愿它对任何人都没有用处！"[2] 慈善事业在支持大学、

博物馆与那些致力于发展、保存、传播和教授知识及文化而不考虑其实际用途的机构方面，发挥了关键作用。

艺术、社会和自然科学的进步，取决于各个领域的学者和艺术家的创造力。思想的不断丰富和发展，仅仅通过资助具有可预见的结果的特定项目，是无法实现的，还需要赋予有创造力的个体追寻自己想法的自由。因此，慈善家支持艺术家、学者、大学和其他培育及孵化创造力的机构。这种设定导致慈善资助将产生各种各样的结果，这些结果很难预料，更不用说度量了。短期来看，毫无疑问这会导致效率的下降。不是所有的学者和艺术家都是勤奋的，不是所有勤奋的人都具有创意，也不是所有的创意都值得投资。但随着时间的推移，对这种开放式创意的支持，将产生丰厚的回报。[3]

以下是一些学者专注于自己的兴趣，最终有意或无意地实现了巨大的、具有现实意义的突破的案例。他们的特定项目，还有他们的研究所依赖的机构的基础设施，都得到了慈善事业的支持。[4]

- 拉比（I. I. Rabi）因在哥伦比亚大学开展的核磁自旋测量工作，于1944年获得诺贝尔物理学奖，磁共振成像（MRI）和原子钟的出现都与这项工作息息相关。

- 二战后，克劳德·香农（Claude Shannon）在密歇根大学和麻省理工学院对信息理论的研究，对所有现代电子技术都至关重要。[5]

- 加利福尼亚大学洛杉矶分校的免疫学家迈克尔·戈特利布（Michael Gottlieb）一直在寻找"有趣的教学案例"，最终在20世纪80年代发现了人类免疫缺陷病毒（HIV）。[6]

- 1995年的诺贝尔化学奖被授予麻省理工学院的保罗·克鲁岑（Paul Crutzen）和马里奥·莫利纳（Mario Molina），

以及加利福尼亚大学欧文分校的 F. 舍伍德·罗兰（F. Sherwood Rowland），以表彰他们在大气化学领域的开创性工作。他们的工作最终促进了《关于耗损臭氧层物质的蒙特利尔议定书》的签订，减少了破坏臭氧层的化学物质的排放，从而防止其对地球及居民造成难以想象的损害。

除了科学和人文领域的特殊发现，从解决冲突到行为经济学等所有领域，都是从基础研究开始的，这些研究通常没有预先设定的或实际的目标。普林斯顿高等研究院的创始人亚伯拉罕·弗莱克斯纳（Abraham Flexner）的专著《无用知识的用处》（*The Usefulness of Useless Knowledge*）很好地描述了这一点。[7]

科学慈善联盟成立于 2015 年，目的是在美国政府大幅削减研发预算的情况下，增加对自然科学和数学基础研究的慈善支持。[8] 遗憾的是，并没有类似的团体支持社会科学的研究。面向自然科学和社会科学的许多资助都是针对特定项目的，而不是为研究人员提供非限定性的资金，让他们自由地探索新的想法。

慈善事业也支持了艺术和文学的创作。除了各种各样的艺术组织，专业地盘通常可以为艺术家提供稳定的经济来源，让他们能够保持创作的激情。作家和诗人，华莱士·斯泰格纳（Wallace Stegner）、托妮·莫里森（Toni Morrison）、乔伊斯·卡罗尔·奥茨（Joyce Carol Oates）和谢默斯·希尼（Seamus Heaney）都曾在大学任职。包括罗杰·塞欣斯（Roger Sessions）、艾略特·卡特（Elliott Carter）、莫顿·费尔德曼（Morton Feldman）、约翰·哈比森（John Harbison）和约翰·科里利亚诺（John Corigliano）在内的作曲家，以及路易斯·康（Louis Kahn）和贝聿铭等建筑师也都是如此。[9]

慈善事业不仅支持了大型教育和文化机构，还支持了许多其他创造和传播知识的组织，从智库到美国政治科学协会（American Political Science Association）等专业协会，再到简·奥斯汀北美协会（Jane Austen Society of North America）等兴趣团体。

在互联网文化和经济对调查性报道和无党派媒体的报道发出挑战之际，慈善事业对它们进行了支持。麦当劳创始人的遗孀琼·克罗克（Joan Kroc）捐赠的遗产，为美国国家公共广播电台（NPR）增加了2亿美元的资金。在政府对其支持缺乏保障的情况下，这份礼物显得尤为珍贵。ProPublica 是一个备受尊敬的左倾调查性新闻机构，于 2008 年由赫伯特（Herbert）和马里恩·桑德勒（Marion Sandler）出巨资成立，此后吸引了大量的捐助者。[10]

## 支持应用型实践知识的发展

慈善事业在发展那些从一开始就致力于解决某个特定问题的知识方面，也发挥着重要作用，例如，涉及健康、教育或环境问题的知识。然而，在对这些知识进行投资之前，你需要知道在实现预期的正面结果的总体战略中，它所起的作用。

在确认某种新知识可以使世界变得更美好之后，你如何着手促进此知识的发展？比如一个通过高效、清洁的炉灶改善发展中国家居民生活的项目。我们建议你在做出支持研究的承诺之前，先重点思考以下几点。

- 确保你在解决有意义的问题。
- 确保研究的内容是解决问题的关键点。
- 了解研究的内容，并确保你有能力支持它。
- 做好面对失败的准备。
- 做好迎接成功的准备。

- 测试研究的内容。

慈善家可以在以上的任何一个阶段参与进去。例如，一项创新可能已经在实验室完成了开发和测试，现在需要对实地测试的支持。无论如何，你都应该了解这项研究是否已经完成，你能够支持的现有组织是否已经很好地将这项研究应用于实际。

### 确保你在解决有意义的问题

这是我们在第 2 章中进行的调查。燃烧木材、煤炭、木炭和粪便等固体燃料的炉灶所产生的排放物，会造成室内污染，危害健康并最终导致数百万人的死亡，特别是妇女以及每天花很长时间收集燃料的儿童。[11] 许多炉灶还会引起火灾。

### 确保研究的内容是解决问题的关键点

有时，进一步的研究是变革理论必要的一步；但有时，我们掌握的知识已经足够，实现目标的障碍并不在于知识的匮乏，而在于执行的失败。例如，对全球变暖的研究还远远没有完成，对更实际的技术解决方案的需求还很大，但当下最迫切的需求是在更大范围内应用现有的清洁能源技术，这种应用受制于政治承诺，而不是知识的不足。

在我们的例子中，已经有大量的研究针对低成本炉灶的开发，这些炉灶使用容易获得且污染较少、不容易引发火灾的燃料。[12] 但我们需要在发展技术的同时，确保这些炉灶符合当地文化，这样它们才能真正被使用。

### 了解研究的内容，并确保你有能力支持它

如果这项研究是实现你目标的关键点，你可以采取以下几个步骤来确定其范围。

- 从一开始就征求预期受益者和该领域专家的意见。这里的专家，不仅仅是研究人员，还包括那些最终将研究成果应用于实际的一线工作人员。例如，在为发展中国家的疫苗研制提供资金之前，请咨询当地的卫生专家，了解储存和管理疫苗过程中的实际问题；在资助一个数据库管理工具，让教师使用它持续反馈学生的学习情况之前，请咨询教师和校长，了解哪些硬件和软件确实对他们有用。这种咨询有助于确保产品能够应用于现实生活。

- 引入独立于你可能资助的研究人员的审查流程，对研究的设计进行审查。[13]

- 医学和社会科学的研究项目通常需要数百万美元的投入，而且需要很多年才能完成。发起一个研究项目的捐赠者应该做好有始有终的准备，因此你需要确定整个项目的成本、耗时、所需资源和机构支持，并确保无论是单独行动还是与其他捐赠者合作，你都将拥有足够的资源支持这项研究及其发展。

在我们的例子中，由联合国基金会主办的全球清洁炉灶联盟（Global Alliance for Clean Cookstoves）[14] 由公共机构和私人机构共同组成，它支持制定有关排放、效率、安全性、耐用性和质量的标准，并对符合标准的技术研究提供支持。[15]

### 关注人性化的设计

在前面的章节中，我们提到了不断出现在人们视野中的以人为本的设计。[16] 当代的以人为本设计理念，是由 IDEO<sup>⊖</sup> 和斯坦福哈索·普拉特纳设计学院（Hasso Plattner Institute of Design（d.school）at Stanford）

---

　　⊖　全球顶尖的设计咨询公司。——译者注

的联合创始人大卫・凯利（David Kelley）提出的，目前有越来越多的组织与学校实践和教授这种理念。在大约 40 年的发展中，以人为本理念一直应用于产品设计（如苹果的第一款鼠标）和一系列的服务及体验（如乘坐美国铁路公司的阿西乐特快（Acela Express））。最近，以人为本理念用来设计社会领域的干预措施。哈索・普拉特纳设计学院指出，整个设计流程包括以下这些核心步骤。

- 运用民族志的方法观察、采访潜在受益者和其他利益相关者，并将自己沉浸在他们的经历中，与他们产生**共情**，以发现他们深层次的、隐藏的需求。[17] 在我们的例子中，你将与受益家庭，特别是负责烹饪的女性一起完成这一过程。
- 根据共情过程中确定的受益人和利益相关者的需求，**找到问题**所在。
- **构思**可能的解决方案（例如，运用头脑风暴），然后选择一个合理的解决方案进行进一步调查。毕竟，一个高效的炉灶可能有许多种外观。与在这一领域有丰富经验的人一起做这件事。
- **设计原型并测试**。设计原型包括迭代开发更经济的、易于调节的、简易的产品版本。这个过程提供了一个有价值的途径，让你可以从受益人和其他利益相关者那里获得坦率的反馈，你可以据此做一些改变，并再一次征求反馈意见，如此循环往复。我们将在本章的后面讨论测试的问题。

### 做好面对失败的准备

推进人类知识的进步是十分艰难的，需要无数次的尝试才能换来一次成功。许多研究项目因为各种各样的原因而失败。

- 结果没有定论。由于影响力（或样本量）太小，无法知道某一特定药物是否控制了青少年糖尿病的发病率，或者某种幼儿教育方法是否有助于提升儿童的阅读或社交技能；又或者虽然结果令人鼓舞，但可能是其他原因导致的。
- 数据可能最终证明，干预并没有起到任何作用。在这种情况下，需要回到原点，寻找另一种潜在的解决方案。最近，许多有前景的艾滋病疫苗研制方法都面临这种情况。
- 某种干预实际上可能是强大的和有效的，但在某一领域实际执行的过程中，遇到了经济、政治或现实障碍。例如，教育干预可能需要教师一对一的密切关注；疫苗的保质期很短，需要特殊对待。

在研究中，失败的次数比成功的次数要多得多，但很多人，可能包括你自己和你将要支持的人，都过于乐观。按照第 4 章建议的思路预测在研发炉灶并让预期受益人使用的过程中会存在哪些障碍，计划如果研究失败需要做些什么。做好重新整合资源、寻找解决问题的其他方法的准备，此外无论发生了什么，都要思考你可以从失败中学到什么。

### 做好迎接成功的准备

示范项目是一种测试概念的有效方法，但你需要计划好，一旦项目成功的话，接下来要做些什么。许多示范项目似乎基于一种美好的愿景，即它们能以某种方式证明自己，并如星星之火，形成燎原之势。但是，即使是一个重要的新发现，比如用很少的花费就能拯救生命，也只是迈向成功的第一步。你在研究中创造的任何知识，都要寻找途径为社会所用。

虽然成功的机会是永远存在的，但通过将示范项目视为整个影响力战略中的一个阶段，成功的机会将大大增加。这种看法将帮助你计划如何为每个阶段分配必要的资源，或从其他人那里获得这些资源，以及如何让可能在推广项目的过程中发挥关键作用的人员或机构参与进来。如果缺乏成功推广项目的途径，你需要考虑一下这个项目是否值得开展。如果一个示范教育计划需要两倍于现有学校的师生比例，它的应用将大幅增加该地区的教育预算。这可能吗？如果答案是否定的，也许你应该试试其他的办法。

因此，在支持炉灶项目之前，对以下问题，你应该已经有了满意的答案：谁有可能制造和推广炉灶？他们的资金将从何而来？如果试点成功，我可以做些什么来推广它的应用？世界上到处充斥着证明了某一概念，却因为没有事先做好推广的准备，导致没有广泛应用的示范项目。

有几种途径可以促使预期受益人采用创新的想法或技术。

**市场**。正如传真机、计算机和手机在商业市场的传播一样，市场可以提供一种传播工具，用来推广基金会和非营利机构支持的创新，例如用避孕套预防艾滋病毒/艾滋病、用蚊帐防止疟疾，以及我们的清洁炉灶（如果被证实成功的话）。在一些情况下，一项创新在没有进一步的慈善支持的情况下，也会被市场采纳。在另一些情况下，慈善行业必须按照第 10 章中描述的盖茨基金会项目相关投资的思路来进行这一流程，或者慈善行业可能不得不提供持续的补贴以让最需要的人能够享受这些创新。

**政府项目**。政府资助了特许学校以提升市区贫民儿童的教育质量，资助了医院制定减少药物处方中的错误的方案及减少药物成瘾和少女怀孕的项目。虽然市场倾向于淘汰无用的想法，但政府没有这么做。有时，面对各种不利的证据，政府依然坚持支持那些预防艾滋病和意外怀孕的无用计划。[18]

**慈善支持**。曾几何时，有人认为，如果慈善家的支持证实一个针对穷人的重要社会或健康项目具有较高的成本－效益，政府就会采用这个项目。这种情况可能真的发生过。在美国和全球大部分地区的政府紧缩开支之际，这越来越有吸引力。慈善行业有时会出手相助，例如，通过对成功的特许学校的支持（不幸的是，许多特许学校并不成功），以及通过第11章中描述的蓝色子午线的独特筹资方式。

**政府政策**。政府政策以复杂和有争议的方式，影响着个人的选择。[19]政策可以促进创新和思想的传播，如从光伏电池到安全带的使用，再到健康的生活方式。

## 测试研究的内容

无论一个想法起源于何处，它可能都需要通过各种方法进行测试，包括：在工作台上进行试验和试错；通过试点项目检验某个特定想法的实施是否真的有效；通过第5章中讨论的随机对照实验法进行测试。

在我们的例子中，你将首先设计一个炉灶的原型，并测试它的效率和适用性，然后从技术和社会效益的角度分析它在实际使用中的表现。炉灶在燃料的使用方面，确实比明火更经济，但它是否坚实耐用？它是便携式的吗？它可以用于加热传统的炊具吗？它能在当地制造和修理吗？它成本－效益高吗？是否有现成的推广基础设施，或者是否可以建立一个？它是否符合该地区的烹饪传统？

试点项目可以帮助回答这些问题，但前提是，它们的设计初衷就是用来测试干预是否真的起了作用。如果一项评估能够证明一个变革理论是有效的和稳健的，这意味着它可以应用于其他人群和地理区域，那么它将很有可能成功。如果不能，那么这个变革理论就会回到构思阶段。通常，需要一定的时间收集数据和评估干预措施，这样才能判断干预措施是否有效。在明确是否继续之前，你常常需要耐心地等上好几年。

## 将设计流程应用于社会干预

炉灶项目是围绕产品展开的，但这里描述的过程也适用于其他类型的干预。例如，为了解决赞比亚的青少年怀孕问题，IDEO 和玛丽·斯特普国际组织（Marie Stopes International）设计了一种富有想象力的方法，引入了流行的美甲沙龙，它能够自动吸引女孩的注意：为女孩提供一个氛围与诊所完全不同的场所，让她们可以聚会、闲聊和获得避孕咨询。[20] 这个设计中的活动和产出包括设立场所，配备具有相应知识的顾问，分发传单或利用其他手段吸引女孩参加沙龙，并确保女孩获得科学的避孕信息。该设计背后的变革理论包括这样一个假设：女孩会利用这些信息来避免怀孕。[21]

以下是 IDEO 对赞比亚预防青少年怀孕项目的设计和测试的描述：

（我们）试图找到最好的办法，与年轻女孩谈论安全性行为，以及她们可以用来保护自己的方式。第一直觉告诉我们，当她们外出跳舞时可能会注意到我们，所以我们设计了一些针对俱乐部的方案，让女孩穿上漂亮的衣服出去过夜。很快我们就发现，虽然在俱乐部里很容易找到聚集在一起的青少年，但在这样的环境中，谈话永远无法具有我们所期待的深度和影响力。像往常一样，找出不起作用的方案就已经成功了一半，我们很高兴地证明我们的假设是错误的，并开始下一次的尝试。

碰巧的是，"下一次尝试"包括了一个精修指甲的速成课程，这样我们就可以在新开的美甲沙龙为青少年提供免费服务。我们在卡姆瓦拉街市场的中心位置租了一个场地，开设了一个流行的美甲沙龙。在阳光明媚的星期六下午，成百上千的人会在这里购物和闲逛。团队中的一些人在这个小小的街市上分发广告，而另一些人则掌握了一边做美甲，一边和女孩谈话的艺术。

美甲沙龙提供了一个很好的环境，可以聚集十几岁的年轻女孩，并通过随意的交谈，讨论她们可以使用的不同类型的避孕手段。女孩很乐意分享她们的经历，提出了成百上千的问题，并且迫不及待地想把推荐卡和更多的信息带给她们的朋友。当女孩低头看着指甲，与工作人员没有任何眼神交流的时候，突然抛出一个尖锐的问题可以起到出乎意料的效果，如："这是你想要的红色阴影吗？""啊，所以是注射让你发胖了吗？""你还想要白色的法式美甲吗？还是珠光色的？"

整个方案进行得非常顺利，但如往常一样，它也为我们带来了新的问题。我们相信，我们普及避孕手段的方式和速度，对她们选择哪一种避孕方法有很大的影响：不仅有关于每种方法的副作用，也有关于它是否匹配每个女孩的生活方式。虚构的故事对决策的影响令人着迷，但也令人心碎，然而我们还没有找到正确的方式来传达真实可信的信息。我们下一步要做的是继续所有有用的工作，并将它们做得更好，同时要质疑一切不起作用的东西，反思原因，然后再试一次。[22]

## 以奖项促进创新

许多基金会和其他组织支持各种鼓励奖（鼓励对某个领域的新探索）和成就奖（表彰那些曾经做出贡献的人）的评奖工作。虽然我们在这一部分的主要目标是鼓励创新，但我们也会讨论一些成就奖。成就本身可以视为一种目标，也可以间接刺激未来的活动。

### 鼓励奖

为生产某种特定产品或产生某种结果而支持一项研究的另一种方式，是向从事这项工作的人颁发鼓励奖。鼓励奖背后的逻辑与比赛相似，即只有赢家才能获得奖励。在适当的条件下，这种竞争可以促使解决问题的新举措出现。

英国议会 1714 年授予能够确定船只经度的实用方法以奖项，这就是一个早期的鼓励奖的实例。[23] 在接下来的几个世纪里，出现了成千上万刺激技术进步的奖项，包括人力飞行、纳米技术以及节能冰箱[24]——尽管消费者花了一段时间才意识到节能家电的优势。X 大奖基金会（XPRIZE Foundation）通过鼓励奖来刺激机器人空间探索、发展中国家教育软件、提高成人识字率的移动应用程序、将二氧化碳排放转化为有价值的产品等领域的创新解决方案，并鼓励人工智能技术在解决社会问题方面的应用。[25] 爱创家（Ashoka）的"变革者"举办竞赛，解决包括防止家庭暴力、减少腐败和提供关于转基因生物的准确信息在内的各种问题。[26] 麦克阿瑟基金会支持了一项通过互联网媒体缩小机会差距的竞赛。[27]

鼓励奖作为一种工具，可以鼓励私人思考和研究在没有奖项的情况下可能不会涉足的领域，[28] 它还可以鼓励研究方法的多样化发展。与拨款相比，慈善家不必事先考虑谁最有能力完成这一目标，也不必具体指导受助人应该如何完成这一目标。鼓励奖奖项的不确定性，要求研究人员从其他渠道获得工作上的支持，因此，在研发成本极高的领域中，例如用高空风力涡轮机提供动力，鼓励奖便不适合作为一种鼓励创新的工具。奖金是对其他研究资助形式的补充，而不是替代。无论如何，在设立鼓励奖之前，你都应该思考如何传播和应用这项创新，以及谁将拥有新技术的知识产权。

### 成就奖

　　诺贝尔奖可能是最著名的成就奖，它涉及从物理学到和平等多个领域。虽然其首要目标是奖励获奖者，但它可以产生更为深远的影响。例如，它可以使获奖者继续从事有价值的工作；可以通过凸显一个新兴领域的重要性，鼓励其他人进入这一领域。

　　也许对获得诺贝尔奖的希望让一些科学家更有动力开拓新领域，普利策新闻奖可能也有类似的效果。戈德曼环境奖（Goldman Environmental Prize）不仅使获奖者能够继续他们有意义的工作，而且在强有力的公关的作用下，人们将注意到世界各地在充满挑战的高压环境下工作的环保领袖。[29] 除了鼓励其他在类似环境下工作的人，它还可能鼓励更多的慈善家支持环保事业。

　　成就奖的种类数不胜数，包括国家级的、地方级的，甚至你家五年级孩子的班级里的。成就奖奖项的主要价值不在于奖励的现金，而在于给予的认可。除了五年级班级里的奖项，其他奖项本身必须得到公众或某一领域的认可。而这反过来又需要持之以恒的努力，以及在相关群体中的宣传，除了奖金，还需要投入时间、精力和资金。因此，管理和宣传奖项的成本往往远远高于奖项本身。当然，如果这些成本扩大了奖项的收益，那就绝不是一件坏事，但这是你应该考虑的因素。[30]

　　虽然设立成就奖奖项可以在战略慈善中起到一定的作用，但其收益并不能得到保证，而其他工具往往会产生更大的影响力。成就奖的奖励是一次性向某个项目或个人的工作注入资金，而产生社会影响力通常需要耐心地支持正在进行的活动。通过奖励激发创造力的另一种方式是，确定奖励对象之后，通过稳定、持续的支持来奖励他／它，即支持某个领域中最为出色的个人或研究机构的工作。虽然设立奖项是战略慈善家的合理工具，但你需要不断问自己，设立奖项在实现你的慈善目标方面，是否至少产生了与资金的其他使用方式同样大的影响力。

## 政策研究机构（智库）

政策研究机构通常被称为智库，其在现代社会的政策制定中发挥着重要作用，是许多慈善捐赠的对象。《纽约时报》记者伊丽莎白·巴米勒（Elisabeth Bumiller）在《华盛顿研究机构的繁荣》（*Research Groups Boom in Washington*）中描述了华盛顿特区政策研究机构（智库）的预算增长情况。这些机构有左倾的美国进步中心（Center for American Progress，CAP），右倾的卡托研究所（CATO Institute）、美国企业研究所（American Enterprise Institute）和美国传统基金会（Heritage Foundation），以及中立的布鲁金斯学会（Brookings Institution）、卡耐基国际和平基金会（Carnegie Endowment for International Peace）、全球发展中心（Center for Global Development）、国际战略研究中心（Center for Strategic and International Studies）和外交关系协会（Council on Foreign Relations）。[31]

上面提到的中立派机构的作为体现了智库如何在前面提到的外交政策、国际关系和全球发展等领域发挥关键作用，左倾和右倾的智库则在社会和政治运动中发挥着重要作用。自由派捐助者支持的美国进步中心，由美国前任总统克林顿的幕僚长、希拉里·克林顿的竞选主席约翰·波德斯塔（John Podesta）创立，并一直由政治活跃的民主党人领导。美国传统基金会得到保守派捐助者的支持，并由可靠的保守派共和党人领导，[32]2017 年夏天，其网站声明支持特朗普政府的政策。[33]

外交关系协会主席理查德·哈斯（Richard Haas）指出："这些机构并不拥有权力。它们只是政治领域中的众多声音之一，需要依靠拥有政治权力的人，比如国会议员、行政部门的工作人员，来执行其想法。"然而，这并不是绝对的。美国进步中心和美国传统基金会都有附属的"行动"基金，用于支持基层人员的活动，并游说国会议员实现他们的政策目标。[34]

## 慈善在领域建设中的角色

慈善事业经常在整个领域的建设中发挥作用。我们使用"领域"一词泛指一组共同的问题、理论和实践，在某个领域中，理论家和实践者共用一种语言、一组规范，拥有同样的价值观，处于相同的环境中。领域的范围从医学和法律，到教育、争端解决，甚至可以说，慈善事业本身就是一个领域。[35]

建设一个领域，可能需要支持现有的机构，或建立新的机构。事实上，这可能需要创建一个组织，作为该领域的基石；也可能需要召开会议，支持研究和交流，并进行政策宣传。

卢克·米尔豪泽（Luke Muehlhauser）在"开放慈善项目"的慈善历史网站上的说明，描述了慈善事业在发起和支持老年医学和生物伦理学领域建设中的作用，并解释了为什么人体冷冻技术和分子纳米技术领域的发展缓慢。[36]下面是几个慈善事业在领域的建设方面发挥了重要作用的案例。

### 临终关怀

美国现代化的临终关怀，最初是由 1918 年成立的联邦基金资助的。这场运动源于英国医生西塞莉·桑德斯（Cicely Saunders）1967 年创立的伦敦圣克里斯托弗临终关怀医院（St. Christopher's Hospice）。[37]
圣克里斯托弗医院为临终者和失去亲人的家庭提供住院护理和家庭护
理，其核心宗旨包括控制症状、关注患者的心理和精神需求，以及关
注和支持病人家属。[38]

　　耶鲁大学护理学院院长弗洛伦斯·沃尔德（Florence Wald）了解到
桑德斯所进行的开创性工作之后，与医学院和神学院的同事一起，对
美国的临终关怀设施展开了一项为期两年的研究。[39]之后，沃尔德辞
去院长职务，专注于支持临终关怀医院模式在美国的发展。[40]

　　1973 年，联邦基金向沃尔德和她的同事提供了一笔小额捐赠，以
研究在美国建立第一个现代临终关怀医院的可行性。一年后，在联邦
基金和另外两个较小的基金会的资助下，位于康涅狄格州布兰福德的
临终关怀医院集团成立。在为病人服务的同时，它还是临终关怀信息
的交流中心。[41]联邦基金的项目工作人员还帮助临终关怀医院集团，从
国家癌症研究所获得了 150 万美元的资助。[42]直到 2008 年去世，沃尔
德一直是推进临终关怀工作的领导者，她的工作还包括将临终关怀推
广到监狱系统。[43]

　　各方力量纷纷加入对临终关怀运动的支持，以提高临终关怀的
质量。共同财富基金（Common-wealth Fund）与内森·卡明斯基金会
（Nathan Cummings Foundation）合作，支持对"生命终点"的研究。[44]
自 1989 年以来，约翰逊基金会向旨在通过专业教育、机构改革和吸引
公众参与改善临终生活质量、发展姑息疗法的项目，提供了数亿美元
的资助。它还委托比尔·莫耶斯（Bill Moyers）拍摄了一部美国公共电
视台（PBS）的系列纪录片，名为《以我们自己的方式》（*On Our Own
Terms*），讲述了几个临终者面对即将到来的死亡的故事。[45]开放社会研
究所（Open Society Institute）资助了医学院教员在临终关怀方面的研
究和培训。[46]

尽管许多美国人仍然对自己的死亡感到不安，但临终关怀运动已经显著改变了医疗环境，并在许多人最后的日子里，为他们和他们的家人带来了安慰。虽然基金会将继续支持这一领域的研究，但它可能已经达到了创新曲线上的"成熟"阶段。

基金会的资助形式是为实现它们的目标而量身打造的，包括对研究项目的教育培训和交流的支持，以及对机构和项目的一般运营支持。基金会也会利用它们的关系网和凝聚力，来促进一个领域的发展。这是捐赠者合作支持社会企业和机构的例子。

## 世纪之交的人口领域

在每个领域的早期阶段，目标可能时常变化，因此创新曲线的成熟阶段可能会成为修正后的目标的初始阶段。慈善事业为人口领域做出了重大贡献，也为我们提供了一个很好的案例。

20 世纪后半叶，经过几十年的计划生育和全球人口的稳定增长，1994 年开罗联合国国际人口与发展大会上出现了对所谓的人口控制（在某些方面具有很强的入侵性和强制性）的反对声音。[47] 尽管过去撒哈拉以南非洲和亚洲大部分地区长期存在人口不可持续性增长的问题，但人们的关注点已从限制人口增长转向了妇女权利的保护。

洛克菲勒基金会和福特基金会曾是这一领域的先驱，但它们后来彻底放弃了这一领域，将关注点转向"权利"领域。其他一些基金会，包括休利特基金会、麦克阿瑟基金会和帕卡德基金会继续支持计划生育，尽管它们对人口问题的观点是模棱两可的。也许是因为有越来越多的证据证明人口过剩对经济增长和家庭收入有不利影响，人口增长再次吸引了慈善领域的注意，这次的关注重点转移到了妇女的自主权和健康，而在 20 世纪的大部分时间里，人们并没有考虑过这些问题。

## 应用于你的慈善组织

认为自己的主意能解决一个问题，是一个很让人激动的时刻。但人类进步的历史证明，不断挑战自己的想法，并交给别人进行客观冷静的评价，可能更有用。如果你或你的受助人目前正试图解决一个新问题，你打算如何测试可能的解决方案？你能举一个你或其他慈善家贸然尝试未经验证的想法的例子吗？

# 第 14 章

# 改善个体生活质量

你已经实地测试了清洁燃料炉灶，并确定它们有潜力改善数万非洲农村居民的生活，但依然有两个主要的问题没有解决：你将如何将炉灶送到你的目标受益人手中？你如何确保受益人将使用炉灶，且在使用过程中保证高效和安全？我们将首先讨论改变行为的问题，这是慈善家支持的许多干预措施的基础。

## 影响受益人的行为

产品或服务只有在符合其当前行为习惯的情况下，才会被预期受益人使用；如果不符合，你必须改变受益人的行为以便他们使用产品，或重新设计你的产品。

安全炉灶的使用研究表明，"具体的社会和文化因素，包括烹调方法、口味偏好、当地信仰等……影响人们对什么是好的炉灶及是否需要改良后的炉灶的看法"。[1] 这些因素可能因地区而异，甚至可能因村庄而异。

如果不能根据根深蒂固的文化习俗调整干预措施，可能会导致项目失败。例如，由于传统文化中将温热的食物与疾病联系在一起，因此很难引导秘鲁家庭采取煮沸的方式净化可能导致疾病的饮用水；[2] 为埃及农村居民提供纯净自来水的措施，并没有考虑到妇女聚集在被污染的运河边取水的社会习俗。[3]

然而，一场为埃及农村儿童推广口服液疗法的运动，在当地文盲率高、关于腹泻原因的误解广泛流传，甚至民众没有听说过"脱水"一词的情况下，成功地将婴儿腹泻死亡率降低了 70%。一分钟的电视广告，加上廉价且易得的口服液包，产生了显著的效果。[4] 一个基于研究的试点项目预测到了这一结果。开展试点项目，对于几乎任何大范围改变行为的策略而言，都是明智之举。

影响受益人行为的努力，远不止确保他们使用有价值的产品和服务。事实上，正如第 1 章中所描述的约翰逊基金会的案例一样，一些具有雄心的策略，将目标定在劝阻个人吸烟等不良行为之上。

## 改善人们生活的行为策略

在第 4 章中，我们提到了有越来越多的关于如何影响个人行为的知识，这些知识基于心理上的"推动"以及一些较为传统的经济手段，如奖励和罚款。与以往一样，关于个人行为的分析首先要确定问题、原因和可能的解决方案，但要特别关注行为策略。提供服务的机构在减少鸦片和海洛因成瘾、肥胖和糖尿病、青少年怀孕和意外怀孕的项目中，发挥着重要的作用。在这里，我们将关注的是减少吸烟，并以非营利行为解决方案团体 Ideas42 的工作为例。[5]

有两种可能会影响决策的行为障碍：一种会导致无法做出决策（例如，预期受益人忽视与吸烟的危害相关的信息，或轻率地模仿同伴的吸烟习惯），另一种会导致决策无法落实（例如，预期受益人在决定戒烟后，烟瘾依然会产生强烈的作用）。有效的策略必须克服这两种障碍。以下是一些与戒烟有关的例子（以及可能的补救措施）。

**受益人缺乏重要信息**。预期受益人自甘堕落的行为，可能是由于没有正确的信息，或这些信息没有以显著的方式呈现出来。为了解决这一问题，决策者可以及时、明确地提供信息。例如，香烟包装上的警告信息，就是为了在销售端提醒潜在顾客吸烟的危险（美国食品和药物管理局试图推行采用描绘吸烟危害的图片让警示更加醒目，但这类规定被视为对烟草公司言论自由的侵犯，因而被取消）。[6]

**选择过多**。面对太多选择的时候，人有时会做出次优的决定或逃避选择。当雇员被要求从一系列由雇主补贴的退休计划中做出选择时，就会出现这种情况。解决办法是减少备选项，向受益人提供专家的建议，或者设定一个符合受益人最大利益的默认选项。[7]不幸的是，香烟品牌的众多选择似乎并没有降低吸烟率。不过，戒烟设备和戒烟计划的选择范围过大，可能会降低它们的使用率。

**受益人健忘，或容易被影响**。每个人都是健忘的，通常只需要简单的工具，如待办事项列表、日历、检查表、计时器和其他提醒设备，就可以解决问题。简单的短信提醒在帮助人们服药、按时赴约等方面，有很好的效果。在我们的案例中，信息提示可以提醒戒烟计划中的人们，让他们在特定的时间完成指定的动作。

**决定和行动之间的鸿沟**。缩短受益人做出决定和采取行动之间的鸿沟，将产生很大的收益。对于那些想参加戒烟计划的人来说，只要告诉他最近的"分店"位置和营业时间，就可以对他产生帮助。如果能提供免费交通，效果将更好。

**受益人因为自制力不足，无法采取行动**。提高自制力的一种方法是让受益人提前做出关于行动的承诺，这种承诺可使受益人很难不采取行动，如需要付出很大的代价。典型的例子是尤利西斯要求他的水手们把他绑在船的桅杆上，这样他就不能对海妖塞壬诱人的声音做出回应。让室友或伴侣寻找隐藏的香烟并扔掉，就是一种承诺策略。基于互联网的服务 stickK 需要用户签署一份"承诺合同"，授权第三方冻结信用卡中一定的金额，只有证实用户已经履行了承诺，才能解冻。[8]

**受益人会受到同龄人行为的影响，但并不清楚应该如何比较自己与他们的行为。**社会心理学家罗伯特·西奥迪尼（Robert Cialdini）做了大量的研究，证实"如果你想让人们遵守某种规范或规则，告诉他们大多数人都在遵守（如果是真的），是一个很好的策略"。[9]例如，当那些用电量或用水量高于平均水平的家庭发现邻居比他们更节约时，就会减少他们的用量。[10]

**受益人的行为无法产生直接的效果。**传统的政策策略，如罚款、税收、激励和补贴，经常对行为产生有效的影响。一些州对香烟征收的高额赋税，以及市政当局对含糖饮料征收的赋税，就是很好的例子。下面是一个不太典型的例子：在一项针对通用电气公司员工的戒烟计划的随机对照研究中，治疗组可以获得现金奖励——戒烟 6 个月奖励 250 美元，戒烟 12 个月奖励 400 美元，而对照组没有奖励。治疗组的成功率是对照组的 3 倍，即使在 12 个月后经济激励停止，这种效果仍然存在。[11]

在使用经济激励和惩罚措施时，我们应该注意以下 3 点。第一，它们需要在数额或信号效应上具有显著性。第二，在某些情况下，激励或惩罚所产生的外在动机，可能会影响个人的内在动机，减少其受他人影响的甚至自发的行为产生。[12]第三，由于尼古丁的成瘾性，高额的香烟税可能会导致吸烟者及其家人用于购买食品的钱变少。[13]

## 传递针对受益人的信息

美国人吸烟的历史使我们清楚地认识到，个人行为的变化与文化规范（或至少是其所处的亚文化规范）的变化有关。20 世纪初，吸烟被视为犯罪和道德堕落的标志。但烟草公司利用第一次世界大战期间香烟在士兵中广受欢迎的现象，将香烟宣传为成熟和时尚的标志，并将吸烟与妇女的政治解放运动和新出现的妇女独立运动联系起来。（"再次点燃自由的火炬！与另一种性别禁忌做斗争！"）1964 年美国卫生部部长在报告中引用了戒烟成功的名人给出的"不要成为一个失败者"的口号，以反对吸烟，禁烟运动由此开始。

促进母乳喂养将对婴儿的健康产生巨大的积极影响。整个过程包含改变文化习俗所要面临的重重困难，包括母亲自身的羞耻感，在公共场所或工作场所母乳喂养所要面临的实际问题甚至敌意，还有来自行业的挑战，比如婴儿配方奶粉广告和在医院向新妈妈提供的免费奶粉。

正如烟草产品被作为性自由和欲望的象征而得到推广一样，婴儿配方奶粉被作为财富、地位、自由和现代化的象征。一个小型非营利组织 Best for Babies 正试图改变人们认为母乳喂养尴尬或无礼的看法，将母乳喂养宣传为健康、有能力的女性时尚、智慧的生活方式，并利用名人效应、形象推广活动加以宣传，同时赞助那些支持母乳喂养的企业和餐厅。[14]

在你考虑将信息传达给你的预期受益人时，你和你的受助人需要记住以下几点。

- **明确你的最终目标**。"提升认识"，或在特定的目标人群中提升认识，本身很少会被作为一个目标，它只是在改变人们行为的过程中的一种可能手段。这样做可能是必要的，但往往还不够。
- **确定目标人群**。关注在你的项目中能够产生最大成本 – 效益的目标人群。"全国预防少女怀孕运动"（National Campaign to Prevent Teen Pregnancy）的信息同时面向男孩

和女孩，但特别关注女孩，因为它认为这是可以发挥最大
作用的地方。

- **构思你要传递的信息，以便影响目标人群**。在现代的媒体
场景中，吸引别人的注意力非常困难。尤其是那些年轻观
众，他们未来的行为和消费模式正不断被影响——因为世
界上的每一家公司都在努力影响他们。你需要确保你的信
息内容能引起受众的共鸣。在减少青少年怀孕的过程中，
全国预防少女怀孕运动在提倡禁欲的同时，普及避孕知识。
当机构把注意力放在减少青少年意外怀孕上时，它明白禁
欲信息并不会对这个群体产生作用。

为了减少高速公路上的垃圾，得克萨斯州的交通部聘请了一家广
告公司，该公司的市场调查显示，大多数得州人并不认为乱扔垃圾有
危害，他们相信交通部会在之后进行清理。这家公司没有将注意力放
在环保或清理成本上，而是构思了一个引发人们自豪感的信息——"不
要弄脏得克萨斯州"，结果，垃圾减少了 72%。[15]

词语的选择很关键。近几十年来，利益集团之间出现了意识形态
上的竞争，其中一些利益方最有力的武器，是它们为自己的主张所选
择的名称，例如：用"遗产"税代替"死亡"税；用"选择权"代替"生
命权"；用"胎儿"代替"未出生的婴儿"。

- **为你的受众选择合适的媒介，寻找免费的媒体，做好打持
久战的心理准备，并坚持到底**。深入受众中间，选择他们
喜欢的形式。你无法通过《纽约时报》的广告，将信息传
递给青少年，你应该考虑 Facebook、Instagram 和 Twitter。

要吸引大批受众的注意力，其代价往往高得令人望而却步。在通

常情况下，你最好试着从广播电视新闻、脱口秀和互联网上获得免费的或所谓"争取来的"媒体资源。实现这一目标的关键是要提供有新闻价值的信息。

无论你认为谁对遗产税和堕胎问题的想法更好，你都要承认，保守党建立了更好的媒体渠道，涵盖政策智库、广播脱口秀、演说家系列节目，还有如联邦社会（Federalist Society）这样的校园组织，等等。

- **与有利益关系的行业合作，并做好在利益出现分歧的时候，面对强烈反对的准备**。慈善家如果计划在一个涉及诸多行业利益的领域开展业务，需要意识到该行业为激发消费者对其产品的需求，投入了大量的资源。企业有时是改变世界的强大盟友：特洛伊牌避孕套是减少意外怀孕和艾滋病毒/艾滋病感染的盟友；在世界卫生组织及联合国儿童基金会的国际爱婴医院倡议（UNICEF's International Baby Friendly Hospital Initiative）的鼓励下，[16] 一些有机食品公司和服装制造商，甚至一些医院，开始提倡母乳喂养。

不幸的是，烟草行业展示了一个强大的行业在类似问题上的负面作用。在《贩卖疑惑的商人》（*Merchants of Doubt*）一书中，内奥米·奥列斯特斯（Naomi Orestes）和埃里克·康威（Erik Conway）描述了一个组织是如何通过数十年不懈的努力，诋毁证实吸烟有害的研究，以及为化石燃料行业在气候变化方面的影响提供说辞。[17] 软饮行业为大学研究提供了支持，其目的是证明含糖饮料不是导致肥胖的元凶。[18]

- **了解媒体的局限性**。虽然大众传媒可以让你迅速接触大量的受众并传播信息，但它们很少能够改变人们坚定的信念

和行为，因为这可能需要按照前面描述的思路采取行为干
预措施，或者通过支持群众运动（如下一章所述）来实现。

## 资助产品和服务的模式

俗话说，天下没有免费的午餐。无论是慈善家、影响力投资者还
是受益人本身，总要有人为提供的产品和服务买单。

### 市场及其替代品

以下两种完全不同的方法，定义了问题的两个极端。在第 10 章
中，我们讨论了影响力投资，它的一端是**私人市场**。大多数产品和服
务，从服装到食品，从医疗保健到汽车修理，都是由营利性公司通过
商业市场销售（提供）的。

由**慈善机构和政府**提供的免费产品和服务位于另一端，其目的从为无
家可归者提供食物和庇护到照顾学龄前儿童。一些组织（如教会）提供私
人企业没有提供的服务，而其他组织（如诊所）提供的东西可以找到商
业上的替代品。有些组织会与政府合作，或成为政府的代理人。例如，
许多传统慈善机构根据与政府签订的合同，提供福利。政府本身也提
供必要的产品和服务，如公共教育、公共图书馆、消防、警卫和国防。

在这两个极端之间，存在着获得不同程度的补贴的服务，以及纠
正由信息成本过高或不对称、交易成本高、组织的外部成本和利益造
成的市场失灵的努力。第 10 章讨论的许多让利影响力投资，就涉及针
对这些因素的补贴。

在理想情况下，一旦一个计划被证明是有价值的，它就可以由市
场来推进。但有时，因为受益人太穷，他们需要持续的慈善或政府支

持，才能继续使用这种产品或服务。

本章后面的部分，将考察提供服务的不同组织方法。虽然一些慈善家和评论员断言某些方法在本质上优于其他方法，但我们认为，所有这些方法都有价值。与往常一样，我们的观点是，你在评估任何方法实现影响力时，都必须基于你的特定目标。

## 市场与非市场方案

在所有条件相同的情况下，通过市场机制提供产品和服务的方法更好，因为市场具有寻求有效的分配路径和平衡供需的内在系统。但相关决定必须基于特定的现实情况，而不是先入为主的固有思维。

一些为穷人提供产品和服务的组织，如慈善厨房和无家可归者收容所，提供的服务是免费的，因为他们的客户付不起任何费用。其他一些组织，如健康商店基金会（HealthStore Foundation）的儿童和家庭健康商店（Child and Family Wellness Shops，CFWShops），通过市场渠道在非洲农村社区推广与健康有关的产品，且一般会补贴一部分费用。

"长效驱虫抗疟疾蚊帐"项目提供了一个有趣的案例，对比了在非洲采取对市场进行补贴以及免费发放的方法。国际人口服务组织（Population Services International，PSI）与伊法卡拉卫生研究和发展中心（Ifakara Health Research and Development Centre）建立了一个包括批发商和零售商在内的分销网络。但是，即使有大量的政府补贴，在疟疾肆虐的非洲，也只有一小部分人使用蚊帐。[19]杰西卡·科恩（Jessica Cohen）和帕斯卡林·杜帕斯（Pascaline Dupas）在肯尼亚进行了一项试验，对产前门诊向孕妇出售蚊帐的价格做了随机采样，想要验证"让消费者分摊保健品的部分成本，即按照补贴后的价格收费是必要的，这样才能避免将资源浪费在不愿意使用或者不需要产品的人身上"。他们得出的结论是：

　　我们没发现有任何证据表明，分摊成本减少了那些浪费在不使用该产品的人身上的资源：获得免费蚊帐的妇女使用的可能性，并不亚于那些支付补贴后的价格的妇女。我们也没发现有任何证据表明，分摊费用能够筛选出更需要蚊帐的妇女：那些支付更高价格的妇女，并没比该地区其他的产前妇女有更严重的贫血问题（疟疾的一个重要指标）。然而，成本分摊确实大大抑制了需求。我们发现，当蚊帐的价格从零增加到 0.60 美元（即补贴比例从 100% 下降到 90%）时，其使用率下降了 60%，即使这个价格比肯尼亚目前向孕妇出售的蚊帐价格还要低 0.15 美元。[20]

通过蚊帐价格对儿童死亡率的影响的成本－效益分析，作者得出结论，"免费发放蚊帐将比现行的成本分摊计划挽救更多的生命"。但是，国际人口服务组织的简·米勒（Jane Miller）表达了自己的担忧，她害怕大规模（免费）发放会影响商业性的蚊帐企业："目前，捐赠者似乎认为钱不是目的，但未来肯定会是"。[21]

这引出了对这个问题的最后一点思考——补贴有时会扰乱市场正常的运转秩序，使你想帮助的人或处境类似的人生活得更糟，而不是更好。最初旨在保护美国贫困农民免受波动性作物价格变化影响的补贴，意外地导致了压低国际市场商品定价的灾难性后果，使发展中国家农民的生活难以为继。[22] 出于毋庸置疑的慈善目的和市场营销的需要，汤姆的鞋（Tom's Shoes）承诺"你购买的每一款产品，都将帮助有需要的人"。[23] 例如，该公司向发展中国家的贫困儿童免费赠送鞋子。然而，人们有理由质疑这一计划对这些国家的本土鞋靴市场的影响。[24] 最后，让我们回想一下盖茨基金会对 bKash 的投资，该项目的补贴可能使该公司在孟加拉国的移动支付领域形成垄断，最终损害基金会的预期受益者（即那些极度贫困的居民）的利益。

## 捐赠收入与经营收入

相当一部分提供直接服务的机构，在慈善捐赠收入之外，依赖相关的经营收入。救世军（Salvation Army）和亲善集团（Goodwill Enterprises）通过出售二手物品赚取收入；女童子军（Girl Scouts）出售饼干；博物馆通过会员费和在礼品店销售小商品获得收入；旧金山东湾的卢比肯项目（Rubicon Program）为残疾人提供劳动力发展项目，让他们为付费客户提供包括食品、园艺服务等在内的商品和服务；小额信贷机构通过贷款利息自给自足；提供经济适用房的自助（Self-Help）和仁人家园（Habitat for Humanity），通过贷款利息和二次支付获得稳定的收入来源；公立和私立大学的预算都要依靠学费、赠礼和捐赠。

但是，也有许多有价值的服务机构几乎没有收入。例如，美国的二次丰收（Second Harvest）依靠捐赠的产品和服务，以及个人和公司的捐款，每年为 2500 万贫困的美国人提供食物。[25]

经营收入减少了机构对捐款的依赖，可能有助于扩大机构的影响力，增加其稳定性和发展潜力。在特定情况下是否真的产生了这些作用，取决于诸如该机构捐赠来源的广度、获得经营收入所需的相对成本等因素。对于这些因素的理解，最好是在特定的机构背景下，而不是将获得经营收入作为成功的标志。

## 慈善与救济之间的误导性区分

许多关于慈善的文章都会引用老话——"授人以鱼不如授人以渔"，这句话强调的是，只有后者才算是真正的慈善。虽然帮助受助者实现自给自足具有明显的长期优势，但并非人人都能做到，至少这不能确保及时的粮食供应。

对慈善事业影响力的关注，让我们不能简单地划分"救济"和"慈善"。战略慈善关心的是如何在实现目标方面产生实际影响力，这意味着在思考任何战略的时候，都应该基于对预期价值的判断。假设你关心你所在社区无家可归者的困境，根据通常的划分方式，捐助无家可归者收容所是一种救济，而捐助试图消除无家可归问题"根源"的组织，则是（战略性的）慈善行为。但是，如果捐助的影响是肯定的，而消除问题根源的努力有很大的不确定性，会导致预期收益率下降，又该怎么判断呢？我们认为，战略的本质在于明确你的目标，并确定哪种方法最能实现这些目标。也就是说，一个旨在改变整个体系的高质量战略，虽然比直接援助的风险更大，但往往有可能产生更大的影响力。

回到我们熟悉的那句话，我们都希望"授人以渔"，但"授人以鱼"至少能帮他一时，"授人以渔"并不一定能帮到他。

## 启动和扩展组织

慈善事业在启动和扩展提供服务的组织和其他机构方面，一直发挥着重要作用。在此，我们将进一步探讨慈善"投资者"的角色。正如第 9 章和第 10 章所述，这些投资者提供风险资本或成长资本。

参考第四部分引言中的创新曲线，一些慈善投资者关注初创阶段的个人企业家；一些慈善投资者在初创企业成立之初给予支持；还有一些慈善投资者对创新阶段的后期进行干预，帮助更成熟的组织发展和扩张。

### 支持社会企业

在《资本主义、社会主义和民主》（*Capitalism, Socialism, and Democracy*）

中，约瑟夫·熊彼特（Joseph Schumpeter）写了一篇著名的关于商业组织兴衰的文章。他注意到企业家在引发"连锁反应，鼓励其他企业参与，并最终使创新产生'创造性破坏'的过程中的作用，这是新的企业及相关企业有效地淘汰现有的产品、服务和商业模式的方式"。[26] 尽管熊彼特把他的分析重点放在了传统的商业企业家身上，但社会企业家在促进非营利性部门的创造性破坏方面，也可以发挥类似的作用。（然而，慈善事业并不会受到类似力量的影响。）

近年来，非营利领域借鉴了社会企业的这种理念，尤其强调在提供直接服务方面的创新。[27] 创造了"社会企业家"一词的爱创家创始人比尔·德雷顿（Bill Drayton）说，"社会企业家涉及大规模、系统性的社会变革"：

> 社会企业家的工作是及时发现社会的某一部分运转不畅，并通过改变体制、分享解决方案和带领整个社会实现新的飞跃来解决问题。社会企业家不满足于仅仅授人以渔，他们的目的是彻底改革整个渔业。识别和解决大规模的社会问题需要社会企业家，因为只有他们才有坚定的信念和决心坚持下去，直到改变整个体系。[28]

同样，罗杰·马丁（Roger Martin）和萨利·奥斯伯格（Sally Osberg）将社会企业家精神描述为成功地改变社会平衡的努力。社会企业家精神始于"一种不幸但稳定的平衡，它导致一部分人遭受排斥、忽视、边缘化或痛苦"，需要有一个人"用他的灵感、行动、创造力、勇气和坚韧不拔的精神，改变这种情况"，并最终"建立一种新的稳定的平衡，这种平衡可以确保目标群体和整个社会的长期利益"。[29]

早期的个人慈善家，包括创立现代护理专业的弗罗伦斯·南丁格尔（Florence Nightingale）和开创新的小学教学方法的玛利亚·蒙台梭利（Maria Montessori），现在被称为社会企业家。当代的典型例子是穆罕默德·尤努斯（Muhammad Yunus），他被授予 2006 年诺贝尔和平奖。作为孟加拉吉大港大学（Chittagong University）经济系主任，他创立了格莱珉银行（Grameen Bank）的原型，该银行提供"小额信贷"，为孟加拉农村最贫困的人群提供信贷服务。格莱珉银行已成为发展中国家类似机构的典范。

社会企业家的工作千差万别。马丁·费舍尔（Martin Fisher）和尼克·穆恩（Nick Moon）的冲击开始（KickStart），为非洲小农户提供了低成本的灌溉泵。[30] 大卫·格林（David Green）的项目影响力（Project Impact）为发展中国家提供了平价的医疗技术和医疗服务。[31] 约翰·伍德（John Wood）和艾琳·甘朱（Erin Ganju）的阅读室（Room to Read）支持了发展中国家的阅读素养发展和女童教育。[32] 伯纳德·库什内（Bernard Kouchner）创立了无国界医生组织（Doctors Without Borders），为遭遇武装冲突、流行病、各种天灾人祸的人群提供援助。邦克·罗伊（Bunker Roy）的赤脚学院（Barefoot College）教授文盲人群各种技能，从安装和维护饮用水系统、收集雨水到建造经济实惠的住房和太阳能电网。毛利西奥·林·米勒（Mauricio Lim Miller）的家庭独立倡议（Family Independence Initiative）通过加强社会联系，帮助家庭摆脱贫困。[33]

社会企业家精神的确切定义和特征，一直广受争议。例如，比尔·德雷顿断言，只有从一开始就独立于所有组织之外的个人才能成为社会企业家，而纽约大学瓦格纳公共服务学院（Wagner School of Public Service）的保罗·莱特（Paul Light）的一项实证研究发现，受人尊敬的组织有能力进行类似的创新。[34] 无论如何，社会企业家的定义广泛，你可能出于多种原因支持他们，可以采取的方式也有好几种。

- 你可能会支持那些尚未被认可的社会企业家，原因与你支持研究型大学和智库的学者追求他们的目标是一样的，因为你相信，尽管事先并不确定，但这些社会企业家一定会产生重要的社会价值。这可能是基金会和个人慈善家对爱创家、斯科尔基金会（Skoll Foundation）和施瓦布社会创业基金会（Schwab Foundation for Social Entrepreneurship）支持社会创业领域进行慷慨捐助所基于的前提。

- 你可能会支持特定的社会企业家和他们的组织，因为他们的活动有助于实现你的慈善目标，比如健康、教育或国际发展。你可以简单地通过捐款或通过风险慈善实践来实现这一点。

- 你可能特别有兴趣支持来自贫穷的社区和发展中国家的想法，因为你相信这些想法更有可能满足当地居民的实际需要，并能够有效地在当地的实际条件下实施。在这方面，爱创家和斯科尔基金会提供了很好的例子。

### 通过风险慈善支持和扩张组织

尽管大多数基金会都会选择通过资助帮助项目继续当前的工作，**但风险慈善家**更希望选择潜力大的组织，以帮助它们进一步扩张。风险慈善事业将投入更多的资金，用于战略支持和管理援助；它还需要投入更多的一般运营支持费用。虽然一般运营支持是首选的筹资方式，但也可以通过项目捐助加以补充，以获得风险慈善投资。

"风险慈善"一词，源于商业投资者的实践，他们的投资催生了Facebook、谷歌、亚马逊、eBay 和优步等公司。这些风险投资者提供了风险资本和成长资本、组织专业知识，以及对这些公司的成长和成功有巨大价值的关系网。与远距离跟踪公司业绩的被动投资者不同，风险投资者通常会花大量时间与他们投资的各种组织在一起，以确保他们的投资有最大的可能获得回报。

我们将用新学校风险基金（以下简称"新学校"），来说明社会风险投资的过程。该基金是一个总部设在加利福尼亚奥克兰的组织，致力于改善落后社区的公共教育。它投资的机构包括创新的特许学校和地区学校、营利性的和非营利性的教育技术公司，以及多元化的领导团队。新学校向受赠人提供财政和组织援助，其风险慈善的实践具有该领域的特点，分为以下五个阶段。

- 制定愿景和目标、变革理论和总体战略
- 选择要资助的组织
- 制定战略并提供资源
- 评估绩效
- 寻找退场时机

1. **制定愿景和目标、变革理论和总体战略**。新学校的工作源于这样一种信念：每个年轻人都应该在完成高中学业的过程中拥有广泛的选择，以及追求选择的能力。为了实现这一愿景，所有学生都需要有坚实的学术基础，以及其他从长远角度有助于成功的思维方式、习惯和技能。新学校支持教育企业家，这些企业家为了实现愿景，从三个方面采取了行动：创办新的学校并重新设计现有的学校；通过 Edtech（教育技术）工具来支持教育者和学生；加强不同的教育企业家和领导者之间的联系。新学校的目标是通过投资地区学校、特许学校、公司和非营利组织的创新者，让学校更快地具备培养适应当今社会和经济体系的年轻人的能力。

2. **选择要资助的组织**。作为尽职调查过程的一部分，风险慈善家通常会提出以下基本问题。

- 企业是否符合基金的投资目标？
- 企业是否有信心对目标人群产生重大影响力？
- 企业的影响力是否有扩张性？它有增长的潜力吗？
- 风险投资的增长是否具有经济上的可持续性，以便其影响力能够随着时间的推移而增加？
- 企业的管理团队、想法和对相关市场的了解，是否表明其具有很高的成功潜力和影响力？

这些是新学校最近投资巴洛尔学院（Valor Academies）、超越教育（Transcend Education）和色彩教育领袖（Education Leaders of Color，EdLOC）等组织时，考虑的核心问题。巴洛尔学院是田纳西州纳什维尔市一个不断发展的特许学校管理组织，它开发并实施了一种有效的方法，培养学生的学术和社会情感能力，并且正在帮助其他学校采用这种方法。超越教育是一家服务公司，它帮助全国各地的教育团队重新设计它们的教学模式，以更好地满足每个学生的需要。色彩教育领袖是一个由黑人和拉丁美洲领导者组成的日益壮大的网络，该网络开发了一个政策平台和倡议渠道，以便有色人种领导者的声音和想法能够被纳入国家教育对话体系。

3. **制定战略并提供资源**。一旦选定了一个组织，真正的工作就开始了：带领该组织进入启动阶段，并最终通过制定全面的业务规划，明确组织的使命、战略和战术，扩大组织的规模。

风险慈善家经常以项目支持和技术援助的方式，对核心的一般运营支持进行补充。在计划实施的过程中，他们将继续在治理、规划、管理和筹资等问题上给予组织建议。例如，新学校在企业中打造实践阵地，并将这些企业与专家联系在一起，以帮助推动该领域的发展。新学校通常会通过派遣一名代表进入受助人的董事会的方式，来巩固其顾问作用。

**4. 评估绩效**。风险慈善家在评估慈善投资的影响时，经常发挥带头作用。例如，新学校将其支持的学校的表现，与为类似人群服务的对照组学校进行比较。巴洛尔学院是纳什维尔表现最好的中学，在田纳西州排名前 1%。

**5. 寻找退场时机**。为一个营利性企业提供资金的风险资本家有两种可行的退场策略：通过首次公开募股（IPO）让企业上市，或由较大的公司将其作为战略资产收购。对于一个风险慈善家和他的非营利受助人来说，退场策略的目的是寻找资金来源，以帮助组织可持续发展，并在运营收入、政府补助和慈善捐赠的共同支持下，继续扩张。朱莉·彼得森（Julie Petersen）曾是新学校的沟通经理，他表示，退场可能是风险慈善家策略中最困难的部分：

> 对于非营利组织来说，退场的前提是组织能够获得可持续的收入流，无论是源于运营收益、可预见的捐助和慈善事业，还是公共资金，这是我们通常在投资学校的过程中希望看到的。我们选择投资一个新的学校的标准之一，是该团队有一个收入和运营计划，能够在四五年内实现对当地学生的可持续资助。这将允许我们在可预见的未来撤出这些投资。我们还帮助组织获得慈善资助或其他资金来源，帮助它们度过创业阶段。作为一个早期的捐赠者，我们从一开始就会让企业知道，我们只会与它们合作几年，在这段时间内，我们会帮助它们确定收入来源，并获得持续的慈善支持。我们参与了大量的现场工作，以鼓励更大的基金会为教育企业的长期发展提供资本，但资本市场并没有做出符合我们预期的选择。在风险投资领域，有许多夹层投资者、私募股权投资者

和投资银行，他们是发达的和有组织的资本市场的一部分。在过去的 10 年里，非营利组织在这方面有了很大的发展，但还有更多的工作需要做。[35]

在我们用新学校的案例来说明风险慈善的过程时，不要忘了还有许多其他的风险慈善家。例如，卡普兰基金会支持美国和世界各地从事卫生保健、教育、食品安全、社会正义、饮用水及其卫生、透明度和问责机制以及住房保障等工作的初创阶段的社会企业。[36]卡普兰基金会在 3 年内为这些组织提供 30 万美元的非限定性资本，并采取包括在这些组织的董事会任职等方式，帮助它们提升运营能力。截至 2017 年春季，卡普兰基金会已进行了 110 多项投资，动用了 5500 多万美元的资本。它投资的对象包括生活用品（Living Goods），这是一个由东非的创业女性组成的类似雅芳的网络，她们靠挨家挨户向家庭普及健康知识，并销售低成本药品、滤水器、蚊帐、清洁炉灶和太阳能灯赚取利润；[37]危机短信平台（Crisis Text Line，CTL），它通过短信为那些打算自杀或经历其他情感危机的人，提供免费的 24 小时援助。[38]

卡普兰基金会专注于初创阶段的组织，而克拉克基金会及其具有雄心的分支机构蓝色子午线伙伴（见第 11 章）则支持服务于贫困儿童和青年的相对成熟的组织。国际性的捐赠圈网络 SVP 国际（SVP International）专注于风险慈善领域，支持处于不同发展阶段的组织。[39]此外，第 10 章提及的一些影响力投资基金，将传统风险投资与风险慈善结合在了一起。

尽管风险慈善的风声不绝于耳，但很少有捐赠者的工作会大量涉及风险慈善领域。在 21 世纪之初，风险慈善机构仅有约 40 家，每年投资总额约 6000 万美元。即使是蓝色子午线伙伴 10 亿美元的筹资项目，也只占美国慈善捐助总额的一小部分（2006 年，美国的年捐助总额近 3000 亿美元）。无论前景如何，风险慈善为慈善事业的进一步发展提供了一些宝贵的经验教训。

第一，支持一个组织的整体发展，而不是挑选其中的一部分活动，即在可能的情况下提供一般运营支持，而不是资助零散的项目。

第二，尽管有明确的时间限定，但风险慈善家帮助受助组织的时间，足以让其度过一个特定的发展阶段，这与许多基金会的运作方式形成了鲜明的对比。这些基金会常常任意地给自己的资助加上时间限制，即使对那些表现出色的受助组织也是如此，这常常会适得其反。此外，它们常常会因为倦怠而退场，而不是基于某种战略原因。

第三，与营利性风险投资者一样，许多风险慈善家专注于特定的领域，如新学校专注于教育、克拉克基金会为贫困青年提供服务，因此它们能够积累深厚的内部专业知识和外部关系网络，以帮助它们的受助人。

## 通过一般运营支持和组织效能资助支持成熟的组织

社会企业家和支持他们工作的慈善家，希望他们萌芽的思想能够落地生根，并发展为成熟、可持续发展的组织。组织最初的创新萌芽及其扩展的过程，需要持续的支持。这种支持通常是一般运营支持，原因在第 9 章中讨论过。

例如，在 20 世纪 70 年代和更早的时候，坚定的环保组织对基础环境法的发展产生了深刻的影响。它们知道法律的规则和程序，以及它们的机会和困境。它们能够熟练地影响民意和司法，影响许多国家和地区的多个领域。它们能集中数百万成员的意见，从而对一个问题产生影响力。没有哪一个新成立的组织能够轻易地产生如此深远的影响力，发挥如此强大的力量，但这种力量正是保护土地、空气和水源所必需的。

向一个庞大的组织资助其预算的一小部分，可能并不能令人骄傲，也无法让你在鸡尾酒会上获得吹嘘的资本，但如果你打算产生真正的影响力，这可能才是正确的策略。

除了提供一般运营支持，一些基金会还提供组织效能资助。这种资助也被称为能力建设或管理援助资助，目的是选定受助人，提高其完成使命的能力。组织效能资助通常为 10 000 美元到 50 000 美元不等，这笔资金可以使受助人有能力聘请顾问来改进战略规划、沟通能力、评估手段和筹资方式，同时加强内部管理，建立董事会，并应对一系列其他管理和领导方面的挑战。除了提升组织的日常影响力，组织效能资助还可以减轻执行董事突然离职或主要捐赠者撤资所带来的风险，从而确保组织的生存，并使捐助者有信心进行长期投资。[40]

休利特基金会和帕卡德基金会是少数具有独立组织效能资助项目的基金会。2015 年，休利特基金会委托进行了一项研究，以了解组织效能资助是否具有"积极、广泛和长期的连锁效应"。[41]根据对基金会和受助组织的工作人员的调查和访谈，研究得出结论：组织效能资助一般都可以实现，或超额完成原定的目标，大多数受访者对其影响力的评价为中等或显著。

根据基金会的工作人员和受助人的反馈，在通常情况下，组织效能资助项目的独立结构，让受助人可以有机会诚实地谈论组织的挑战和需求，而不必担心影响项目资金。双方都描述了组织效能资助的特殊价值，即与一般运营支持和 / 或项目资助相比，投入资金的目标是增强组织效能。因此，受助人不需要额外证明将资源用于提升组织效能的合理性，可以优先确保组织效能建设工作的开展。

在效能的评估上，自我评价的作用有限，最好的方式是通过各组织产出和成果的实际变化。理想的情况是有一些基金会愿意开展这种具有雄心的项目，这将为战略规划和组织规划的价值提供更广泛的实证。

## 应用于你的慈善组织

考虑一个对你而言有重要价值的慈善目标，以及对实现目标有重要作用的非营利或营利组织。这些组织最大的需求是什么？是持续发展、继续增长、显著扩张，或者其他？你在提供这种支持方面，发挥了什么作用，或是可以发挥什么作用？

# 第 15 章

# 影响决策者和企业

在前一章中我们看到，改变个人行为的努力往往与政府政策和商业行为的变化"齐头并进"。例如，纽约市香烟税的增加导致吸烟率（特别是青少年吸烟率）下降。[1] 此外，禁止在公共场所和工作场所吸烟，也减少了香烟的消费机会。本章将着重讨论改变政府政策和商业行为的努力，并以对社会运动的探讨结束本章。

## 改变政府政策

我们首先分析一个基金会支持美国平价医疗法案（Affordable Care Act，ACA）的研究和倡议的案例，这是自 1965 年实施医疗保险和补助（Medicare and Medicaid）之后，美国卫生政策领域最重大的变化。之后，我们将分析运用无约束的政治改变社会和经济政策的案例。

### 平价医疗法案：研究和倡议

基金会从两方面支持了这项工作，直到 2010 年通过平价医疗法案，也就是奥巴马的医疗改革法案。[2] 整个故事围绕两个基金会展开：约翰逊基金会主要支持政策研究，当医疗改革实施的可能性越来越大时，将资助扩展到政策倡议方面；大西洋慈善总会（Atlantic Philanthropies）是基层倡议的主要捐赠者。

自 1972 年成立以来，约翰逊基金会一直是美国医疗领域最大的慈善基金会。按照传统，约翰逊基金会支持研究，并始终保持基金会的慈善活动与政治游说之间的距离。[3] 从 2004 年开始，在瑞莎·拉维佐·默瑞（Risa Lavizzo Mourey）担任领导者期间，该基金会开始关注美国医疗环境的改善，尤其是如何在不牺牲病人利益的情况下，减少医疗支出的浪费。从 2004 年到 2010 年，在平价医疗法案制定的过程中，约翰逊基金会提供了数亿美元的资助。

除了研究，约翰逊基金会还试图让那些经常在医疗改革问题上产生分歧的利益相关者达成共识。它建立了一个"异军"联盟（"Strange Bedfellows" Coalition），包括美国医院联合会（American Federation of Hospitals）、美国健康保险协会（Health Insurance Association of America，其首席执行官曾强烈抨击克林顿政府失败的医疗方案）、美国家庭（Families USA，全民健康保险的坚定支持者）、保守派的美国商会（United States Chamber of Commerce）、自由派的国际服务业雇员联盟（Service Employees International Union）、美国医学会（American Medical Association）、美国护士协会（American Nurses Association）、美国医院协会（American Hospital Association）和美国天主教健康协会（Catholic Health Association of the United States）的代表。

为了创造对医疗改革的需求，约翰逊基金会发起了一场全国性的"覆盖无保险者"（"Cover the Uninsured"）运动，由其前任领导者杰拉尔德·福特（Gerald Ford）和吉米·卡特（Jimmy Carter）共同发起。这项运动支持了近千项活动，从涉及各宗教信仰的祈祷早餐会，到提供筛查和医疗补助登记的健康展会。基金会还支持经济和社会研究所

（Economic and Social Research Institute）的"覆盖美国项目"（Covering America Project），该项目由两党人士共同组成的小组领导，探索各种健康保险的替代方案。参与该项目的研究人员包括麻省理工学院的经济学家乔纳森·格鲁伯（Jonathan Gruber），他帮助设计了马萨诸塞州的医疗保健项目，该项目要求将个人购买医疗保险作为平价医疗方案的关键部分。

在关于这一时期基金会工作的回顾中提到，"覆盖无保险者运动及其准备过程，代表约翰逊基金会明显超越了其传统慈善角色和资助方式"。[4] 历史学家索斯金总结了曾担任基金会副总裁的大卫·摩斯（David Morse）的看法：

> 与约翰逊基金会的大多数项目不同，这个项目不涉及向研究人员提供研究健康问题的资金，或者向组织提供资金，以改善医疗保健系统的某些方面。这个项目是直接利用基金会的员工、资金和声望等资源，提高人们对一个关键问题的认识，并影响国家的卫生政策。这并不是一种典型的机制。基金会的工作人员并没有建立一个完整的国家项目办公室，也没有资助一个非营利组织或学术实体去管理它，而是随着公共教育活动的日益开展，在 4 年时间里逐步发展这一运动。这项工作在很大程度上依赖与广告、民意调查和基层活动管理领域的营利性公司签订的一系列合同，以及全国数百个社区组织的参与。约翰逊基金会的工作人员是这一切的实际管理者。正如大卫·摩斯所说，在项目的最后几年……基金会似乎将可用的宣传手段发挥到了极限，例如，在国会议员对 S-CHIP（州儿童健康保险计划）的重新授权问题持谨慎态度的州和地区，通过广告宣传健康保险对儿童健康的重要性。[5]

基金会支持了 2008 年民主党总统的选举，同时开始支持可能影响国家政策的研究，包括乔治城法律中心（Georgetown Law Center）关于法律问题的项目、国家社会保险学院（National Academy of Social Insurance）关于管理问题的研究，以及城市研究所（Urban Institute）对各种改革措施的影响分析。2008～2009 年，约翰逊基金会为两党的国会工作人员开设了"健康大学"（两党人士共同组成的医疗改革联盟（Alliance for Health Reform）做了简报），同时资助了两党政策中心（Bipartisan Policy Center）的一个医疗改革项目。在这一时期，基金会开始支持基层宣传，并为各州的基层宣传组织投入 2000 万美元。

另外两个基金会，凯撒家庭基金会（Kaiser Family Foundation）和联邦基金，也支持了与平价医疗法案相关的研究。乔纳森·格鲁伯评价它们"在帮助立法者了解情况、跟踪各种提案、解释各种行动和民意调查方面发挥了巨大作用……它们是立法者和专家可以求助的对象……它们让大众和政策专家真正了解了正在发生的变化"。[6]

凯撒基金会是一个专注于健康政策研究的运营型基金会，一直有意避免参与政策倡议。与此相反，用其主席德鲁·奥尔特曼（Drew Altman）的话来说，它一直希望成为"一个独立、可信和可靠的信息来源，能够在一个领域内提供事实、分析、平等的讨论和专家的意见，避免该领域被大的利益集团操控"。[7]

2005 年，联邦基金在凯伦·戴维斯（Karen Davis）的主持下，成立了一个由 16 名成员组成的委员会，成员包括医疗保健各个部门、州和联邦政府的决策者，以及商业和学术界的专家和领导者代表。委员会通过对比美国医疗体系与其他国家的差距，主张进行具体改革等，使平价医疗法案经过讨论最终顺利通过。

除了支持委员会，联邦基金还举办服务于国会工作人员的简报会和务虚会。它评估了 2008 年总统候选人的医疗保健提案，以及参众两院的法案。参议院委员会的一名顾问指出，"凯伦·戴维斯和她的团队勤奋而坚定，他们只要抓住机会，就会把他们的工作成果带到国会"。[8]

从2008年开始，由全国的倡议团体和工会联合成立的倡议组织"美国当代医疗保健"（Health Care for America Now!, HCAN）为通过平价医疗法案，投入6000万美元开展倡议活动。[9]美国当代医疗保健的策略是在全国建立一个活跃的基层组织网络，并支持广告、集会、媒体活动和在线宣传。

美国当代医疗保健攻击了保险业，宣传了保险业导致个体遭受痛苦的故事，并在保险业高管的家门口举行抗议活动。它还通过城镇集会、电话和传真，影响摇摆的立法者。在2009年8月的休会期间，它动员进步人士反击扰乱市政厅会议的茶党。

美国当代医疗保健大约一半的预算是由大西洋慈善总会提供的。大西洋慈善总会是由爱尔兰裔美国商人查克·费尼（Chuck Feeney）于1982年创立的，他通过经营免税店赚了一大笔钱。大西洋慈善总会注册地位于百慕大群岛，因此不受美国国税局对美国基金会支持倡议活动的限制性规定。之前，它并不关心医疗保健问题，但新任主席加拉·拉马切（Gara LaMarche）认为，2008年民主党的胜利将为医疗保健改革提供历史性的机遇。大西洋慈善总会为美国当代医疗保健提供了2600万美元的预算，用于开展大规模的基层活动。

大西洋慈善总会和美国当代医疗保健都不是完全独立的。除了约翰逊基金会和联邦基金，还有许多较小的基金会通过各种组织，包括强大的美国退休人员协会（America Association of Retired Persons, AARP），支持倡议活动。

索斯金在他的论文中，用了相当一部分篇幅评估各种基金会和受助组织在平价医疗法案制定的过程中所做的贡献。他注意到了外部因素，如一些保险业的卑鄙做法，并在平价医疗法案进入人们的视野之前，就开始强调政策研究的基础性作用。然而，即使考虑到了各种因素，如果没有上述的各种活动，平价医疗法案颁布的可能性也微乎其微，但是很难说任何一项具体的努力起到了决定性的作用。

即使有了这些活动，也无法保证平价医疗法案的颁布：如果民主党没有在国会和行政部门占据主导，它根本不会有机会。正如我们在2017 年秋天所写的，平价医疗法案是共和党的一个主要纲领，反对这项法案的人刚刚在废除这项法案的努力中以微弱的失败告终。相比于它的制定，平价医疗法案的持续存在将是更大的挑战。

基金会支持平价医疗法案的工作，从根本上来说，是以结果为导向的，它首先确定了大幅提高美国人的医疗保险覆盖率的总体目标，然后分析具体改革方案的选择，最后支持一种方案，直到它真正成为可能。方案的选择受到从经济学和卫生保健研究中获得的可靠证据（尽管并非毫无争议）的影响。由于知道研究结果不足以制定改革政策，基金会选择支持将研究转化为实际的倡议，这有时会超越基金会的传统舒适区。

基金会愿意孤注一掷，将数亿美元投入不确定结果的战略中。鉴于风险和回报的不确定性，不可能进行定量的成本－效益分析。但是，为数千万人提供医疗保险的方案即使只有很小的成功概率，也值得一试。基金会意识到不太可能迅速获得胜利，因此将进行长期投资，并根据受助人的能力和需求，提供适当的支持。许多基金会相互探讨与合作，并鼓励受助人进行合作。他们根据受助人、政策制定者和民意调查的反馈，不断调整策略。

## 政策倡议的注意事项

在这个案例研究的最后，我们将总结政策倡议的一些普遍特征。

**强调政策的优点。** 好的政策倡议，首先要对你所主张的立场的优势，进行合理的论证。大多数的政治领袖都想做出正确的决定，而且和我们其他人一样，愿意倾听意见，至少愿意在他们原有的价值观范围内有所调整。

也许在理想的（完全学术化的）情况下，政策研究能够为自己发声，研究人员只要向民选代表和决策者介绍情况，他们就会根据现有的证据，选择最佳的政策。在现实中，光靠研究是不够的。一方面，即使有明确的科学或医学证据，采取某一特定政策的成本和收益也很难确定；另一方面，不同利益相关者的看法也会不同。平价医疗法案的决策过程，涉及上述因素。因此，虽然好的意见是有价值的，但它们很难在推动你的政策目标的过程中发挥足够的作用。如果你想说服决策者，可以用潜在的政治得失来左右他们。

**时机**。关于如何知道提出一个想法的时机已经成熟，政治学家约翰·金登（John Kingdon）指出，一个项目要进入立法机构的议程，它必须被作为一个问题提出，必须能够接受一些合理的政策解决方案，并且必须有一定的政治力量作为后盾。[10]

第1章中讨论的教育券，就是一个在不成熟的时机提出想法的例子。但坚持也很重要，正如本章所讨论的保守派成功的立法改革一样。[11]对医疗保险业的失望，以及奥巴马总统将医疗保健放在首要位置的决定，开启了金登所称的医疗改革"政策窗口"。窗口开启的原因还有很多，包括奥巴马决定不将早期政治资本用于应对气候变化，导致能源政策改革的窗口关闭。

**倡议对象**。如果可以确定一个能够决定是否采取一项政策的决策者，如卫生和公共服务部部长，这将是你的宣传重点。但是，大多数政治决策涉及多个决策者。平价医疗法案涉及总统和整个国会，而他们又会被保险公司、医生、医院、健康倡导者和病人所影响。

你不仅仅应该知道决策者是谁，而且在基金会允许的宣传范围内，你应该找到能够最大限度地发挥杠杆作用的方式。把时间花在坚定地站在你这边或坚决反对你立场的立法者身上，是没有意义的；那些摇摆不定的人，才是最重要的。我们需要强调的是，美国的免税组织，在倡议活动中会受到诸多限制。在我们的案例中，大西洋慈善总会的一个优势，就是注册地位于海外。

**明确你的需求。** 你传递的信息或政策"需求"，是否表达清晰、重点突出？用强大的政治力量追求"更好的医疗保健"并不可取。你需要提倡（或反对）全民医保，或为特定群体以特定方式（例如，单一付款人、个人授权）提供医保，以实现你的目标。

**公信力和政治影响力。** 无论你是否认为一个信息来源可靠，它的可靠性对你的目标受众（无论是消费者还是国会议员）都是至关重要的。"全国减少青少年怀孕和意外怀孕运动"（National Campaign to Reduce Teen and Unplanned Pregnancy）制订了一项争取更多政府资助的计划，用于购买避孕用具，减少青少年意外怀孕。这项计划吸引了来自各政治派别的领导人，包括那些对婚外性行为的道德问题持不同意见，但对 20~30 岁女性的高堕胎率表示担忧的人。你可以像约翰逊基金会一样，组建代表各种不同观点的联盟。不要想当然地认为，你和你的同事认为有说服力的信息可以让别人信服。

除了公信力，还需要考虑组织是否有足够的政治影响力。许多支持和反对平价医疗法案的组织，都有相当大的政治影响力。它们组成的支持或反对联盟，产生的影响力大于各组织的总和。基金会本身可以成为公信力的来源。约翰逊基金会、联邦基金和凯撒基金会在医疗保健领域都享有很高的声誉。也许是为了维护它们无党派组织的声誉，约翰逊基金会在宣传工作中非常谨慎，而凯撒基金会则完全不参与政策倡议活动。

**基层动员。** 前面的许多观点都在关注所谓的"草根"——由民选官员、有组织的公民和行业团体组成的决策者和意见领袖。但是，改变监管和立法政策的运动，需要通过基层动员，吸引通常不参与政府决策的居民——他们是美国当代医疗保健及其捐赠者的主要目标。

**媒体的角色**。政治家关注舆论，而舆论受到媒体的强烈影响——在当今社会，尤其受到电视和互联网媒体的影响。然而，公众舆论是反复无常的，会被生动的形象和隐喻所左右。正如一位评论员在谈到平价医疗法案时所指出的，"舆论这场仗没有终点，任何不利信息都会让所有的舆论努力付之东流"。[12]

**活动的策略和心态**。一个好的政策倡导策略，在设计时会考虑所有这些因素。赢得重大的政策性胜利并不容易，需要坚持不懈的努力。能够做到这一点的组织是它们所在领域（即做出决定的领域）的专家。它们了解作用于决策者的各种力量，知道何时参与、如何参与，以及何时退出。一位慈善家认为，倡议是完成政策改革最合适的工具，在进行倡议活动时，应对上述因素保持警觉，并寻找熟悉相关技术和倡议对象的非营利或营利组织。

政治并不美好，它可能涉及恶劣的战术、邪恶的联盟，以及与对手的妥协。当你与魔鬼进行交易的时候，就要做好准备，牺牲你朋友的利益。在一场盟友之间的斗争中，环境保护基金（Environmental Defense Fund）严厉谴责了其盟友国家能源政策委员会（National Commission on Energy Policy）同意在碳排放问题上设立"安全值"的做法，该委员会认为这么做有助于获得大众对联邦强制限额交易法的支持。[13]反对垃圾食品进入公立学校的人攻击了其主要盟友公共利益科学中心（Center for Science in the Public Interest），该中心与食品行业达成妥协，禁止在学校小吃店、自动售货机和自助餐厅销售许多含糖食品，但允许销售巧克力牛奶、运动饮料和无糖汽水。[14]约翰逊基金会作为反吸烟运动的领导者，因默许与烟草公司达成协议而受到批评，一些盟友认为这一协议的让步太大。[15]

史蒂文·特莱斯（Steven Teles）和马克·施密特（Mark Schmidt）在著作《评估倡议的复杂技巧》（*The Elusive Craft of Evaluating Advocacy*）中指出，为提供服务的计划提供框架的变革理论并不容易适用于政治倡议：

> 倡议天然地具有政治性，而政治的本质，就是事件以非线性的方式迅速演变。因此，一项看似不起作用的努力，可能会突然结出果实，或者一项看似处于正轨的努力，可能会突然失去动力。由于政治的这些特性，在为评估服务而开发的复杂方法中，几乎无法找到任何评估政治倡议的好办法。因此，对政策倡议的评估应当被视为一种经过训练的判断，即一种需要判断和隐性知识的技能，而不是一种科学方法。成为一名合格的倡议评估员，需要对政治问题有深入的认知和敏锐的感受、与关键参与者之间强大的信任网络、评估组织质量的能力，以及对评估的合理时间范围的认知。特别是评估者必须认识到政治中复杂的、模糊的因果关系链，这使得针对特定项目而不是整个领域或组织的评估，几乎不可能实现。
>
> 在一种情况下可能奏效的策略，在另一种情况下成功的可能性未必更大。重要的是，倡议者是否能够选择适合特定冲突的策略，并根据反对派不断变化的行动做出调整……成功的倡议者知道，计划充其量只是一个大略的指南，而现实可能会朝多个方向发展……成功的倡议工作，并不是源于它们能够沿着预先确定的轨道前进，而是它们能够适应不断变化的环境。

捐赠者最好避免对特定的倡议行为进行评估，而应将重点放在对倡议者的评估上。我们认为，正确的评估重点是组织自身的长期适应性、战略能力和最终影响力。[16]

## 倡议自由：用政治延续慈善的其他方式

根据卡尔·冯·克劳塞维茨（Carl von Clauswitz）的名言"战争仅仅是通过其他方式延续的政治"，人们也可以说，政治是通过其他方式延续的慈善事业。在美国，我们习惯将那些被501（c）（3）免税条款严格限定政治行动的组织作为慈善的工具，因此很容易将慈善与这些组织混为一谈。但是，如果慈善事业的核心是根据自己对公益的看法，用自己的金钱或时间造福他人，那么，大多数政治活动，至少个人和非营利组织（区别于公司）的政治活动，也具有慈善性质。

早在2010年最高法院在联合公民诉联邦选举委员会（Citizens United V. Federal Election Commission）案中做出具有里程碑意义的裁决，[17]废除对政治运动进行捐助的限制性规定之前，政治作为慈善事业的一种形式就已出现，并在此之后持续成长。[18]接下来，我们将分析两位富有的慈善家分别为倡导自由主义和保守主义事业所做的努力。

1981年，蒂姆·吉尔（Tim Gill）创立了软件公司夸克（Quark），这家公司使他在20世纪80年代末成为百万富翁。[19]吉尔是一名男同性恋，1992年，同性恋权利运动首次引起了他的注意。当时，科罗拉多州正在进行一场表决，以保护基于性取向的歧视。吉尔公开反对这一表决。[20]1994年，他成立了吉尔基金会（Gill Foundation），以资助科罗拉多州的LGBT项目，尤其关注反歧视措施的落实和婚姻平等权的保障。[21]虽然有些活动是通过他的免税基金会开展的，[22]但在这里，我们把重点放在他通过其他途径进行的倡议上。

2004年，吉尔和其他三位富有的民主党捐赠者联合资助了"527"组织，以帮助民主党在州参议院和众议院的选举中获胜，从而扭转了共和党在科罗拉多州的胜局。[23] 尽管他们的宣传没有特别将重点集中在 LGBT 问题上，但在关注家庭和新生活教会（Focus on the Family and the New Life Church）的发源地科罗拉多州，[24] 基督教具有强烈反对同性恋的权力，由此带来的影响是，几乎没有一个共和党人会支持同性恋的权利。[25]

那一年，民主党人 30 年来首次同时控制了科罗拉多州议会两院。尽管很难评估吉尔团队所做的贡献，但选举结果鼓舞了他们，使他们在次年成立了科罗拉多民主联盟（Colorado Democracy Alliance，CDA）。[26] 该联盟是由 501（c）（3）和 501（c）（4）组织组成的，这些组织向民主党候选人提供资金，目的是在科罗拉多州打造符合民主党利益的进步的政治基础。[27]

2005 年，11 个州投票通过了禁止同性婚姻的倡议。[28] 许多倡议者开始支持民事结合（civil union），因为这是最可行的替代方案，但吉尔仍然致力于追求全面的婚姻平等。[29] 同年，他创立了"吉尔行动"（Gill Action），支持 LGBT 群体的立法者，并打击反对者。[30] 吉尔行动是一个 501（c）（4）社会福利组织，可以从事政治游说和竞选活动。[31] 该组织致力于在艾奥瓦州和宾夕法尼亚州等摇摆州获得多数席位。2006 年，在全国范围内的反布什情绪的支持下，吉尔行动的 70 名目标议员中有 50 名被击败，其中大多数是同性恋平等倡议的反对者。

吉尔行动采用了传统的政治策略。它通过向反对者捐款，打击艾奥瓦州众议院保守派的共和党临时议长——该议长支持在该州禁止同性恋婚姻的倡议。[32]2010 年，吉尔在得知纽约州立法机构很快将对婚姻平等法案进行投票后，开始把矛头指向前一年投票反对同性婚姻法案的现任州议员。他首先做了一些民意调查，以确定选民是否会对同性恋组织攻击反同性恋的候选人感到反感。[33] 结果发现，大多数选民持中立态度，于是吉尔行动向反击纽约（Fight Back New York）捐赠了近

80 万美元，该同性恋权利政治宣传组织在其他州也设有分支机构。[34]

反击纽约选择那些与同性恋权利运动无关，但对选民有重要影响的问题攻击候选人。例如，一名现任共和党人因向州政府收取巨额专业费用而遭到攻击；[35] 另一名共和党人则因对女友施暴而遭到攻击。据吉尔行动的副执行主任说，最重要的是"那些否认男女同性恋者基本平等权利的政客，应该被赶下台"。[36] 两位候选人都败下阵来，加上纽约州参议院的其他人事变动，一项婚姻平等法以 4 票的微弱优势通过。[37]

吉尔行动一直致力于攻击支持反同性恋立法的立法者。[38] 目前，该组织的重点是所谓的宗教自由法，该法案允许企业歧视属于 LGBT 群体的顾客和雇员。当被问及 2016 年大选的结果是否会影响其策略时，吉尔说："我们将进军美国同性恋者处境最艰难的州。我们要惩罚那些恶人。"[39]

持另一种政治立场的是北卡罗来纳州的詹姆斯·亚瑟·蒲柏（James Arthur Pope），他的慈善和政治活动的资金源于他从父亲的连锁零售店继承的财富。年轻时，蒲柏深受弗里德里希·哈耶克（Friedrich Hayek）和安·兰德（Ayn Rand）的影响，自称是"古典（经济）自由主义者"和政治保守主义者。蒲柏希望北卡罗来纳州成为一个社会风气保守的州，并大幅减少税收、经济监管以及政府开支。[40]

1988 年，蒲柏被选为北卡罗来纳州的立法机构成员，但他很快意识到，他不妥协的政治立场使他很难在机构内部发挥作用。[41] 在任职期间，他创立了约翰·洛克基金会（John Locke Foundation）——一个主张减税和减少政府管制的右倾智库。[42] 经过几次在选举领域不成功的尝试，他开始通过非营利组织和政治组织构成的网络，从外部获得政治影响力。

多年来，蒲柏一直支持自由主义事业，并向主张减少医疗福利、降低空气污染标准的约翰·洛克基金会捐赠了 2000 多万美元。[43] 他创建了一个右倾智库兼民意调查组织西维塔斯研究所（Civitas Institute），通过501（c）（4）政治行动机构西维塔斯活动（Civitas Action）干预政治活动。蒲柏还向其他保守的政治组织捐款，如反对同性婚姻和变性权利的社会保守团体北卡罗来纳州家庭政策委员会（North Carolina Family Policy Council）。[44]此外，蒲柏支持科赫兄弟（Koch brothers）的美国繁荣组织（Americans for Prosperity）以及其他全国性的保守组织。

蒲柏创建并资助了共和党立法多数委员会（Republican Legislative Majority），这是一个致力于罢免北卡罗来纳州温和的共和党人的"527"政治组织。[45]该组织与美国繁荣组织一起，成功地攻击了大卫·迈纳（David Miner），因为他拒绝支持禁止同性婚姻的州宪法修正案，并支持暂停死刑两年。[46]在2004年的选举季中，8名目标共和党议员中有5名被罢免，并由极右翼共和党人取而代之。[47]一位政客指出，"在2004年和2006年的选举之后，没有多少共和党人愿意挑战蒲柏"。[48]

是时候追击民主党了。2010年，当著名的民主党温和派参议员约翰·斯诺（John Snow）竞选连任时，蒲柏向一个名为真实行动NC（Real Jobs NC）的"527"政治组织捐赠了资金，该组织与西维塔斯活动联合，企图击败约翰·斯诺。[49]一则攻击性的广告将斯诺支持的修建码头项目描述为"垃圾工程"，而忽视了它已经获得州议会的一致通过。[50]另一则广告将斯诺支持重新审议一项可能出于种族动机的死刑法案，描述为主张释放暴力的死囚。[51]斯诺输了，这也是自1870年以来，民主党人首次让州议会的两院都处于共和党的控制之下。[52]当科赫的亲密盟友帕特·麦克罗里（Pat McCrory）参与竞选时，蒲柏的组织、美国繁荣组织以及其他国家组织，为他的竞选活动捐赠了超过1200万美元。[53]麦克罗里在2012年的选举中获胜，并任命蒲柏为州预算专员。

在那次选举之后，北卡罗来纳州的立法机关立即采纳了几乎所有蒲柏所倡导的政策，包括减税、减少福利和失业补助、[54] 放宽环境政策、限制堕胎、实施严格的选民身份法、要求变性人按照出生证明上显示的性别使用卫生间，[55] 实施了一个重新分配计划（后来被联邦法院推翻），[56] 稀释了非裔美国人和民主党人的投票权，并承诺在可预见的未来，继续由蒲柏的盟友掌管政府。

尽管简·迈耶（Jane Mayer）优秀的著作《金钱暗流》（*Dark Money*）将目光集中在保守派的倡议者身上，包括蒲柏和科赫兄弟，但她的书名同样适用于进步派的蒂姆·吉尔。[57] 我们已经向许多人描述了这些例子，他们认为，这种赤裸裸的政治不应该被称为"慈善事业"，即使从捐赠者的角度来看，这种为了造福大众的政治可以被称为慈善。慈善事业通常是以目的而不是手段来定义的，我们并不清楚为什么一些更温和的倡议方式可以被称为慈善，而这些方式不行。

无论是否可以被称为慈善，总有人质疑这种倡议是否应该被允许。但它早在联合公民成立之前，就受到宪法第一修正案的保护。无论如何，那些希望限制得到慈善事业支持的倡议的人，应该考虑在一个企业和组织不受约束的体系中，这种限制将对权力的平衡产生什么样的影响。[58]

## 改变商业行为

作为一个慈善家，无论你关心的问题是什么，企业都可能帮助你解决或加剧这些问题。如果你关心穷人，企业可以为他们提供摆脱贫困的工作和机会；如果你关心枪支安全，那么枪支制造商可能会对你实现目标产生正面或负面的影响；阻止全球变暖的关键，最终在于制造和消费能源的各行各业。

在这里，我们将用无笼鸡蛋运动的案例，来研究慈善家可以用来影响商业决策的两种互补的方法：鼓励企业承担社会责任和提倡监管。[59]

在 2005 年之前，动物福利运动基本忽略了农场动物，将关注重点放在了伴侣动物、动物测试、野生动物和皮毛行业上。2005 年，动物保护主义者发起了一场无笼鸡蛋运动，生出这些鸡蛋的母鸡不是在笼子里饲养的，而是在开放的环境或户外饲养的。倡议者制作并公布了展示母鸡和其他食用动物饲养条件的秘密拍摄影片（这导致一些州颁布了"Ag-Gag"法令，禁止这种未经许可的拍摄）。[60]

在运动初期，美国人道协会（Humane Society of the United States）获得了包括全食超市（Whole Foods）和联合利华在内的公司 100% 的无笼饲养承诺，而 IHOP 和汉堡王等连锁快餐店承诺使用 2%～5% 的无笼鸡蛋。同时，人道联盟（Humane League）和学生积极分子从大学校园获得了无笼承诺。这导致越来越多的鸡蛋生产商发展无笼饲养。

2008 年，倡议者在加利福尼亚州通过了一项电池笼禁令（于 2015 年生效），随后密歇根州也通过了类似的禁令。（电池笼是一排排相同的蛋鸡笼，就像电池中的电极一样排列。）2011 年，人道协会（Humane Society）与鸡蛋行业的贸易协会鸡蛋生产商联盟（United Egg Producers）达成了妥协协议，决定共同推动国家立法，强制使用更大的"升级笼"和标签纸箱。由于担心重蹈国家农场动物福利条例的覆辙，猪肉和牛肉行业纷纷游说，反对这一妥协。在 2014 年国会拒绝颁布这项法令后，协议破裂。尽管如此，在接下来的一年里，倡议者首次从两个主要的食品服务公司得到了取缔电池笼的重大承诺。

在此期间，对电池笼的几次秘密调查引起了全国的关注。主要的食品服务公司，如爱玛客（Aramark）和开市客（Costco），承诺将采取无笼饲养。在麦当劳承诺于北美地区实施无笼饲养之后，塔可钟（Taco Bell）、温迪（Wendy's）和其他大型快餐连锁店也做出了类似的承诺。

2016 年初，来自"开放慈善项目"的资助使倡议团体进一步扩大规模，西夫韦（Safeway）、克罗格（Kroger）、艾伯森（Albertsons）和沃尔玛也承诺将实施无笼饲养。[61] 在 2016 年剩下的时间里，倡议者趁着这一势头，利用他们增加的资源，从大多数顶级食品商、连锁餐厅和食品制造公司那里获得了企业承诺。

刘易斯·博拉尔（Lewis Bollard）是"开放慈善项目"的农场动物策略的领导者，他描述了倡议者如何给公司施加竞争压力，促使公司在各自的领域，如食品服务业、快餐业、食品制造业和百货业，跟随它们同伴的步伐。他认为，反对电池笼运动的成功，源于倡议者尽可能与公司合作，并将矛头指向顽固的公司。针对与公司的合作，博拉尔描述了以下策略。

- **建立关系：**倡议者与大型食品公司的关键决策者建立了关系，并在每家公司里确定了改革的支持者。
- **投资者关系：**倡议者提出了"赞美"股东的建议，感谢大公司为动物福利所做的工作。
- **技术支持：**倡议者与公司食品采购员举行了为期数天的会议，帮助他们制定和实施无笼政策。
- **行业期刊广告：**倡议者在《超市新闻》(*Supermarket News*)、《进步百货》(*Progressive Grocer*) 和《餐饮新闻》(*Restaurant News*) 中投放广告，以宣传新的公司政策，这既肯定了公司的决策，又向同行发出了趋势信号。

如果公司拒绝实施无笼政策，或拒绝与倡议者会面，倡议者将根据以下策略采取行动。

- **专注一个问题：**大多数主要的农场动物保护组织同意，第一次活动应该专注一个问题。这既可以让活动发挥更大的影响力，也可以对公司提出更清晰、更现实的要求。此前，这些公司曾面临多个不同的要求。

- **建立预期：** 在每次活动前，倡议者应试图与公司会面，让公司了解他们提出的策略，以便公司随后做出实行无笼政策的承诺。
- **社交媒体：** 倡议者动员支持者在 Change.org 上签署请愿书，在公司的 Facebook 页面上发表评论，并以其他方式利用社交媒体敦促公司改进他们的做法。
- **在线视频：** 倡议者发布 Youtube 和 Facebook 视频，以提醒消费者食品供应链中的母鸡的痛苦。
- **基层活动：** 倡议者在商店、餐厅和校园食品服务点外组织街头抗议活动，并动员支持者打电话和发电子邮件给公司，表达他们对无笼政策的支持。
- **定向广告：** 倡议者在公司总部周围投放户外广告，并针对特别顽固的公司投放定向广告。
- **名人：** 倡议者招募名人，包括布拉德·皮特和瑞恩·高斯林，他们给公司发出的要求改革的信函引起了广泛的新闻关注。
- **投资者关系：** 倡议者购买目标公司的股权，提交股东决议，并获得机构投资者对改革的支持。

参与无笼鸡蛋运动的组织，希望通过企业社会责任（CSR）和政府法规来实现其目标。在过去的几十年中，企业社会责任运动得到了发展。这是一个宽泛的概念，包括企业在避免施加伤害和做出正面行为的同时，提高品牌形象。[62]

与人类的许多行为一样，良好的企业行为是自主决策和外部压力共同作用的结果。消费者、雇员、投资者和政府监管机构都可以发挥作用，推动他们各自对企业社会责任（可能并不相同）的看法。20 世纪 90 年代兴起了一场针对耐克的大规模运动，矛头指向耐克服装制造厂恶劣的工作环境。随着消费者抵制和抗议所造成的损失越来越多，改善工厂的工作条件能够为耐克带来更大的经济利益。耐克负责企业责任事务的副总裁汉娜·琼斯（Hannah Jones）解释道：

> 当非政府组织试图提高公众对这些问题的认知时，我们是它们瞄准的首批品牌之一。这要求我们把重点放在风险管理和声誉管理上，因为它们正是火力最集中的地方。对于耐克来说，从早期的危机公关，到目前与外部利益相关者进行对话、达成共识，甚至有时与最严厉的批评者建立实际的合作伙伴关系，这是一个巨大的变化。正是通过开放、倾听、学习和参与，我们开始了解到，面临社会和环境问题所带来的挑战的远远不止耐克。显然，解决这些问题的唯一办法，是在多方利益相关者之间建立合作关系。[63]

抵制并不是改变企业高管思想和行为的首选方案。正如无笼鸡蛋运动所证明的那样，提供合作机会，并寻求双赢的解决方案，通常会取得成效，只有在合作失败时，才需要采取强硬的手段。

在第 10 章中，我们简要地提到了利用股东投票权来改变公司的行为。尽管总体而言，并没有证据证明，被社会动机所驱动的股东活动是改变公司行为的有力杠杆，但它仍然是倡议者的一个潜在备选策略。有时候，仅仅是股东决议所带来的威慑，就可以使其倡议策略更有力量。

改变公司行为的运动，需要有与政策倡议同样的战略和战术考量。这包括了解相关的目标和决策者，召集媒体，确保你的受助人有谈判的技巧，以及在谈判不起作用时采取进一步措施的能力。

除了或多或少的自愿改变，监管也是无笼鸡蛋运动的一部分。政府在影响商业行为方面，扮演着重要角色。法律法规管理着美国企业的雇用关系、工作环境和产品安全、环境影响以及商业竞争，而这些仅仅是其中的几个方面。慈善事业已经支持了一些组织，从自然资源保护委员会（Natural Resources Defense Council）到美国企业协会（American Enterprise Institute）和遗产基金会（Heritage Foundation），这些组织在各自的领域中促进或反对政府的监督。

## 利用诉讼改变政府政策和商业行为

诉讼是不愉快、昂贵且耗时的。在大多数情况下，这是万不得已的办法。但是，司法机构是政府管理体系的重要组成部分，诉讼或者诉讼的威慑力，也许是唯一可靠的手段。诉讼通常与其他工具一起使用。虽然民权运动的许多成果源于基层抗议、直接行动和立法宣传，但诉讼对民权运动的胜利至关重要，它的起源甚至早于布朗诉教育委员会案（*Brown V. Board of Education*）。诉讼确立了各领域的基本权利，如公平选举、适当的监狱条件等。正是通过诉讼，男女同性恋者才在全国范围内获得了结婚的权利。[64]

诉讼在当代环境运动中，也发挥了重要作用，比如起诉美国环境保护署（Environmental Protection Agency），迫使其监管温室气体排放的成功案例，以及汽车制造商为取消加利福尼亚州汽车排放标准而提起的失败的诉讼案例。美国是一个诉讼性很强的社会，有许多公益诉讼团体，从左倾的美国少数人群权益组织（Lambda Legal）、地球正义组织（Earth Justice）和美国堕胎权行动联盟（NARAL Pro Choice America），到右倾的太平洋法律基金会（Pacific Legal Foundation）、法律和宗教自由中心（Center for Law and Religious Freedoms）及个人权利中心（Center for Individual Rights）。

诉讼策略通常针对有开创性作用的案例，这些案例所带来的收益，可以惠及以后的案例。最有能力的诉讼团体，往往具有敏锐的战略意识，了解哪些胜利将产生巨大的溢出效应，并掌握赢得标志性案件的细节。

大多数诉讼策略伴随着公共教育领域的努力，特别是当目标是系统性的变革时。当需要立法部门和政治领导的介入时，借助媒体舆论的诉讼策略，可以发挥最大的作用。20 世纪 80 年代初，一群公益律师在加利福尼亚州同时提起了 6 起诉讼，反对将儿童送进成人监狱的做法。每一起诉讼都体现了虐待或其他创伤等带来极大的风险，也体现了有时甚至会出现自杀现象。对于单起诉讼的法律赔偿诉求实际上是次要的，律师们真正想要的，是修改萨克拉门托⊖的相关法律，禁止在加利福尼亚州境内继续这种做法。律师们在全州范围内提起诉讼，旨在将注意力集中于他们的目标。他们成功了，警长、司法部部长，乃至州长都支持修正立法。

制定法规或打赢官司，并不能确保其结果真的被执行。负责执法的政府机构常常被其他工作压得喘不过气来，有时甚至会对法令怀有敌意。非营利组织不仅在制定政策方面发挥着重要作用，而且在确保政策的实施以及揭露政府机构各种滥用职权的行为方面，也发挥着重要作用。[65]

---

　⊖　美国加利福尼亚州州府所在地。——译者注

## 社会和政治运动

社会和政治运动是许多活动家长期的倡议重点，旨在改变根深蒂固的社会习俗。在本章的前面，我们研究了同性恋权利运动以及动物权利运动。运动有时会与领域的建设结合在一起，如第 1 章所述的开放教育资源的开发，以及第 13 章所述的临终关怀和保护生育权方面的努力。在这里，我们调查了另外两个与领域建设有关的运动，前者主要涉及权力阶层，后者则扩展到了基层群众。

### 保守的法律运动

现代保守主义法律运动是新自由主义（通常被称为自由市场经济保守主义）漫长的历史进程中的一个重要分支，从弗里德里希·哈耶克开始，一直延续到米尔顿·弗里德曼（Milton Friedman）时期，并继续发展。[66] 保守主义法律运动的故事被传得神乎其神，这在很大程度上是因为进步的评论家利用这些故事来激励自由主义者效仿。[67] 约翰·M. 奥林基金会（John M. Olin Foundation，以下简称"奥林基金会"）在法律和经济分析领域的建设中所做的贡献，是这场运动的一个关键因素。[68]

法律和经济运动的主要实践者，是芝加哥受过专业训练的法律教授亨利·曼尼（Henry Manne），他建立了一个针对法律教授的暑期研究所项目，俗称"松树林中的帕累托"。这个名字取自意大利经济学家维弗雷多·帕累托（Vilfredo Pareto），且该项目选址于森林地区。奥林基金会与曼尼建立了长期关系，支持暑期项目的运营，培养了数百名州和联邦法官。基金会在迈阿密大学建立了法律和经济中心，曼尼教授在那里任教，之后于乔治·梅森大学法学院任教，并出任院长。

20 世纪 70 年代末，该基金会认识到，尽管它支持的是"优质院校"，但这些学校"并没有足够的学术声望可以影响公共政策"，且"并没有对美国人看待自由企业的态度产生多大的影响力"。[69] 因此，该基金会试图在芝加哥大学、乔治城大学、哈佛大学、斯坦福大学、弗吉尼亚大学和耶鲁大学等名校开设项目。在这些项目的支持下，教师们撰写了一些有影响力的书籍和文章。这些著作通常（并不一定）会强调"产权和自由市场的重要性以及监管的危险性"。基金会资助了美国法律与经济协会（American Law and Economics Association），以激发学者对该领域的学术兴趣。

在 30 年的时间里，奥林基金会投入了 6800 万美元用于促进法律和经济的研究。在 21 世纪初解散时，它又向主要的资助机构提供了 2100 万美元的赠款。在基金会的支持下，经济分析法成为法学界的主流范式，并在很大程度上成为学术界以外的法律和政策共同体中的主流范式。用著名的自由主义法律学者布鲁斯·阿克曼（Bruce Ackerman）的话说，法律和经济学是"自哈佛法学院诞生以来，法律教育中最重要的事情"。[70] 保守派记者约翰·米勒（John Miller）写道："随着法律和经济运动的成熟，它的许多追随者在政府中任职，并获得联邦法官的提名……法律和经济在推动放松监管方面，发挥了至关重要的作用，同时让人们认识到，在新的条例实施之前，应该先对成本－效益进行分析。"[71] 保守派法官的孵化器联邦主义者协会（Federalist Society）正是法律和经济运动的产物。

在《保守主义法律运动的兴起》（*The Rise of the Conservative Legal Movement*）中，史蒂文·特莱斯将法律的经济分析置于保守主义法律运动的大背景下，得到了奥林基金会和其他一些基金会、个人慈善家的支持。他提出了两个与本章主题相关的重要见解。首先是关于坚持的重要性：

> 第一代保守的公共利益法的教训表明，这场运动经历了
> 一个很长时期的几乎彻底的组织上的失败……虽然保守主义

运动有其相当大的优势，但它从来不是一成不变的，经常会
出现严重的错误。只有随机应变，而不是盲目地追求宏大的
计划，才能取得成功。[72]

其次，特莱斯谈了他对策略和评估的看法：

保守主义法律运动的历史表明，成功的政治慈善家会
结合反馈和学习进行分散投资，而不是寄希望于宏大的计
划……保守派慈善家在对项目背后的个体有信心的情况下，
愿意接受相对分散的、难以衡量的目标和较长的回报周期。
保守派慈善家通常与他们资助的企业家非常贴近，他们依赖
自己得知的某一特定（政策）企业家的效能，以及通过可靠的
运动网络传递的信息，而不是对结果的"客观"评估，做出
自己的判断。[73]

"分散投资"，或者有人所说的"让百花齐放"（可能并不被有些保
守派慈善家推崇），至少可以说是千变万化的社会运动初期的一个基本策
略。随着运动的发展，一些花枯萎了，另一些则显示出希望，需要精心
培育。然而，即便如此，评估社会运动的进展也与评估商品和服务的提
供（在第 5 章中讨论过）截然不同，后者每次评估的都是单一的对象。

## 妇女运动及其先驱者和后继者

福特基金会在 20 世纪 70 年代开始的妇女运动中发挥了重要
的支撑作用。2008 年退休的基金会主席苏珊·贝雷斯福德（Susan
Berresford）写道：

20 世纪 70 年代初，妇女运动的代表接触了基金会主席麦

克乔治·邦迪（McGeorge Bundy）和项目副主席，代表们认为既然福特基金会一直非常支持民权运动，那么它也应该为妇女做同样的事情。不久之后，我们就开始探索如何开展妇女运动。

该项目在 20 世纪 70 年代迅速发展，关注的重点是促进教育公平，支持名为"妇女研究"的新领域的探索，以及增加美国妇女的工作机会。我们资助了一些关注妇女收入和进入只有男性员工的领域、女孩教育和参与体育运动，以及妇女参与国家政治生活的团体。我们支持研究、公开讨论和诉讼，其中一些诉讼已提交至最高法院。基金会做出了相当大的长期承诺，使一些国家和地方组织能够挑战歧视，建立一套确保妇女拥有平等机会的法律、政策和做法。[74]

随着运动的发展，福特基金会增加了对妇女生殖健康、工作和家庭问题以及妇女遭受暴力行为的资助。尽管面临持续的挑战，美国妇女运动已经到了成熟阶段（再次引用第四部分导言中的创新曲线）。从某种意义上说，它是在福特基金会内部进入了成熟阶段。在一次拨款审查会议上，一位项目工作人员提出了一个关于妇女的问题，一位同事对此的回应是："嗯，这是妇女项目正在关注的事情。"基金会主席富兰克林·托马斯（Franklin Thomas）并不赞同，他说"我们都对此负有责任"。贝雷斯福德指出，"从那时起就很明确：拨款官员应该考虑性别问题，并询问在一个项目所要解决的问题中，性别是不是一个关键因素。在做出这一决定后，我们的资助不再仅限于针对女性的项目，而是在基金会的大部分工作中引入女性主义的视角"。[75]

在开始支持争取种族平等的民权运动几十年后，慈善事业开始支持妇女权利运动，继而支持 LBGT 运动。福特基金会资助了所有这些运动，还有许多其他组织，包括家庭基金会，也在其中扮演了重要的角色。[76]LBGT 问题的主要捐赠者包括艾库思基金会（Arcus Foundation）、吉尔基金会、伊夫林和沃尔特·哈斯基金（Evelyn and Walter Haas Jr. Fund），以及开放社会基金会。[77]

也许，这些社会运动的捐赠者甚至比保守的法律运动的捐赠者做了更充足的准备，愿意在没有具体的目标或战略计划，也没有接到受助人的请求的情况下，支持这些运动。早期，社会运动常常受制于哲学家 H. L. A. 哈特（H. L. A. Hart）所描述的大多数人类事务的"目标的不确定性"。[78]例如，第二次世界大战后民权团体的目标是平等的待遇还是结果？是融合还是自治？只针对有意的种族歧视，还是具有差别影响的无意识歧视和平权行动？

虽然一些个人和组织对这些问题有明确的看法，但对许多其他人来说，消除法律上的歧视迫在眉睫，这减少了其他问题的紧迫性。此外，民权运动由许多不同选区的基层组织发起，随着时间的推移，目标被不断地重新评估并改变，战略也随之改变。

同样，妇女权利运动在其目标是平等待遇还是平等结果，差别待遇、差别影响还是平权行动方面，存在相当大的变数和分歧。组织可能会因为这些问题分崩离析，有时甚至会发展到无法挽回的境地。同性恋权利运动也是如此，其受益者从同性恋者发展为包括各类型 LBGT 在内的群体，目标也不断演变，包括婚姻平等和变性问题。

支持这些运动的基金会和个人慈善家，显然对他们所追求的目标有着一定的认识。但至少在早期，当基层活动看起来更像抗议而不是集中的宣传运动时，慈善家的"策略"可能仅限于支持他们有信心的组织和领导者。

然而，随着时间的推移，慈善家理所当然地期望这些运动的领导者用明确的目标和策略，来支撑激情和虚无缥缈的愿景。举个例子，全国有色人种协进会法律辩护基金（NAACP Legal Defense Fund）的策略，是用一系列的案件促成1954年美国最高法院在布朗诉教育委员会案中，做出具有里程碑意义的裁决。其根本目的，是让最高法院先解决职业学校和高等学府的种族隔离问题，然后再迫使其进入中小学教育场所。这么做的动机是为了寻求社会的公正。但策略是冷酷的，需要放弃内心的呼声，立即采取符合长期利益的行动。资助该法律辩护基金的基金会知道，它们正在合作的组织的领导者不仅着眼于结果，而且有深谋远虑的策略去实现它。

## 应用于你的慈善组织

选择你希望看到的政府政策或商业实践的变化。假设你的宣传不受任何法律约束，请（回顾平价医疗法案和无笼鸡蛋的案例研究，以及随后的注释）制定策略，实现你所期望的变化。你认为成功的机会有多大？

这项工作是否需要进行各种试验，然后培养和发展最有前途的想法？还是本身就有明确的方向？你能找到强大的、具有战略性的、值得信赖的受助者吗？或者利用你基金会的力量和声誉来推动一场运动，才是更好的做法？

在许多案例中，这些问题并没有明确的答案，但这种提问思路，可以帮助你找到更好的答案。而且，无论如何，不要只凭直觉，应该研究类似情况下的失败和成功案例。招募一些工作经验丰富的人来给你提建议，同时也聘请一些新人，让他们提出新的想法。最重要的是，不要人为地用不必要的约束或标准来限定你的选择，并做好持之以恒的准备，因为真正的改变需要时间。

# 第五部分

# 为战略慈善规划你的资源

**第五部分**将分析两个制度性的问题。首先，我们将分析各种慈善架构，从坐在餐桌上开支票的个人，到建立聘请了项目工作人员的基金会。其次，我们将思考一个富有争议的问题：让你的慈善资产永久地发挥作用，还是在一定期限内用完？我们将从怎样能最大限度地发挥慈善影响力的角度，来分析这些问题。

# 第 16 章

# 慈善组织的架构

本章考虑了开展慈善事业的各种组织架构的特点，这些架构是为了在实现慈善家的社会影响力的同时，满足他们的个人和经济需求。慈善组织的架构主要有以下四种。

- 支票簿
- 有限责任公司（LLC）
- 捐助者建议基金（DAF）
- 基金会——有雇员的、没有雇员的基金会，或运营基金会

我们省略了第 11 章中讨论的支持组织的复杂结构，[1] 以及基金和捐赠圈等二次捐赠组织。在描述这些架构之前，我们先介绍选择这些架构时需要考虑的相关因素，并描述慈善家如何在战略规划、尽职调查和捐助善款方面获得帮助。

## 决定选择架构的因素

以下是可能决定你的慈善事业架构的主要因素。

## 慈善支出的规模

你的慈善支出的规模并不是一个独立的因素，但可能决定是否值得花费一定成本建立和运行基金会或有限责任公司。

## 税收

慈善活动的税收问题是一个重要的考虑因素，因为它可能决定你的慈善预算的规模，而且在任何情况下，它都会通过影响"成本"来影响你慈善捐助的成本－效益。简单来说，捐助者可通过捐助公共慈善机构，包括捐助者建议基金，获得调整后总收入 60% 的减税，或通过对私人基金会捐款，获得 30% 的减税。捐助给基金会或捐助者建议基金的资产，在等待使用的过程中可以进行免税投资，而捐助者的意见可以影响善款的使用时机和慈善目标。政治捐款和影响力投资则不享受任何税收优惠（但项目相关投资计入基金会所要求的支出）。

## 解决社会问题的灵活性

最大的灵活性意味着捐助者不会受制于自己所选择的实现慈善目标的方式，无论是捐助公共慈善机构还是营利性企业，进行政治捐款或影响力投资。事实上，能限制捐助者的只有他们希望享受的税收优惠程度。

- 捐助者可以通过几乎所有方式，捐助公共慈善机构。
- 捐助者只能通过支票簿或有限责任公司进行政治捐款，而且在任何情况下都不会获得慈善减税。
- 捐助者可以通过支票簿或有限责任公司进行影响力投资，但不会获得慈善减税。出于减税的目的，影响力投资通常以其他投资的方式进行，并受管理投资损益的税务法规的约束。

- 基金会和捐助者建议基金可能不会进行政治捐助。
- 基金会的让利影响力投资，通常以项目相关投资的方式进行，并计入最低要求的 5% 的支出。
- 基金会的非让利投资（使命相关投资或社会责任投资）不会被特殊对待。[2]
- 公共慈善机构只能参与少数的游说活动，[3] 且基金会对此类游说活动的支持十分有限。无论是基金会还是公共慈善机构，都不能对通常被称为政治活动团体的 501（c）（4）社会福利组织进行政治捐助。

### 家人、朋友和其他人的控制和参与

你可能希望保留全部决策权，也可能希望与家人或其他人分享。大多数可用的架构在这方面具有很大的灵活性。

### 遗产、继承、永久和匿名

出于在下一章中将讨论的原因，你可能希望在有生之年或更短的时间内使用你的慈善资产，或者在去世后继续对这些资产行使某种控制权。在将慈善资产传给后代的家庭成员或非家族董事时，不同的架构有不同的处理方式。慈善架构的一个极端是支票簿中的资金，除非被遗赠给一个公共慈善机构或私人基金会，否则它不具有慈善属性，并须缴纳遗产税（可以享受法律允许的豁免）；另一个极端是私人基金会，它可以把慈善资产永久地保存在信托基金中。在慈善事业的各种架构中，只有基金会必须公开它们所做的捐助。

### 战略与捐助的行政费用和支持

创建一个基金会或有限责任公司，需要付出相应的成本建立实体，出具其活动的年度报告，而开具支票不需要任何额外的成本。但是，行政成本的主要决定因素并不是具体的架构，而是你在制定战略、进行尽职调查、进行捐助或影响力投资时所寻求的支持（如果有的话）。

无论选择什么样的慈善架构，慈善家都可以寻求专业顾问的建议，或是可以雇用员工。专业人员的费用或薪金包含在基金会的管理费用中，并计入所需的支出。[4] 对于个人慈善家而言，无论是通过支票、捐助者建议基金，还是有限责任公司从事慈善活动，如果没有做好投资管理和税收规划，将无法获得减税，慈善家应该就此咨询税务顾问。

一个值得思考的问题是，一个没有专业顾问或工作人员的慈善家，如何才能决定提供哪些资助去实现自己的目标。问题的出发点在于第二部分所述的战略慈善的要素。简单地说，你需要潜在受助人回答以下问题。

- 你的组织目标是什么？
- 你实现目标的策略是什么？
- 你具有哪些实现目标的能力？
- 你怎么知道自己有没有进展？
- 到目前为止，你有什么完成和没有完成的目标？[5]

这些是由独立部门（Independent Sector）、指南星（GuideStar）和BBB智慧捐赠联盟（BBB Wise Giving Alliance）联合提出的慈善影响力问题。组织对这些问题的回答越清晰、越有说服力，表明你越应该对其进行资助。这些标准，同样适用于选择第11章描述的各类型基金。事实上，当选择一名付费顾问或捐助者建议基金（包括社区基金会）的管理者来帮助你进行慈善决策时，询问他们对于这些标准的理解是很有用的。

你可能希望有一种服务，其可以基于这些标准以及实际的结果和影响来评估组织，然而你可能会对现有的服务感到非常失望。在第6章中，我们研究了GiveWell和影响力评估，它们的服务都是基于影响力的，但只评估了一小部分非营利组织。指南星旗下的慈善媒体（Philanthropedia）基于某一领域的专家（包括学者、捐赠者、出资人、政策制定者和顾问），对更多的组织进行了评估。[6]不幸的是，由于资金限制，其评估已经数年没有更新。

两个最全面的服务组织，并没有涉及影响力的评估。慈善导航是唯一涉及跨行业非营利组织服务的。不幸的是，它对组织的评估并没有基于这些标准中的任何内容，而是基于责任、透明度和财务表现。[7]指南星公布了美国所有非营利组织的 IRS990 纳税申报表，并包括这些组织提供的补充信息。它希望最终能提供图表化的影响力信息，但目前还没有实现。

## 架构

在阐述上述标准时，我们不可避免地重复了一些要点。现在，让我们来研究一下进行慈善活动的具体架构。

### 支票簿

我们所说的"支票簿慈善"是世界上最常见的捐助形式，例如，给慈善机构开个人支票，或者授权你的经纪人把有价证券转给一个组织。这种捐助形式可以是任何规模的，从每周在教堂募捐箱投入一美元，到捐给大学数亿美元。

你有权因为捐助符合减税条件的公共慈善机构或基金会而获得减税，或是因捐出有价证券而享有税收优惠待遇。你可以捐助政治行动组织或直接捐助政治候选人，但这两者都不能让你享受减税。影响力投资也不能减税，无论你做出了多大的让利。

支票簿慈善可以让你完全拥有对捐助的控制权。尽管慈善捐助和影响力投资都可以匿名进行，但根据1971年的《联邦竞选法案》，某些政治捐款需要公开进行。[8]

支票簿慈善不涉及启动或管理费用，你只需要投入时间和精力研究组织，做出决定，并保存你的捐助记录。顾问的费用可能不享受减税（不过你应该就具体情况咨询税务顾问）。

## 有限责任公司

近年来，包括马克·扎克伯格[9]、劳伦娜·鲍威尔·乔布斯[10]、皮埃尔·奥米迪亚[11]在内的一些杰出的超高净值人士，以有限责任公司（尤其是合伙企业）的形式，做了很多慈善。一家有限责任公司，无论是否属于慈善机构，在美国的《国内税收法典》中并没有特殊地位。捐助者通过支票簿将资金投入有限责任公司不能享受税收优惠，因为这里的有限责任公司基本上是支票簿的扩展，具有上述的所有特征。

事实上，有限责任公司通常是一个出于税务原因而存在的载体。即使它是为慈善目的而成立的，因为税务原因，它也会按照其他合伙企业的方式运营。它的收入和慈善捐款都归功于它的成员，因此当它进行慈善捐款时，它的成员将获得税收减免。[12]政治捐款和影响力投资不可以减税，行政开支（包括顾问费用），可能也不享受减税。（我们必须提醒的是，考虑成立有限责任公司的慈善家，应该就所有这些问题咨询税务顾问。）

除了限定捐助人的诉讼责任（除适用于所有有限责任公司的情况[13]），有限责任公司根据允许家庭成员或其他人作为负责人或合伙人参与的法律细则，提供了一个现成的分摊捐助责任的架构。与私人基金会不同，有限责任公司没有最低分配要求，也不需要披露资金去向或数额及任何职员的薪水。虽然慈善领域的有限责任公司因缺乏透明度而受到批评，[14]但事实上，它们的透明度与支票簿慈善并没有什么不同。正如一位非营利律师所写的：

扎克伯格通过向慈善机构开具支票，可以达到同样的减税效果。但是通过将有限责任公司引入他的慈善事业，他能够将自己的社会事业与商业和个人财务分开。此外，他的慈善事业规模庞大，以至于他需要雇用员工，设置办公场所，并承担人们通常不想通过个人支票账户支付的费用……最终，陈－扎克伯格倡议有限责任公司成立，其目的是为创始人提供最大的灵活性和控制权，代价是牺牲一些私人基金会可以享受的宝贵的税收优惠。[15]

## 捐助者建议基金

捐助者建议基金实际上是一个慈善银行账户，在这个账户中，你可以拨出慈善基金，获得与对任何公共慈善机构的捐助相同的税收减免，并且可以按照你的意愿有效地推迟关于特定受益人的决定。捐助者建议基金由非营利实体、社区基金会和营利性金融服务机构（如富达投资（Fidelity）、先锋领航投资（Vanguard）和嘉信理财（Charles Schwab））的慈善部门成立和管理，一旦资金进入基金，其收入和增值都不需要纳税。

捐助者建议基金的管理人负责管理投资，并负责与具体的捐助相关的行政事务。虽然管理人会对这两项活动收取费用，但随着管理人的数量不断增加，这些费用的价格竞争越来越激烈。许多社区基金会和一些商业捐助者建议基金的管理人会聘请专业的顾问，向捐助者提供慈善捐助的建议。然而，这些建议良莠不齐——你的顾问对图表化的影响力原则的掌握情况，决定了你是否有可能得到好的建议。

捐助者建议基金的管理人设定了账户的最低限额，例如嘉信理财的最低限额是 5000 美元。[16] 将资金存入基金账户，代表了对持有账户的实体不可撤销的捐助，之后，你可以建议基金管理人向特定的公共慈善机构捐助，但不能直接要求。但是，除非捐助要求是非法的，或违反了某些特定的指导原则，[17] 基金的管理人都会按照建议行事，否则，基金很快将无法吸引新的捐助者。在过去的几十年里，投入捐助者建议基金的资金增长惊人。[18]

捐助者建议基金可以永久存在，由捐助者选择继任者（通常是家庭成员），或者捐助者可以指定在他死后如何分配剩余的资金。捐助者也可以保持匿名。与基金会不同，捐助者建议基金没有最低分配要求，但是其在美国的年平均支付率已经超过 20%。[19]

## 私人基金会

私人基金会是免税的非营利组织。捐助者在他将资产转让给基金会时，即可享受减税政策。由于减免的额度是有限的，因此，向基金会做出大笔捐赠的主要税收优势在于，该资产对于捐赠者而言，不再产生应税收入，并可以在免除所得税的情况下投资、出售和再投资。[20] 基金会必须支付每年 1%～2% 的投资所得税，且每年须至少花费其总资产的 5% 用于捐助、项目相关投资、行政成本和某些其他支出。

基金会可以向非营利组织提供捐助，并参与某些其他活动，包括项目/使命相关投资（如第 10 章所述）。它们不得参与游说或进行政治捐款，但可以支持从事规定的政治宣传的非营利组织。

基金会必须有一个董事会，通常由 3 名或更多的成员组成。[21] 董事会的架构，有利于捐助者与他人分享做决策的权力。[22] 基金会可以无限期地存在，也可以在某一个时间点用光所有的资产。根据美国的税务规定，基金会需要每年提交一份 990-PF 表格。这是一份公开的文件，描述了基金会捐助的对象和项目相关投资，以及捐助的金额，并展示了资产负债表的其他内容，包括投资收入和 5 名薪水最高的雇员的工资。[23]

基金会在规模上没有最低要求，美国有超过 86 000 个私人基金会，资产从 50 000 美元到数十亿美元不等。[24] 尽管启动成本不高，但跟踪赠款和其他支出，以及提交年度税务报告的行政成本，导致这种架构对小规模的资助而言效率低下。

大多数私人基金会，包括许多拥有数百万美元资产的私人基金会，没有聘请任何专业人员。捐助由其董事会进行，有时会寻求外部顾问的协助。[25]

一个有工作人员的基金会，除了配有项目工作人员和 / 或行政人员，与未配备工作人员的基金会具有完全相同的法律结构。与聘请外部顾问相比，只需要雇用一两名项目工作人员，就可以更好地与受助机构、其他捐赠者、政府官员和媒体保持关系。基金会的创始人和董事会负责确定基金会的使命和战略，而项目工作人员通常负责研究、设计和评估策略，征集和回复申请，参与尽职调查，监控和评估赠款。没有专业的项目人员提供的专业知识，很难开展大规模的战略慈善活动。

我们可以只用一个词来形容 501（c）（3）私人运营基金会，那就是公共慈善机构和私人基金会之间的交叉点。虽然私人运营基金会可以进行捐助，但它们通常与传统公共慈善机构做着相同的工作，例如，经营博物馆、动物园、图书馆或研究机构。虽然可以收到捐助，但私人运营基金会主要是由它们的创始慈善家资助的。例如，J. 保罗·盖蒂信托公司（J. Paul Getty Trust）在洛杉矶拥有两个盖蒂博物馆，并管理着艺术保护和研究机构。2016 年，该信托公司在自己的项目上花费近 3 亿美元，向其他组织捐助了 1300 万美元。

### 架构选择

不同的架构可能会产生相当不同的税收结果，特别是对那些持有限售股票或增值资产的慈善家。我们将这些复杂的法律和财务问题留给你的税务顾问，只关注与贯穿本书的主题相关的区别：慈善影响力。

## 对 501（c)（3）公共慈善机构的资助

你可以每次开具一张支票通过有限责任公司的形式资助，或者成立一个捐助者建议基金，将捐助的行政管理工作交给基金的管理人。在任何情况下，如果你需要寻求外界的帮助，在你感兴趣的领域寻找有效的组织，你必须找到值得信赖的顾问。如果你计划开发和实施你自己的捐赠策略并投入大量资金，那么选择配有专业人员的基金会可能是最有效的方案。

### 影响力投资

你可以直接给社会影响力基金开支票。如果你想进行一些让利影响力投资，基金会的项目相关投资可提供良好的工具，但需要相当多的工作人员才能做好。

### 政治捐款

你的支票簿和有限责任公司是唯二可以进行不免税的政治捐款的工具，并且可以匿名捐助。

注意不要把所有的鸡蛋放在一个篮子里。许多高净值慈善家利用这些架构的组合，以经济高效的方式实现他们的慈善目标。

## 应用于你的慈善事业

结合你的慈善目标、你在未来 10 年可能实现这些目标的方法，以及你个人或家庭的利益，你的慈善事业最好的架构是什么？它的优缺点是什么？

# 第 17 章

# 重点与原则：基金会的支出政策

慈善家花了相当大的精力做出明智的投资决定，但他们很少考虑他们的资产或捐赠中有多少应该留到以后使用，又有多少应该用在当下。尽管如克劳德·罗森伯格（Claude Rosenberg）在《财富与智慧》（*Wealthy and Wise*）[1] 中所写的，这对于个人慈善家和基金会来说都是一个问题，不过我们将重点关注基金会。

本章思考的是支出与基金会的使命之间的关系。许多基金会的支出仅占其资产的 5%，这是美国法律所要求的最低额度。[2] 假设它们的平均投资回报率是 8%，通货膨胀率约为 3%，那么基金会可以永远维持通货膨胀调整后的支出。但是，除非创始文件做了明确的规定，否则任何东西都不能阻止基金会花更多的钱，甚至在一年内用光其全部资产。

这个问题通常以一种二选一的方式出现：永久存在，或非永久存在。但依然存在许多变式：你可能会花掉你的一部分资金，然后降低一些预算，以保持一个可以让基金会永久运营下去的支出水平；你可能真的在或长或短的时间里，用光你的资产；你可以选择在你去世之后立刻关闭基金会，也可以让你的子女或孙辈继续你的慈善事业。

反对基金会永久运营的两个最有力的论点，来自把大部分财富都奉献给了慈善事业的极其成功的商人。1929 年，西尔斯·罗巴克公司总裁朱利叶斯·罗森瓦尔德（Julius Rosenwald）明确地表达了自己对这一问题的看法（他的慈善事业专注于非裔美国儿童的教育）：

> 我之所以反对把大量的钱存起来用于几百年之后的慈善事业，是因为以下两个原因。首先，这直接意味着对未来缺乏某种信心，而我并不同意这一点。我相信，我们的后代，都会像我们一样，仁爱、开明、有活力、有能力，未来的问题可以放心地留给后人去解决。其次，我反对任何需要将现在的大笔财富注入 500 年甚至 1000 年之后的国家事务的计划。[3]

大约 80 年后，沃伦·巴菲特指出：“行为受到某些动机的支配，让机构永久存在就是一种动机……这种动机无疑是潜意识的，但有时会优先于什么是最有益于社会的考量。”[4]巴菲特把他的大部分财富捐给了盖茨基金会，该基金会计划在其最后一位受托人去世后的 50 年内用完所有的资产，不过考虑到比尔和梅琳达的年龄，这应该是相当长的一段时间。

然而，他们深思熟虑的观点并没有结束这场纷争。我们并不支持争论的一方或另一方，而是提供一些需要考虑的因素，帮助出资人解决关键的支出率问题。请根据你自己的优先级来思考这些问题。

## 当前的需要与未来的需要

如果你认为未来所要面对的问题会比今天更严重，或者可以用于处理未来问题的资金会比今天更少，那么尽可能节约资源是有意义的。

这是我们许多人对待个人财务的态度：我们喜欢存钱以备不时之需，或者给我们的子孙后代留有更大的选择余地。但是，基金会也遵循同样的逻辑吗？

罗森瓦尔德的回答是否定的。他认为世界经济会随着时间的推移而持续增长，慈善事业也会随之发展。回顾过去的 200 年，似乎的确如此。展望未来，随着未来几代人的财富转移以及新的财富积累，用于慈善事业的资金预计将大幅增加。[5]

然而，我们建议，你捐赠的时间点，应该主要取决于一个更基本的问题，即现在和将来某个时间段的**慈善投资预期收益**（详见第 6 章的讨论）。这实际上是思考你可以通过还没有花出去的善款赚取多少投资回报，以及它可以创造多少社会价值，而这些取决于你正在解决的问题的性质及其潜在的解决方案。[6]

## 金融资产的增长率与目标问题的恶化程度

你正在解决的目标问题的性质，可以通过支持计划生育、减缓气候变化、减少无家可归者数量的案例来说明。如果没有控制生育的能力，人口将成倍增长，对资源和环境系统及家庭和谐都将造成压力。今天花在计划生育上的一块钱，将比一年后花的一块钱产生更大的收益，更不用说 10 年或 100 年后了。

全球变暖也体现了类似的问题，即生物多样性不可逆转的损失、海平面上升和可能发生的灾难性气候变化同样无法挽回。在解释为什么理查德和罗拉·高盛基金（Richard and Rhola Goldman Fund）每年支出 10% 的资金时，高盛说道："环境问题……刻不容缓……我相信现在是直面气候变化问题的时候了，因为机会只有一次。如果我们现在不采取行动，将给后代造成无尽的伤害，而他们对此无能为力。这个问题，可能会使几乎所有其他环境和社会问题更加严峻。"[7]

为无家可归者提供的服务，则处于另一个极端。今天花掉的钱可以减轻他们的痛苦，但对后代的影响微乎其微。在很多情况下，你的善款的时间价值并没有那么显著。改善当前市中心儿童的初等和中等教育，为现在的非洲居民根除疟疾，是否比未来这样做更有价值？你的答案可能取决于你是否认为现在着手处理这些问题，可以有效地阻止它们继续恶化。

在所有其他条件相同的情况下，对于慈善事业想要解决的许多重大问题（第 7 章中讨论的大立方体中的问题），我们的直觉是，今天支出的善款，比明天支出的等额善款更有价值。但是，我们需要考虑其他条件并不相同的情况。

## 当下强大可行的变革理论与未来可能出现的更好的策略

我们刚才讨论了问题的性质，但解决问题的可能性也很重要。在第 3 章中，我们讨论了拥有一个强有力的、可操作的变革理论的必要性。在一些重要的案例（比如计划生育）中，人们对于哪些是有效的策略有足够的认识，能够证明运用慈善方法扩大战略规模，或是呼吁政府支持的合理性。

那么全球变暖呢？人们几乎已经形成了科学的共识，认为人类可以阻止全球变暖，但假如全球变暖的进程已经超出了人类的控制，我们对此无能为力，那么适应将是唯一的办法。（像教育一样，适应可能是一个折中的办法）。但是我们知道，人类排放的二氧化碳和其他温室气体，是导致这个问题的主要因素，而且我们知道如何减少排放。然而，一些人认为，目前提高能源效率和增加可再生能源等方法的成本太高，而从根本上来说，"地球工程"这样更好的解决方案已经近在眼前。如果你有同样的信念，那么你可能会谨慎地使用你的善款（在允许的范围内），等到新兴技术出现的时候再给予扶持，但你也可能立刻投资这些解决方案的研发。

总部位于纽约的亚伦·戴蒙德基金会（Aaron Diamond Foundation，以下简称"戴蒙德基金会"）决定投资对艾滋病流行初期的研究。在 20 世纪 80 年代中期，关于如何阻止或控制艾滋病病毒传播的知识微乎其微。在考虑各种备选策略之后，该基金会决定支持基础研究，以便科学家能够得到足够的成果，证明后续用于治疗艾滋病的联邦资金的合理性。1989 年，基金会的工作人员和董事会创建了一个独立的世界级实验室，聘请了美国最有能力的研究人员。基金会将资源投入这项工作中，计划在 10 年内用完所有资金。到 1996 年，在戴蒙德中心的努力下，抗艾滋病病毒的"鸡尾酒"疗法出现，标志着抗艾滋病病毒工作的一个里程碑。经过 10 年的努力，在投入 2.2 亿美元的资金后，艾滋病鸡尾酒疗法成为现实，但基金会破产了。[8]显然，戴蒙德基金会的承诺挽救了数十万人的生命，而且如果不在 10 年内投入其所有资产，而是每年投入 5%，它就永远不可能实现这一目标。它的做法是大胆的，而且是成功的。细水长流的点滴资助，很难取得这样的成就。

## 发起或维系慈善领域和运动

在第 15 章中，我们提到了奥林基金会在其解散之前，对法律和经济领域发展的支持。它的创始人明确规定，在其去世后，基金会将由下一代继任者运营，然后解散。

惠特克基金会（Whitaker Foundation）自 1975 年成立以来，一直支持生物医学工程的发展。1991 年，其管理委员会认识到，基金会处于一个十字路口，并得出结论：基金会资产的最佳使用方式，是在大学建立和发展新兴的生物医学工程部门。该基金会决定将其所有资产投入这项事业中，并在 15 年内用完所有资金。[9] 到 2006 年惠特克基金会解散时，它已经在生物医学工程领域投入了 8 亿多美元。[10] 这些钱用于研究、教育项目、研究经费、实习、课程开发、会议、领导力发展、聘请教员、修建相关设施、与政府和工业领域合作、支持专业协会，以及国际捐助和奖学金。[11] 惠特克基金会的投资推动了该领域的发展，使生物医学工程从一个新兴领域发展为在美国大学拥有 80 个院系的成熟领域。[12]

相比于每年在这些项目上支出 5% 的资金，奥林基金会和惠特克基金会的集中拨款，必将对它们的目标产生更大的影响。帕卡德基金会和休利特基金会在保持其资产价值的同时，开展了几十年的人口和环境运动。世界上的问题包罗万象，不能一概而论。

## 组织知识的延续与消逝

组织以各种形式起起伏伏，整合重现。想象一下，如果一个人武断地关闭了通用电气或丰田、童子军团或国际救助贫困组织、哈佛大学或麻省理工学院，我们将失去多少宝贵的组织架构和知识。这样的机构没有明确的时间节点，倾向于关注未来，参与长期项目。在业务方面，可以参考通用电气数十年来在涡轮发动机方面所做的工作。涡轮发动机为喷气式飞机和天然气发电厂提供动力。这类技术不可能在 10 年甚至 20 年内开发完成并投入市场，需要长期的投资。

长期的时间线和专业领域的知识，为慈善事业的成功做出了贡献。在《让财富发挥作用》(*Putting Wealh to Work*) 中，乔尔·L. 弗雷施曼写道：

事实上，在实现有益的影响方面，效率最高的机构和个人慈善家，往往拥有大量与他们所要解决的问题相关的知识……通常他们必须通过广泛的咨询、研究、旅行和学习来获得……那些缺乏这种知识和经验的人，在投资过程中往往容易被那些油嘴滑舌、富有个人魅力的领导者左右，这些领导者会给出各种诱人的承诺，却很少有能力兑现。[13]

洛克菲勒基金会对"绿色革命"的追求，很好地说明了弗雷施曼的观点。"绿色革命"需要对植物科学以及数十个国家的农业实践和文化有深入的了解，快速用完所有资金并不能实现目标。安德鲁·梅隆基金会对高等教育和文化的贡献，以及约翰逊基金会对健康领域的贡献也是如此。

一个机构需要一定的时间才能积累声望，这可能是一笔巨大的财富。当洛克菲勒基金会在海外进行捐助时，它给予的不仅仅是钱，还有信誉，因为洛克菲勒的名字就是质量的标志。卡耐基公司对国际和平与安全的捐助也是如此。

这些基金会和其他前面描述的基金会所做的工作，似乎证明了随着基金会的领导权从创办者转移到其后代或与创办者没有血缘关系的董事手中，永久基金会的影响力并不会就此削弱，停滞不前。[14]与需要向投资人、捐赠者和学生以及其他人负责的企业、非营利组织和学校相比，基金会并不需要承担这么多责任，这可能有益于它们的成功。

但是，我们的例子并不是从目前美国存在的大约9万个基金会中随机选择的。说实话，这些基金会中的大多数并没有什么机构知识或影响力可以失去。基金会的声誉可以是本地的，也可以是国际上的，但这些基金会中的大多数没有什么声誉——它们也志不在此，因为它们本质上只是用来开具个人支票的避税机构。

## 相信后人与用自己的想法限制他们

你可能认为，文明总是有从来之不易的权利和自由（无论是个人的自主权还是同性恋者的权利）中倒退的危险；或者你可能认为，文化传统（如西方古典音乐）总是有灭绝的危险。由大量捐赠支持的永久性基金，可以成为保护这些"价值"的堡垒。

但是，预测未来是一项不可能的任务，更不用说控制了。你越详细地规定基金会的使命，它越有可能在未来变得不合时宜。本杰明·富兰克林设立了一个贷款基金，帮助已婚的学徒自立门户。吉拉德学院（Girard College）成立于 1833 年，目标是"为贫困的白人男性孤儿提供教育"。1861 年成立的一个信托基金旨在"为逃亡的奴隶谋求福利"，并"结束这个国家的黑人奴隶制度"。[15]

反之，你对使命的描述越宽泛，未来的受托人就越有余地根据他们自己而不是你所处的时代背景，来贯彻基金会的原则。保守派评论员希瑟·希钦斯（Heather Hitchens）观察了一个致力于使美国更加强大的基金会，发现其受托人曾一度相信，这项使命将通过鼓励移民来完成，而在另一个时间点，其又认为需要通过限制移民来完成。[16] 如果你倾向于说明你的大致意图，然后把决定的权力留给后人，那么你可以暂时放慢你的脚步。但是，如果你的意图比较具体，那么你最好在可预见的未来投入你的全部资产。

## 个人考虑

上面提到的这些因素都涉及你对社会的影响力，但其他因素也可能影响你的决定。你想推迟花光善款的时间，是为了让你的子孙享受参与慈善事业的益处，还是为了维系整个家族之间的纽带？如果是这样的话，应该延续多少代人？在生前享受给予的快乐和随之而来的喝彩，与希望过世之后被铭记为一个慷慨而伟大的人之间，要如何取舍？这些问题的答案取决于不同的个体、家庭、善款规模和其他情况。

我们的主要观点是，支出决策在影响个人的同时具有战略影响。

虽然我们关注的是捐赠者在建立基金会时的决定，但创始人没有明确规定存续期限的基金会的受托人也将产生影响。受托人的管理责任并不是让基金会永远存在，相反，受托人的职责是明智地运用捐赠者的资源来实现他的慈善目标——没有花完善款，或是将善款留到以后再用，都可能是一种失职。

本章重要的一课是，投入所有资产，或是计划让基金会永久存在，都不是最好的选择。这个选择应该由你的目标和你想解决的问题的性质来决定。如果问题不会随着时间的推移而恶化，或者没有经过充分测试的解决方案，或者需要数十年的长期工作来解决，或者你还没有积累让你有足够的信心获得成功的专业知识和人脉关系，那么就设定一个长期稳定的支付率。如果问题将不断恶化，有已知的解决方案，而且你对自己的决策能力有信心，那么现在就可以把钱投入这个领域。

## 应用于你的慈善组织

考虑你的慈善目标、方法和其他利益，你的慈善资产最合理的规划是什么？是在有生之年花掉它们，还是为以后保存它们？

# 后记：战略慈善的责任

才华横溢的学者和法官理查德·波斯纳（Richard Posner）说过："一个永远存在的慈善基金会……是一个完全不负责的机构，对任何人都不负责。它既不在资本市场上竞争，也不在产品市场上竞争……而且，这样的基金会类似于世袭君主，但又有所区别，因为它也不受政治控制。"[1]

人们为慈善事业广泛的自由裁量权和税收优惠提供了各种解释。例如，肯尼斯·普瑞维特（Kenneth Prewitt）和罗布·赖希（Rob Reich）认为，慈善事业促进了多元化。[2] 但依靠少数非常富有的人在全国乃至全世界促进多元化，多少有些奇怪。同样奇怪的是要求那些既得利益者改变现状，而现实是，大多数慈善家就是既得利益者。我们希望这本书能鼓励你变得更有雄心，更敢于冒险。但是，你的雄心壮志应该建立在承认慈善机构在一个民主社会中根本的、毋庸置疑的作用的基础上，包括但不限于那些超高净值的捐赠者及其基金会。[3]

在第15章中，吉尔和蒲柏的案例所体现的那种不受限制的政治倡议，似乎带来了特殊的问题。[4] 优化服务的努力，如改造公立学校系统，[5] 也可能扰乱现有的机构，却并不能提供更好的替代品。慈善家可以避免这些问题，因为他们不需要遵循"如果你打破它，就得拥有它"的陶器仓规则（pottery barn rule）。

18世纪的英国政治家和哲学家埃德蒙·伯克（Edmund Burke）警告说，社会由极其复杂的制度、实践和关系网络组成，超出政治家和决策者的控制范围，为改善现状而做出的勇敢尝试，可能会产生灾难性的意外后果。[6]尽管你知道一本战略慈善图书的作者，不太可能属于伯克保守派（当然我们也不是），但忽视他的见解并不可取。慈善事业支持了美国一些最重要的、最具分裂性的社会变革，从民权运动到保守派的反监管议程，从堕胎权到持有武器权。

保守派学者威廉·A.尚布拉（William A. Schambra）属于托克维尔派，[7]他认为慈善事业应避免从"根源上"支持基层社区组织，而应寻找"对如何改善社区状况有特定的具体想法的无名社区领袖，找到能在特定的时间和地点用最少的钱做最大的事情的人"。[8]然而，正如我们所强调的，根本原因和慈善之间的区分，完全是无稽之谈。尽管尚布拉的办法适用于某些问题或项目，但对其他问题或项目则完全不合适。重要的是产生影响力，即有效地实现你的慈善目标。这有时需要基层工作，有时需要国家层面或全球范围的行动，有时需要两者结合。

所有这些都是想说明，我们相信慈善家享有的特殊自由是伴随着一定责任的。我们将提出四个原则，前两个重申了本书中讨论的有效慈善原则，后两个则具有不同的性质。我们认为，在美国和许多其他国家意识形态高度分化的情况下，它们尤其重要。它们源自一种信念，即虽然两极分化是理想的社会变革不可避免的副产品，但助长这种分化将危害整个社会。

第一，不断听取你的受助人、预期受益人和其他利益相关者的意见，了解他们的需求和你的慈善事业产生的积极或消极影响，这种做法具有重要意义，但我们不能过分高估它。

第二，战略应以现有的最佳证据为基础，并应根据持续的反馈进行更新。

第三，与此相关的是，慈善家和他们的受助人在公开声明中应该保持公平和准确。倡议会不可避免地将复杂的事情过分简单化。从这本书中你可以看出，我们是倡议活动的支持者。但我们也认为，倡议的观点应该通过"气味测试"：你能在专家面前说出你的观点，且丝毫不感到尴尬吗？

第四，在合理的范围内，慈善家应该怀着同理心，倾听那些不同意他们的目标和实现目标的方法的人，并用谦卑的态度来缓和他们义正词严的反对。

如果说这是民主国家的决策者甚至普通公民的责任，那么这对于慈善家来说尤其重要，因为他们的资金蕴含着巨大的能量，有时可以配合政府的资源，但又不受政府责任的制约。

总之，慈善家不应回避对重大的社会变革的追求。他们应该在接纳经验的不确定性和复杂性、正视潜在的副作用、尊重问题的另一面的基础上，承担自己的责任。这是战略慈善事业的最佳状态。

## 应用于你的慈善事业

你的慈善目标或实现这些目标的方法，是否会对社会产生负面影响？如果会产生的话，你对此有什么打算？

# 致　谢

　　我们向以下人士对本书第 2 版所做的贡献致以诚挚的谢意：比安卡·克里夫林·埃格尔（Bianca Crivellini Eger）对各章的多处编辑；T.J. 布利斯（T. J. Bliss）和凯布尔·格林（Cable Green）对开放教育资源案例研究的帮助；克里斯蒂·钦（Christy Chin）、朱莉·彼得森（Julie Petersen）和斯泰西·柴尔德里斯（Stacey Childress）对风险慈善部分的帮助；艾琳·罗杰斯（Erin Rogers）撰写的氟碳化合物研究草稿；迪恩·卡尔兰和玛丽·安·贝茨在评估部分的帮助；马克·克莱默对集体影响部分的帮助；以利亚·戈德堡（Elijah Goldberg）对影响力评估的帮助；蒂姆·麦克弗林（Tim McFlynn）在政策诉讼领域的帮助；埃梅卡·罗苏（Emeka Nwosu）和克里斯蒂·泰勒（Christian Taylor）作为研究助理所做的工作。最后，我们衷心感谢爱瑞丝·布雷斯特（Iris Brest）对书稿的大量草稿进行的评论、编辑和论证。

　　《斯坦福社会创新评论》（*Stanford Social Innovation Review*）和《慈善纪事》（*Chronicle of Philanthropy*）慷慨地允许我们再次使用这些文章中的内容：保罗·布雷斯特和凯利·博恩（Kelly Born）的《影响力投资什么时候才能产生真正的影响力？》[1]；保罗·布雷斯特、罗纳德·吉尔森（Ronald Gilson）和马克·沃尔夫森（Mark Wolfson）的《投资者如何能够（不能）创造社会价值》[2]；保罗·布雷斯特的《慈善之争：战略慈善及其不满情绪》[3]；何豪的《我为什么后悔推动战略慈善》[4]。我们注意到，本书第二部分和保罗·布雷斯特在慈善大学发布的关于"非营利组织的基本要素"的播客，在内容上有大量的重叠，它们创作于同一时期。[5]